Oliver Tolmein

»RAF – Das war für uns Befreiung«

Ein Gespräch mit Irmgard Möller über bewaffneten Kampf, Knast und die Linke

Oliver Tolmein

»RAF – Das war für uns Befreiung«

Ein Gespräch mit Irmgard Möller über bewaffneten Kampf, Knast und die Linke

KONKRET LITERATUR VERLAG

5. Auflage 2013

Umschlaggestaltung: Peter Albers, Hamburg
Umschlagfoto: PAN-FOTO, Marily Stroux
Satz: H & G Herstellung, Hamburg
Druck: docupoint GmbH, Barleben
ISBN 978-3-89458-217-3
www.konkret-literatur-verlag.de

Inhalt

Vorwort

Die RAF gibt es nicht mehr. Aber es wird noch intensiv nach ihren einstigen Mitgliedern gefahndet. Auch längst verurteilte und sogar tote Ehemalige der RAF geraten immer wieder ins Visier des BKA, wo eine Gruppe von Kriminalisten immer noch mit nichts anderem beschäftigt ist als damit, Anschläge aus den 80er Jahren aufzuklären. Dafür werden vor allem DNA-Spuren erfaßt und genetisches Material verdächtiger Linksradikaler zwangsweise aufgrund richterlicher Verfügungen entnommen und die Daten in Datenbanken gespeichert. Es geht aber nicht nur um die Aufklärung der Vergangenheit, sondern auch um Prognosen für die Zukunft. Auch Irmgard Möller mußte sich nach ihrer Haftentlassung gegen diese Begehrlichkeiten des Überwachungsapparates wehren. Bei ihr war es die bayerische Justiz, die die Prognose stellte, daß, wie es der neu eingeführte § 81g der Strafprozeßordnung verlangt, »wegen der Persönlichkeit der Beschuldigten Grund zu der Annahme besteht, daß gegen sie künftig erneute Strafverfahren wegen der vorgenannten Straftaten zu führen sind«.

Unter diesen Bedingungen nach wie vor drohender Strafverfolgung, die auch die Gespräche zwischen Irmgard Möller und mir geprägt haben, ist es schwer, offen über die Entwicklung und die Probleme einer illegalen Gruppe wie der RAF zu reden. Deswegen ist manches in diesem Buch ausgeblendet geblieben, viele Fragen, die ich gerne gestellt hätte, blieben ungefragt, manche konnten nicht beantwortet werden: die Unterstützung der RAF durch Außenstehende, die raren unkontrollierten Verständigungsmöglichkeiten zwischen den Gefangenen in den Zellen, die ins Detail gehende Nennung von Namen, Gruppen und Zusammenhängen. Da es in diesem langen Gespräch aber ohnehin nicht darum ging, einen Blick durchs Schlüsselloch in die spannende Welt der Illegalität zu eröffnen, hat das unsere Zusammenarbeit nicht ernstlich beeinträchtigt. Auch an anderen Punkten ist dieses Buch an Grenzen gestoßen: Die Aufklärung der Stammheimer Todesnacht ist mit den Aussagen der einzigen Überlebenden allein nicht zu leisten. Ich habe die zugänglichen Fakten zusammenzutragen und versucht zu zeigen, wo überall Widersprüche bleiben. Wer mehr und Zuverlässigeres wissen will, muß auf eine Änderung der deutschen Archivgesetze und der deutschen Archivpraxis drängen: Nicht nur die Sperrfrist von 30 Jahren auf Archivmaterialien verhindert derzeit Einblicke, auch nach Ablauf dieser Frist im Jahr 2007 werden viele als »geheim« klassifizierte Unterlagen und Dokumente nicht eingesehen werden können. Mag sein, daß auch in den Protokollen des Krisenstabs, in den Abhörprotokollen der Stammheimer Gefängniszellen und in den Unterlagen der Geheimdienste und des BKA nicht die volle Wahrheit zu lesen sein wird – aber die vollständige Freigabe dieser Materialien würde die Debatte über das, was dort geschehen ist, sicher aus dem Stadium, in dem in der Öffentlichkeit vor allem Glaubenssätze beschworen werden, wenigstens ein Stück weit hinausführen.

Ich habe Irmgard Möller interviewt, weil ich wissen wollte, wie sie dazu gekommen ist, in der RAF den bewaffneten Kampf gegen die Bundesrepublik zu führen, wie sie als eine der wenigen aus der ersten Generation die Haftzeit überlebt hat und was sie heute über ihre Erfahrungen denkt. Es konnte nicht darum gehen, die Geschichte der RAF zu schreiben – aber doch darum, einen Einblick in die Entwicklung der Stadtguerilla in der Bundesrepublik zu geben. Und zwar nicht gestützt auf die Unterlagen der Strafverfolger, nicht aus der Sicht von jemandem, der mit seiner Vergangenheit abgeschlossen hat und sie nur noch als Verirrung wahrnimmt, sondern aus der Sicht von einer, die ihre Jahre in der RAF und als Teil des Gefangenenkollektivs nach wie vor als zentralen Bestandteil ihres Lebens begreift.

Bei unserem ersten Gespräch, das wir 1992 zusammen mit Hanna Krabbe, Christine Kuby und Gabriele Rollnik für den NDR geführt haben, war Irmgard Möller noch in der JVA Lübeck inhaftiert. Wir kannten uns nicht und hatten nur wenige

Stunden Zeit. Das Interview fand damals unter Aufsicht statt und war von der Erwartungshaltung des Senders geprägt, der eine kleine Sensation vorführen wollte – das erste Gespräch mit Terroristinnen, die nicht abgeschworen hatten. In den folgenden Monaten und Jahren hatten wir mehrfach die Möglichkeit, ohne Überwachung und enge zeitliche Begrenzung miteinander zu diskutieren. Dabei wurde deutlich, wie tief die Gräben zwischen einer sind, die in den sechziger Jahren begonnen hat, politisch aktiv zu werden und schließlich bewaffnet zu kämpfen, und einem, der 1977 als Mitglied der Jungen Union die Erschießung von Gefangenen als Geiseln zumindest als Idee diskutabel fand. Auch angesichts der neuen linken Debatten sind Differenzen zum Beispiel über die Bedeutung von Nationalsozialismus und Antisemitismus für linke Politik in der Bundesrepublik, über das Verhältnis von gesellschaftlicher Auseinandersetzung und Kampf gegen den Staatsapparat, über die Wahl der Mittel für das politische Engagement groß geblieben. Es hat sich aber auch gezeigt, daß im direkten Gespräch andere Perspektiven zu eröffnen sind, als es die intensive Lektüre von Texten gestattet.

Das Gespräch, das hier veröffentlicht wird und das von mir gelegentlich mit erläuternden Fußnoten versehen wurde, ist mit einer längeren Unterbrechung über einen Zeitraum von fast einem Jahr geführt worden. Wir haben uns außerdem für diese erweiterte Fassung im August 2002, also nach dem 11. September 2001, nochmal für ein Postskriptum zusammengesetzt. Trotzdem ist es an manchen Stellen ein Fragment geblieben. Fast jeder Punkt hätte vertieft werden können, manche Ereignisse, wie die Bedeutung des Todes von Ulrike Meinhof oder die Festnahmeaktion in Bad Kleinen, werden nur angerissen. Auch über das Verhältnis zu den anderen militanten Gruppen, den Stellenwert des Info-Systems Anfang der siebziger Jahre oder den Ausstieg von RAF-Mitgliedern aus der Gruppe haben wir kaum gesprochen. Manche Legende, die in den Erinnerungsbüchern anderer ehemaliger RAF-Mitglieder erzählt wird, bleibt unwidersprochen, zum Beispiel die, daß die RAF nicht gewußt haben soll, daß im US-Hauptquartier in Heidelberg der Zentralrechner stand, der die

Bombardements über Vietnam koordinierte. Es ist aber auch das erstemal, daß eine, die dabei war, ausführlich und ins Detail gehend über die Stammheimer Todesnacht, die Mythen und Versionen, die sich darum ranken, diskutiert. Gerade die Gespräche über diese Phase haben klargemacht, wie schwer es angesichts der vorgefaßten und über lange Jahre verfestigten Meinungen über die RAF und die Gefangenen ist, ein umfassendes, alle Aspekte ausleuchtendes Bild von fast dreißig Jahren militanter und bewaffneter Politik zu zeichnen.

Im Verlauf der Arbeit an dem Buch erschien es Irmgard Möller und mir deswegen sinnvoll, uns vor allem auf die Aspekte der RAF-Geschichte zu konzentrieren, die sie selbst erlebt hat. Diese Vorgehensweise war noch aus einem anderen Grund geboten. 23 Jahre Haft haben ihre Folgen. Sie fordern einen anderen Arbeitsrhythmus; die Auseinandersetzung mit dem Alltag kostet ein erhebliches Maß an Kraft, Zeit und Energie, die für ein Projekt wie dieses dann fehlen.

An diesem Buch zu arbeiten war noch aus einem weiteren Grund ein schwieriges Unterfangen: Die RAF hat sich als Kollektiv verstanden. Es wäre wünschenswert gewesen, sich bei manchen der Fragen, die wir besprochen haben, bei anderen rückversichern zu können, gemeinsam zu rekonstruieren, wie es in einer bestimmten Situation genau war, welche Faktoren eine Entscheidung beeinflußt haben. Was für die meisten Menschen, die aus ihrem Leben erzählen, kein Problem ist, war uns kaum möglich, weil einige, mit denen hätte gesprochen werden müssen, heute noch inhaftiert sind. Um eine gesellschaftliche Auseinandersetzung mit diesem Kapitel bundesdeutscher Gegenwart führen zu können, aber auch um den gesundheitlichen Schäden, die die extremen Haftbedingungen bei vielen angerichtet haben, Rechnung zu tragen, ist es erforderlich, daß die Gefangenen aus dem RAF-Zusammenhang, die heute noch einsitzen, freikommen.

Vor die Wahl gestellt, das Projekt wegen der vielen Schwierigkeiten bis auf weiteres sein zu lassen oder es trotzdem zu versuchen, haben Irmgard Möller und ich uns für letzteres entschieden. Es schien uns wichtig, einen Blick auf diesen Abschnitt linksradikaler Politik zu eröffnen, der die Aufbruchstimmung erfaßt, das antiautoritäre, rebellische Moment, das Menschen motiviert hat, alles in Frage zu stellen, einen radikalen Bruch zu wagen und dabei das eigene Leben zu riskieren. Nur so läßt sich auch der Prozeß der Erstarrung und Verhärtung, der auch die Geschichte der RAF formt, verstehen. Entstanden ist eine persönliche, mit Bedacht aber nicht aufs Private konzentrierte Geschichte. Sie ist für diese neue Auflage des Buches nicht verändert worden und spiegelt deswegen den Stand von 1997 wieder. Wir haben sie allerdings um ein Postskriptum über Entwicklungen nach der Auflösung der RAF 1998 ergänzt.

Die Medien haben auf unser Gespräch in den Rezensionen überwiegend ablehnend reagiert. Die RezensentenInnen, so schien es oft, haben das Buch weniger gelesen, als nach Stellen gefahndet, in denen Irmgard Möller Abbitte leistet oder bereut. Die Auseinandersetzung mit der RAF und die Reflektion ihrer Zeit darin hat diese professionellen LeserInnen weniger interessiert als ein klares Ergebnis: Die ehemalige Illegale sollte ihren Weg als Irrweg anerkennen. Daß meine Fragen nicht die eines Staatsanwaltes waren, daß trotz grundlegender Widersprüche kein Verhör, sondern ein Gespräch geführte wurde, war ihnen schwer erträglich. Diese Reaktionen zeigen, daß die RAF eines der Themen der jüngeren deutschen Geschichte ist, die bis heute schwerlich anders als in einem eng abgesteckten Rahmen diskutiert werden können. Hier eine andere Perspektive zu zeigen, ist eines der Anliegen dieses Buches.

Daß es entstehen konnte, ist all den Gruppen und einzelnen zu verdanken, die in den letzten Jahren für die Freilassung der Gefangenen aus der RAF und besonders auch von Irmgard Möller auf die Straße gegangen sind, Plakate geklebt, Veranstaltungen organisiert oder sonst etwas gemacht haben. Auch Margit Czenki bin ich zu Dank verpflichtet, denn ohne sie, die lange Zeit von diesem Projekt gar nichts wußte, wäre es nie zu dieser Zusammenarbeit gekommen. Schließlich ist dem Konkret Literatur Verlag zu danken, dessen Mitarbeiterinnen jede neue Terminverschiebung geduldig akzeptiert und sich in einem weit über das Übliche hinausgehenden Maß dafür eingesetzt haben, daß das Buch erscheinen kann. Gewidmet ist das Buch Janis: keine Gute-Nacht-Geschichte, aber irgendwie doch eine Fortsetzung von Tigerpanthers Erfahrungen in der Welt...

Oliver Tolmein, Weinheim im August 2002

Die Zeit der außerparlamentarischen Opposition

1961 verlor die CDU unter Konrad Adenauer bei den Bundestagswahlen ihre absolute Mehrheit und mußte mit der FDP eine Koalition eingehen; 1969 konnte die SPD gemeinsam mit der FDP die Regierung bilden und stellte mit Willy Brandt zum erstenmal den Bundeskanzler. Dazwischen lagen drei Jahre Große Koalition, die nicht nur gezeigt haben, wie die Opposition in der parlamentarischen Demokratie faktisch ausgeschaltet werden kann. Linke Intellektuelle, von denen 1965 etliche für Willy Brandt in den Wahlkampf gezogen waren, und die linken Studentenorganisationen machten die Erfahrung, daß die SPD zu keinen grundlegenden gesellschaftlichen Änderungen bereit war, sondern eine systemerhaltende Kraft darstellte, einen Teil der von Ludwig Erhard beschworenen formierten Gesellschaft.
Tragender Pfeiler dieses Gesellschaftsmodells war die Verdrängung der nationalsozialistischen Verbrechen. Zwar mußte der Vertriebenenminister Oberländer 1960 wegen seiner NS-Vergangenheit zurücktreten, aber der KZ-Baumeister Heinrich Lübke konnte 1964 problemlos zum Bundespräsidenten wiedergewählt werden. Zwar hat der Bundestag die Verlängerung der Verjährungsfristen für die Verfolgung von NS-Verbrechen beschlossen und so verhindert, daß KZ-Wärter, Euthanasieärzte und NSDAP-Funktionäre automatisch straffrei ausgehen, zwar wurden am 19. August 1965 in Frankfurt die Urteile im Auschwitz-Prozeß gesprochen – die gesellschaftliche Auseinandersetzung mit dem Nationalsozialismus hatte aber noch nicht einmal begonnen. 1966 zog die zwei Jahre zuvor gegründete NPD in Hessen und Bayern erstmals in die Landesparlamente ein, 1968 erreichte sie 9,8 Prozent der Stimmen bei den baden-württembergischen Landtagswahlen.
Während das Parlament sich zusehends verwechselbar formierte, nahm die außerparlamentarische Opposition einen spürbaren

Aufschwung. Eine der ersten größeren militanten Aktionen in der Republik, in der es nach dem Verbot der KPD, nach den großen Arbeitskämpfen und Anti-Atomtod-Aktionen in den fünfziger Jahren ruhig geworden war, fand am 18. Dezember 1964 in West-Berlin statt: sechshundert bundesdeutsche und afrikanische Studenten durchbrachen unter der Leitung des SDS die Ketten der Bereitschaftspolizei und bewarfen den damaligen kongolesischen Ministerpräsidenten Moise Tschombé mit Eiern und Tomaten. Tschombé wurde für den Tod des afrikanischen Unabhängigkeitskämpfers Patrice Lumumba verantwortlich gemacht und galt als Handlanger der westlichen Konzerne, die Afrikas Bodenschätze plünderten.
Auch in den folgenden Jahren war die Politik der APO internationalistisch ausgerichtet. Allerdings verlagerte sich das Interesse vom afrikanischen Kontinent auf Vietnam, das ab 1965 das beherrschende Thema der deutschen Linksradikalen wurde. Am 25. Februar 1965 veranstaltete der SDS, noch mit Vertretern der Berliner US-Mission, ein Streitgespräch über den Vietnamkrieg. Als 1966 ein paar hundert Demonstrantinnen und Demonstranten für einige Stunden das Amerika-Haus in Westberlin blockierten, war dieser Vorfall so ungeheuerlich, daß die Berichte und Kommentare dazu tagelang die Berliner Presse füllten. Zwei Vietnamkongresse, 1966 in Frankfurt und 1968 in West-Berlin, hat der SDS organisiert. Che Guevaras Aufforderung »Schafft zwei, drei, viele Vietnams« wurde zu einem der populärsten Slogans der antiimperialistischen Bewegung. Innenpolitisch unmittelbar folgenreicher war allerdings das Engagement gegen das Schah-Regime in Persien. Bei einer Demonstration gegen den persischen Herrscher wurde am 2. Juni 1967 der Student Benno Ohnesorg von dem Polizisten Kurras erschossen. Wegen der aggressiven Berichterstattung der Springer-Presse gegen den außerparlamentarischen Protest machte in der Studentenbewegung die Parole »Bild schoß mit!« die Runde. Die »Anti-Springer-Kampagne« wurde organisiert. »Wir fordern die Enteignung des die politische Meinung monopolistisch beherrschenden Springer-Konzerns, weil es allein eine informierte, eine kritische Öffentlichkeit sein kann, in der

das nach der Verfassung souveräne Volk seine gesellschaftlichen und politischen Konflikte selbst lösen kann« hieß es im Schlußkommuniqué des Hannoveraner SDS-Kongresses 1967.
Das politische Klima eskalierte. Die Hetze der bürgerlichen Medien, vor allem der Springer-Presse gegen die außerparlamentarische Opposition verschärfte sich. Am 11. April 1968 wurde Rudi Dutschke von einem Attentäter niedergeschossen. Noch in derselben Nacht zogen 5000 Demonstrantinnen und Demonstranten zum Springer-Hochhaus in West-Berlin und zündeten Auslieferungswagen an. Auch in Hamburg, Frankfurt, Essen, Köln, München, Stuttgart und Hannover kam es zu Blockaden der Springer-Druckereien.
Neben dem Protest gegen den Vietnamkrieg und der »Enteignet Springer-Kampagne« war der Kampf gegen die Notstandsgesetze, den auch Teile der Gewerkschaften und der SPD unterstützten, ein zentrales Anliegen der außerparlamentarischen Opposition in der BRD der sechziger Jahre.
Eine besondere Rolle für das künftige Profil der radikalen Linken in der BRD spielte der vom 5. bis zum 10. Juni 1967 währende Sechs-Tage-Krieg, in dem Israel in einer höchst angespannten Phase nach der Sperrung der Meerenge von Tiran durch den ägyptischen Präsidenten Nasser einen Präventivkrieg an drei Fronten führte. Hatten arabische Politiker wie der syrische Außenminister noch kurz zuvor angekündigt, die »aggressive zionistische Anwesenheit in unserer arabischen Heimat zu zerschmettern«, wendete sich jetzt das Blatt dramatisch: Die kleine, aber hochmotivierte israelische Armee siegte innerhalb weniger Tage und okkupierte die Sinaiwüste, den Gazastreifen, die Golanhöhen und die Westbank sowie die Altstadt von Jerusalem. Während linke Galionsfiguren wie Herbert Marcuse sich vorbehaltlos mit Israel solidarisierten, gingen angesichts des israelischen Sieges und der Besatzungspolitik weite Teile der Protestbewegung auf Distanz. Mit Blick auf die Sympathien der Springer-Presse für Israel befand Ulrike Meinhof in »konkret«: »Der neue deutsche Faschismus hat aus den alten Fehlern gelernt, nicht gegen – mit den Juden führt Antikommunismus

zum Sieg.« Und auch der ehemals pro-israelische SDS schlug sich in der Auseinandersetzung, die als eine zwischen »den hochindustrialisierten Ländern und den Ländern der Dritten Welt« gesehen wurde, auf die Seite der Antizionisten.

Nicht nur in der BRD, auch in anderen westeuropäischen Staaten kam es zu Unruhen und revolutionärer Aufbruchstimmung – der zum Teil mit gewaltsamen reaktionären Offensiven begegnet wurde. Am 21. April 1967 fand im Nato-Land Griechenland ein Putsch von rechten Militärs statt. Vier Jahre zuvor war der international bekannte linkssozialistische Politiker Gregor Lambrakis von einer paramilitärischen Gruppe erschossen worden, als er eine Friedensdemonstration anführte. Einer der Anführer von Lambrakis' Demokratischer Jugend, die nach dem Attentat einen steilen Aufschwung erlebte, war der linke Komponist und Sänger Mikis Theodorakis.

Die internationale Politik war geprägt von den Befreiungskämpfen in Afrika, Asien und Lateinamerika und den Versuchen der USA, aber auch ehemaliger Kolonialmächte, ihren Einfluß zu sichern. 1961 scheiterte eine CIA-geleitete Invasion von Exilkubanern in der Schweinebucht. 1962 kam es zum Waffenstillstand zwischen Frankreich und der algerischen Befreiungsbewegung FNL. 1965 fiel der schwarze Militante Malcolm X einem Attentat politischer Gegner in der Schwarzen-Bewegung zum Opfer. Am 10. Oktober 1967 wurde Ernesto Che Guevara in Bolivien ermordet.

In der Sowjetunion wurde 1964 der für die antistalinistische Tauwetterperiode stehende Nikita Chruschtschow seiner Ämter enthoben. Seine Nachfolge trat Leonid Breschnew an, der 1968 seine Doktrin von der »eingeschränkten Souveränität der sozialistischen Staaten« bekanntgab. Kurz darauf, am 22. August 1968, marschierten die Truppen der Warschauer Vertragsstaaten in der ČSSR ein und zerschlugen das reformsozialistische Experiment Alexander Dubceks – ein repressiver, gewalttätiger Akt, der auch das Klima innerhalb der außerparlamentarischen Opposition in der BRD nachhaltig verschärfte.

In der Volksrepublik China, die seit 1959 sichtbar auf Distanz zur Sowjetunion gegangen war, fand von 1966 bis 1969 die Große Proletarische Kulturrevolution statt, die in der bundesdeutschen Linken teilweise enthusiastisch aufgenommen wurde. Sie folgte der Überlegung Maos, daß die Revolution permanent bleiben müsse, solange es gesellschaftliche Widersprüche gebe. Im Verlauf der Kulturrevolution, die zahlreiche Opfer forderte, wurden der gesamte etablierte Parteiapparat und die großen Massenorganisationen von Rotgardisten und »revolutionären roten Rebellen« zerschlagen.

Oliver Tolmein: Wann hast du dich entschlossen, die Verhältnisse in der Bundesrepublik militant zu verändern?

Irmgard Möller: Die Große Koalition, die sich 1966 formiert hat, hat eine ganz entscheidende Rolle gespielt. Da kam erstmals die Ahnung auf, daß Opposition hier fundamental sein muß. Von militanter Politik war ich damals zwar noch weit entfernt, aber das war eine entscheidende Erkenntnis, die alles, was danach gekommen ist, bestimmt hat.

T: Wie hast du 1966 gelebt?

M: Ich war Studentin an der Universität in Freiburg und habe Althochdeutsch und Altfranzösisch gelernt, und ich war ansonsten ziemlich traurig, weil ich mit den Leuten dort nichts anfangen konnte und alleine war. Die Studenten sind Wein trinken gegangen und haben gelernt – das war's. Öde einfach. Deswegen bin ich im Sommer 1967 nach München gegangen.

T: Althochdeutsch und Altfranzösisch – das klingt, als ob du Lehrerin werden wolltest?

M: Überhaupt nicht. Ich wollte raus aus Deutschland und nach Frankreich. Aber weil wir damals erst mit einundzwanzig Jahren volljährig wurden, ging das nur übers Studium. Und um in Frankreich problemlos studieren zu können, brauchte ich ein paar Scheine von einer deutschen Universität.

T: Wenn es in Freiburg außer Wein nicht viel gegeben hat, wo hast du deine ersten politischen Erfahrungen gesammelt? Wie kam es, daß du dich überhaupt für etwas anderes als studieren interessiert hast?

M: Meine Eltern waren streng katholisch und lebten im Faschismus in klarer Opposition zum NS-Regime. Als Hannover, wo wir wohnten, bombardiert wurde und dabei auch das Gestapo-Hauptquartier gebrannt hat, galt das bei uns zu Hause als erfreuliches Ereignis. In der Nachkriegszeit war aber vor allem mein Vater auch ein strikter Gegner jeder Form von linker Politik. Anfangs war ihm schon die CDU wegen ihres Ahlener Programms* verdächtig. Ich hatte, als ich älter wurde, 1964, in Hannover einige Leute kennengelernt, die auf der Straße lebten, ein paar Franzosen und Engländer, um die herum sich so eine Szene entwickelt hatte. Dazu kamen Leute aus Armenien, aus Persien, aus Palästina, die größtenteils an der TU immatrikuliert waren. Dort habe ich auch zum erstenmal von den Kämpfen der Schwarzen in den USA erfahren, von der Ermordung von Malcolm X, von den Lebensbedingungen und der Folter im Iran, von der Revolution in Kuba und von den Kämpfen in Griechenland nach der Ermordung von Gregor Lambrakis. Die Geschichte von Lambrakis hat mich auch beschäftigt, weil ich damals viel und gern griechische Musik gehört habe – während ich die Beatles gar nicht mochte –, und Mikis Theodorakis war ja ein politischer Kampfgefährte von Lambrakis. Wir haben den Sommer auf einem Platz in der Innenstadt verbracht. Später sind dann noch Pazifisten zu uns gestoßen und junge kommunistische Arbeiter, die den Kriegsdienst aus politischen Gründen verweigert hatten. Das war für mich das erste Mal, daß ich Kommunisten kennengelernt habe. Wir haben dagesessen, Musik gemacht und diskutiert, vor allem war es aber eine sehr gute, freundschaftliche Stimmung untereinander. Meine Lehrer in der Schule, aber auch andere Leute, die mich kannten, haben mich deswegen oft angezischt: Hast du es nötig, dich mit Ausländern abzugeben ...

* Das Ahlener Programm der CDU von 1947 war noch von Vorstellungen eines Christlichen Sozialismus geprägt und konstatierte das Scheitern des »kapitalistischen Wirtschaftssystems«. Es sah die Entflechtung von Konzernen und weitgehende Mitbestimmungsregelungen vor, beinhaltete aber auch eine Absage an den Staatssozialismus.

T: Wie lief es, als du dann 1967 nach München gekommen bist?

M: Mit Freiburg war das nicht zu vergleichen. Dort war schon etwas in Bewegung gekommen. Es gab zum Beispiel die Anfänge des Trikont Verlages, ein paar Leute sind öfter nach Ostberlin zur chinesischen Botschaft gefahren, um dort Broschüren und Zeitungen zu holen; wir hatten überhaupt eine Vielzahl internationaler Kontakte und damit ganz andere Informationsmöglichkeiten. Die ersten Texte aus der Chinesischen Kulturrevolution trafen umfassend unsere Lebenssituation: »Rebellion ist berechtigt«. Es war eine Aufbruchstimmung, alle waren mobilisiert. Das Besondere an der Situation in China war für uns, daß sich dort der Sozialismus, der bereits gesiegt hatte, noch einmal grundlegend revolutionierte. Erstarrung sollte es nicht geben. Deswegen hat uns auch Kuba so angezogen. Castro und Che Guevara waren Revolutionäre und keine sozialistischen Staatspolitiker; sie haben im Gegensatz zu Breschnew oder Ulbricht verkörpert, daß die gesamten gesellschaftlichen Verhältnisse umgewälzt werden müssen.

Es gab damals eine Reihe von Teach-ins, um Brigaden für die Zuckerrohrernte in Kuba zusammenzustellen. Ich selbst war in der Zeit an kleineren Widerstandsaktionen beteiligt. Wir haben zum Beispiel in der Wandelhalle der Uni gegen die scheinheiligen Feiern zum Hinrichtungstag der Geschwister Scholl protestiert. Und wir haben Flugblattraketen in US-Kasernen geschickt, um die Soldaten dort zur Desertion aufzufordern, sie sollten nicht in Vietnam kämpfen. 1967, im Sommer, bin ich dann, wie in den Jahren vorher, in die Türkei und in den Libanon getrampt. Dort habe ich noch die Barrikaden und Sandsäcke am Flughafen gesehen, mit denen sich die Libanesen gegen die israelischen Luftangriffe im Sechs-Tage-Krieg verteidigt hatten. Das waren für mich vielschichtige und wichtige Erfahrungen damals, und ich war noch nicht entschlossen, ob ich hier bleiben oder lieber weiter durch die Welt trampen sollte.

T: Du bist dann aber erst mal nach München zurückgekommen.

M: Ja. Wir haben damals auch versucht, anders zu leben, als wir es bis dahin kannten. Wir haben uns mit mehreren Leuten eine große Wohnung gesucht und sind gemeinsam eingezogen, haben alles miteinander geteilt, haben unser Geld zusammengeschmissen und waren Tag und Nacht zusammen. Die erste Kommune in Berlin gab es zu der Zeit schon nicht mehr – aber für uns war es damals etwas ganz Neues, so zu leben. Vorher hatte man noch bei Zimmerwirtinnen zur Untermiete wohnen müssen, in kleinen stickigen Zimmern, die mit Möbeln vollgestellt waren. Das wollten wir alles nicht mehr: Ehe, Familie, Zweizimmerwohnung und Beruf.

Auch die Beziehungen untereinander wurden andere, insbesondere die unter uns Frauen waren nicht mehr über Männer definiert. Wir haben angefangen, über unseren Umgang miteinander nachzudenken und zu reden, über Sachen, die vorher ganz selbstverständlich schienen. Wir fingen gleichzeitig an, uns als Frauen zu organisieren.

T: Und wie haben die Männer darauf reagiert?

M: Interessiert und widerspenstig. Die Männer, mit denen wir zu tun hatten, waren ja nicht die Funktionärsgarde des SDS. Das Klima war also viel offener. Aber trotzdem gab es Rollenverhalten, bei Männern und bei Frauen – wir konnten darüber reden, und es war gleichzeitig ungeheuer schwer, alles auf einmal zu verändern. In München hat sich dann auch eine Frauenkommune gebildet. Und diejenigen von uns, die schon Kinder hatten, initiierten damals die ersten Kinderläden.

T: Du hast die Kommune, die du mit aufgebaut hast, verlassen und bist woanders hingezogen. Warum?

M: Fritz Teufel, mit dem ich damals zusammen war, mußte in die Illegalität, weil es einen Haftbefehl wegen einer kleinen militanten Aktion in Berlin gegen ihn gab; und wir, die wir mit ihm befreundet waren, mußten deswegen auch aufpassen. Da war es erst mal besser, in eine andere Wohnung zu ziehen.

T: Hat das Uni-Leben in dieser Zeit eine Rolle für dich gespielt?

M: Studiert habe ich wenig. Aber an der Hochschule passierte schon einiges. In der Zeit wurden in München mehrere Institute besetzt. Wenn es nur um Hochschulpolitik gegangen wäre, hätte jeder Fachbereich für sich gehandelt. Aber hier lief es ganz anders: Juristen und Künstler und Germanisten oder Philosophen haben gemeinsam was gemacht, zum Beispiel auch gegen die Notstandsgesetze. Gegen diese Institutsbesetzungen ist der Staatsapparat massiv vorgegangen. Wir wurden mit einer ungeheuren Menge von Ermittlungsverfahren überzogen. Und ich bin zum erstenmal festgenommen worden und mußte mit den anderen eine Nacht im Polizeipräsidium verbringen.

T: Die Notstandsgesetze waren vor allem 1967/68 eines der zentralen Themen für die außerparlamentarische Opposition – was für eine Bedeutung hatte der Kampf dagegen für dich?

M: Das war ein durchaus zwiespältiges Engagement. Einerseits wurden in dieser Auseinandersetzung viele Kräfte gebündelt: Studenten, Professoren, Intellektuelle und Gewerkschafter kämpften gemeinsam gegen die Pläne der Großen Koalition. Andererseits war der Protest in seinem Kern absolut staatstragend, es ging darum, eine Fiktion von »parlamentarischer Demokratie« zu verteidigen, während wir die parlamentarische Demokratie als solche angreifen wollten. Es fand also eine Verschiebung der politischen Akzente statt, die wir kritisierten. Außerdem bewirkte die Konzentration aller Kräfte auf den Kampf gegen die Notstandsgesetzgebung, daß andere Aktivitäten, vor allem das internationalistische Engagement in den Hintergrund traten. In gewisser Weise war die Auseinandersetzung um die Notstandsgesetze also ein Wendepunkt für die außerparlamentarische Opposition.

Ich selbst pendelte in der heißen Phase des Protestes, in der Zeit zwischen Frühjahr und Sommer 1968 zwischen München und Paris, wo es damals die großen Straßenschlachten gab, an denen ich auch teilgenommen habe. Ich war auch oft an der Sorbonne und mußte, weil ich eine der wenigen Deutschen war, dort erzählen, was hier los ist. Vor allem das Attentat auf Rudi Dutschke Ostern 1968 und die Anti-Springer-Kampagne in Deutschland haben die französischen Studenten sehr beschäftigt.

T: Bist du dort auch Daniel Cohn-Bendit* begegnet?

M: Nicht persönlich, aber ich war auf einer großen Demonstration, bei der es darum ging, daß man ihm die Einreise nach Frankreich erlaubt.

T: Da hast du für Cohn-Bendit demonstriert...

M: Dummerweise ja. (lacht) Ach was, es ging ja nicht um seine Person.

T: Was hast du gemacht, als du nach München zurückgekommen bist?

M: Es war gerade die Hochzeit der Prozesse gegen die Studenten. Fast jede und jeder hatte ein Verfahren am Hals. Wir haben uns schwerpunktmäßig darauf konzentriert, eine Rechtshilfegruppe aufzubauen. Rolf Pohle,** der auch in unserer Gruppe war, hat zu der Zeit als Referendar gearbeitet, und wir haben mit den Leuten beraten, wie sie die Prozesse führen können. Uns ging es darum, vor Gericht möglichst offensiv aufzutreten; wir wollten uns nicht im herkömmlichen Sinn verteidigen, wo man dann wie ein armer Sünder dasteht und sagt: Ich war es gar nicht. Aus dieser Arbeit hat sich dann schließlich auch die Idee für das Knastcamp in Ebrach entwickelt.

T: Was war die Intention dieses Knastcamps?

M: Es gab damals den ersten Studenten, der verurteilt wurde und der seine Strafe auch antreten mußte: Reinhard Wetter. Wetter kam nach Ebrach in den Knast – und wir wollten zeigen: Das nehmen wir nicht hin. Es ging nicht darum, ihn zu befreien – er

* Daniel Cohn-Bendit ist der Sohn deutscher Juden und lebte seinerzeit in Frankreich. Er war als »der rote Dany« (wegen seiner roten Haare) einer der profiliertesten Linksradikalen unter den Studenten und wurde von der Regierung als unerwünschter Ausländer ausgewiesen. In Frankfurt gründete Cohn-Bendit später die Stadtzeitung »Pflasterstrand«, unterstützte die Grünen, für die er auch ins Europaparlament einzog, war einer der entschiedensten Befürworter einer Amnestie-Lösung für Gefangene aus der RAF und kooperierte im Rahmen des Aussteigerprogramms auch mit dem Verfassungsschutz.

** Rolf Pohle gehörte kurzzeitig zur RAF. Später ging er dann zur Bewegung 2. Juni nach West-Berlin und ist dort verhaftet worden. 1975 wurde er von den zur Bewegung 2. Juni gehörenden Entführern des CDU-Politikers Peter Lorenz befreit. 1976 wurde er in Athen erneut verhaftet.

hatte ja nur ein paar Monate bekommen. Aber wir wollten zeigen: Das nehmen wir nicht hin. Außerdem wollten wir diskutieren, wie es weitergehen kann. Aus dem gesamten Bundesgebiet und aus Westberlin kamen deswegen fast alle, die militante Politik weiterentwickeln wollten, in dieses fränkische Provinznest Ebrach.

Unser Thema war Knast, die Gewalt des Staates und wie du dagegen kämpfen kannst. Außer uns waren dort auch Jugendliche, die aus Fürsorgeheimen und Erziehungsanstalten abgehauen waren, manche dreizehn, vierzehn Jahre alt. Gudrun Ensslin und Andreas Baader waren damals die einzigen, die mit diesen Jugendlichen schon gearbeitet hatten, nachdem ihr Verfahren wegen der Kaufhausbrandstiftung* beendet war. Die CSU unter Franz Josef Strauß hatte mächtig gegen uns mobilisiert. Wir trafen überall auf eine feindselige Stimmung und mußten uns mit bürgerwehrähnlichen Gruppen auseinandersetzen, was die Organisation des Camps nicht gerade vereinfacht hat. Schließlich mußten wir sogar das Landratsamt stürmen, weil sie uns keine Wiese überlassen wollten. Für vierundzwanzig Stunden landeten wir deswegen erst mal selbst in Bamberg im Knast.

T: Das Knastcamp war auch die letzte große gemeinsame Aktion der militanten Linken.

M: Ja. Ich bin danach mit etwa zwanzig Leuten zusammen mit den »Ucellis«, das heißt »die Vögel«, die auch in Ebrach gewesen waren, nach Italien gefahren. Dort waren die Verhältnisse auf eine andere Weise zugespitzt als in der BRD. Es gab einerseits eine starke proletarische Linke, aber die Faschisten konnten eben auch offen auftreten. Einmal waren wir auf einem Teach-in

* Andreas Baader und Gudrun Ensslin hatten zusammen mit Thorwald Proll und Horst Söhnlein in der Nacht vom 2. zum 3. April 1968 in Frankfurt am Main eine Brandbombe in einem Kaufhaus deponiert, um so »gegen die Gleichgültigkeit der Gesellschaft gegenüber den Morden in Vietnam« zu protestieren. Ulrike Meinhof kommentierte die Aktion später in »konkret«: »Das progressive Moment einer Warenhausbrandstiftung liegt nicht in der Vernichtung der Waren, es liegt in der Kriminalität der Tat, im Gesetzesbruch.« Die vier Angeklagten wurden zu drei Jahren Zuchthaus verurteilt, aber nur Horst Söhnlein trat die Strafe freiwillig an.

in Rom, und plötzlich stürmte einer ans Mikrophon und rief: »Wir müssen sofort abhauen, die Faschisten kommen.« Und tatsächlich stürmte eine riesige, mit Knüppeln bewaffnete Horde an, um alles kurz und klein zu schlagen. In dieser Zeit fand auch der Anschlag auf die Landwirtschaftsbank in Mailand statt, ein staatlich inszeniertes Massaker, das der radikalen Linken angehängt wurde.*
Das war alles Teil einer »Strategie der Spannung«, die zum Ziel hatte, in der Bevölkerung die Akzeptanz für eine faschistische Machtübernahme zu erhöhen. Dagegen standen in der BRD, wo die SPD dabei war, sich auf die Regierungsübernahme vorzubereiten, die Zeichen auf Integration der oppositionellen Strömungen. Die Ucellis kamen aus der architekturkulturellen Scene und machten provokative Happenings und gut durchdachte symbolische Aktionen, um damit Unterstützung für die sizilianischen Erdbebenopfer von 1962/63 zu organisieren. Wegen der Staatskorruption hatten die Sizilianer die zugesagten Hilfsgelder nicht erhalten und hausten auch noch nach Jahren unter elendsten Bedingungen in Wellblechhütten. Mit den Ucellis haben wir viel über Ansatzpunkte für einen revolutionären Kampf diskutiert. Für sie war es naheliegend, in der BRD mit ausländischen Arbeitern zusammenzuarbeiten – es gab damals schon sehr viele Arbeitsmigranten aus Süditalien, die in der BRD in furchtbaren Verhältnissen leben mußten. Uns hat das aber nicht so überzeugt, denn anders als in Italien fanden in der Bundesrepublik keine Kämpfe in den Fabriken statt, an die man hätte anknüpfen können, und wir fanden es falsch zu versuchen, militante Auseinandersetzungen von außen dort hineinzutragen. Das kam uns aufgesetzt vor.

T: Aber du hast doch selber mal in einer Fabrik gearbeitet.

* Der Anschlag auf die Banca Della Agricoltura ereignete sich 1969 und forderte Dutzende Todesopfer. Der tatverdächtige Anarchist Pinelli »stürzte« beim Polizeiverhör gefesselt aus dem fünften Stock des Polizeipräsidiums. Später stellte sich heraus, daß die Neofaschistengruppe Nuove Ordine den Anschlag im Auftrag der Geheimloge P 2 begangen hatte. Dario Fo hat diese Ereignisse in seinem Theaterstück »Der zufällige Tod eines Anarchisten« verarbeitet.

M: Na ja. Das war aber später, 1970, als die K-Gruppen gegründet wurden. Da gab es etliche Leute, die in die Betriebe gegangen sind, mit dem Ziel, dort die Arbeiter zu organisieren. Das hatte zum Teil groteske Folgen, weil die sich dann so verkleidet haben, wie ihrer Meinung nach Arbeiter aussehen, und ihre Lebensweise angepaßt haben. So hofften sie, besseren Zugang zu finden. Plötzlich ließen sich also die Genossen die Haare schneiden. Ich habe damals tatsächlich eine Zeitlang bei Agfa gearbeitet. Aber das geschah mehr aus Solidarität mit Freundinnen von mir als aus Überzeugung. Und geholfen hat dieser Einstieg ins Proletariat wenig. Vereinzelt gab es zwar Sympathie bei manchen Arbeiterinnen und Arbeitern -aber das war es auch. Viele von uns sind aus den Betrieben auch schnell rausgeflogen und konnten dann nur noch Flugblätter vor den Werkstoren verteilen. Eigentlich hat sich also bestätigt, was wir schon in der Auseinandersetzung mit den Ucellis angenommen haben, und mir persönlich war schnell klar, daß das nicht meine Perspektive für den politischen Kampf war. Ich hatte dann nach den zwei Monaten Arbeit am Fließband ein bißchen Geld. Immerhin. Aber das war's auch.

T: Wieso war dir so schnell klar, daß die Betriebskämpfe eine Sackgasse waren?

M: Das Verhältnis von uns zu den Arbeiterinnen und Arbeitern hat nicht gestimmt. Wir waren privilegiert und sind in die Betriebe gegangen. Dort wußten wir alles besser und konnten abends in der Gewißheit nach Hause gehen, daß wir jederzeit aufhören können und die Freiheit haben, mit etwas anderem anzufangen. Die Arbeiterinnen und Arbeiter konnten das nicht – und diesen Unterschied haben sie sehr deutlich gespürt. Auch die Vorstellung, daß nun ausgerechnet wir an die Stelle der kämpfenden Gewerkschaften treten könnten, die es seit 1933 in Deutschland nicht mehr gab, fand ich unangemessen. Andere dachten aber, man könnte direkt an die Auseinandersetzungen der zwanziger Jahre anknüpfen.

T: Verlief dieser Riß in der Analyse und Strategiediskussion quer durch die Szene und die Gruppen, oder gab es diese

Differenzen hauptsächlich mit Leuten, mit denen du eh nicht viel zu tun hattest?

M: Der Riß ging quer durch alle Gruppen. Damals formierten sich auch die ML-Gruppen, zu denen Freundinnen von mir guten Kontakt hatten, oder die KPD-Aufbauorganisation – das ganze Spektrum dogmatischer Kaderorganisationen, die heute auch nur noch Geschichte sind. Diese Gruppen, so unterschiedlich ihr Selbstverständnis auch war und sosehr sie miteinander konkurrierten, waren alle auf die traditionelle deutsche Arbeiterbewegung fixiert. Ihnen ging es um Parteiaufbau, um Hierarchie – aber nicht mehr um kämpferische selbstorganisierte Strukturen. Der ganze kulturrevolutionäre Schub aus unserer Mobilisierung in den sechziger Jahren, die Lust zu leben wurde darin wieder erstickt.

Uns war deswegen damals viel näher, was in Afrika, Lateinamerika und in Vietnam passierte. Diese Hoffnung, daß dort sozialrevolutionäre, antiimperialistische Bewegungen siegen können – das war für uns wichtig und hat uns interessiert. Wir haben gespannt verfolgt, wie zum Beispiel der Vietcong aus einer Situation aussichtslos erscheinender Unterlegenheit heraus gegen einen scheinbar allmächtigen Gegner kämpfen konnte. Das waren genau die Erfahrungen und Entwicklungen, die uns mobilisiert haben.

Die ersten Jahre der RAF

Die sozialliberale Koalition modernisierte die Ost- und Deutschlandpolitik der Bundesrepublik. An die Stelle des starren Konfrontationskurses trat eine Politik des »Wandels durch Annäherung« mit deutschnationalem Unterton. »Auch wenn zwei Staaten in Deutschland existieren, sind sie doch füreinander nicht Ausland«, hatte Willy Brandt in seiner Regierungserklärung betont.

Am 19. März 1970 reiste er nach Erfurt, um sich mit dem DDR-Ministerpräsidenten Willi Stoph zu treffen. Die erste Zusammenkunft der Regierungschefs von BRD und DDR hatte weitreichende Folgen: Im Dezember 1971 wurde das Transitabkommen paraphiert, am 26. April 1972 der Verkehrsvertrag und am 8. November 1972 der Grundlagenvertrag. Innerhalb weniger Jahre vervielfachte sich der Reiseverkehr aus der und in die DDR. Der Erste Sekretär des ZK der SED, Walter Ulbricht, der die neue Ost- und Deutschlandpolitik der BRD als »Aggression in Filzlatschen« bezeichnete, trat 1971, wohl auch wegen seiner kritischen Haltung zur »Entspannungspolitik« zurück. Sein Nachfolger wurde Erich Honecker.

Mit der UdSSR kam es 1970 zu einem Gewaltverzichtsabkommen. Im Dezember 1970 schloß Bonn auch mit Polen einen Vertrag über die Normalisierung der Beziehungen, der gegen den wütenden Protest der deutschen Konservativen die Anerkennung der Oder-Neiße-Grenze beinhaltet. Am Tag vor dem Vertragsschluß kniete Willy Brandt vor dem Mahnmal im einstigen Warschauer Ghetto nieder – eine Geste des Schuldanerkenntnisses für die deutschen NS-Verbrechen, die in der BRD ebenfalls auf harsche Kritik aus dem rechten Lager stieß. 1973 folgte ein entsprechender Vertrag mit der Tschechoslowakei.

Die neue Ostpolitik ebnete der BRD den Weg in die UNO: Am 18. September 1973 wurde sie offizielles Mitglied. 1974 trat der innenpolitisch in Bedrängnis geratene Willy Brandt als Kanzler zurück. Anlaß war die kurz zuvor bekanntgewordene Agententätigkeit seines persönlichen Referenten Günther Guillaume für die DDR. Nachfolger Brandts wurde der ehemalige Wehrmachtsoffizier Helmut Schmidt.

Das innenpolitische Gegenstück zur Entspannungspolitik war ein scharfer Kurs gegen Kommunisten, der erst in den am 14. November 1970 verabschiedeten Abgrenzungsbeschluß der SPD mündete, der Sozialdemokraten jede Zusammenarbeit mit Kommunisten als »parteischädigend« untersagte. 1972 wurde, nachdem der SPD-geführte Hamburger Senat vorgeprescht war, von der Ständigen Konferenz der Innenminister der »Radikalenerlaß« verabschiedet, der Tausende Berufsverbote gegen Linke, die Lehrerin, Postbote, Polizistin oder sonstwie Beamte werden wollten, zur Folge hatte. Jeder Bewerber für eine Stelle im öffentlichen Dienst mußte eine Regelanfrage beim Verfassungsschutz über sich ergehen lassen – eine Praxis, die ein Klima von Zensur und Überwachung erzeugte.

Die siebziger Jahre standen von Anfang an auch im Zeichen einer umfassenden Reorganisation der Polizei, verbunden mit einem allgemeinen Ausbau der gesamten Sicherheitsdienste. Schon die Umsetzung des 1969 beschlossenen »Sofortprogramms zur Modernisierung und Intensivierung der Verbrechensbekämpfung«, vor allem aber die 1972 und 1974 auf den Innenministerkonferenzen beschlossenen Sicherheitsprogramme führten zu einer Zentralisierung der Polizeiarbeit, zu einer personellen und politischen Stärkung von BKA und BGS, zu einer Ausweitung der Zugriffsbefugnisse und zu einer Vorverlagerung der Eingriffsmöglichkeiten. Vor allem die Einführung der Datenverarbeitung und die damit verbundenen Möglichkeiten flächendeckender Kontrolle und Überwachung wie die »beobachtende Fahndung« und die Rasterfahndung spielten dafür eine Rolle. Flankiert wurde diese Entwicklung durch eine Vielzahl von Verschärfungen des Straf- und des Strafprozeßrechts. Einerseits dienten sie, wie die Einführung des § 129a StGB im Jahr 1976, der unmittelbaren Bekämpfung der RAF und ihrer Unterstützerinnen und

Unterstützer, andererseits zielten sie, wie etwa das 1976 verabschiedete »Gesetz zum Schutz des Gemeinschaftsfriedens«, das eine Reihe von Kommunikationsdelikten wie den § 88a StGB (verfassungsfeindliches Befürworten von Straftaten) neu einführte beziehungsweise andere Vergehen (§ 140 StGB Belohnung und Billigung von Straftaten) mit höheren Strafen bedachte, auf eine umfassende Kriminalisierung politischer Diskussionen in der Öffentlichkeit.
Die ökonomische Situation war, vor allem zwischen 1970 und 1973, durch langanhaltende, gelegentlich sogar »wilde Streiks«, insbesondere in der Druck-, Metall- und Chemieindustrie, geprägt. In der öffentlichen Diskussion spielte außerdem die Energiekrise, die durch die Erhöhung der Ölpreise ausgelöst worden war, eine zentrale Rolle.
Die erdölfördernden Staaten hatten sich auf gemeinsame Preise und Förderungen geeinigt, um den westlichen Industrienationen effizienter gegenübertreten und gerechtere Handelsbedingungen durchsetzen zu können. Doch die Industriestaaten übten international erheblichen Druck aus. In der Bundesrepublik wurde außerdem ein drastischer Energiesparkurs eingeschlagen. Am 19. November 1973 wurde für vier Sonntage ein totales Autofahrverbot verhängt; weitere sechs Monate galten Geschwindigkeitsbeschränkungen auf Autobahnen und Landstraßen. Ebenfalls 1973 beschloß die Bundesregierung einen Anwerbestopp für ausländische Arbeitnehmer.
Die bundesdeutsche Linke formierte sich in etlichen konkurrierenden K-Gruppen. Neben der auf den real existierenden Sozialismus orientierten DKP, dem auf strikten chinesischen Regierungskurs dringenden KBW, der maoistischen KPD und KPD/ML und dem undogmatisch-maoistisch/leninistischen KB gab es noch die trotzkistische GIM sowie etliche kleinere Gruppierungen. Außerdem entstanden überall in der Bundesrepublik undogmatisch-spontaneistische Gruppierungen, die sich zum Teil an der italienischen »Autonomie«-Bewegung orientierten.
Darüber hinaus bildeten sich in den Auseinandersetzungen um das geplante Atomkraftwerk Wyhl Ansätze für die Anti-AKW-

Bewegung, die erste sogenannte neue soziale Bewegung – eine Nicht-Organisationsform, die Ende der Siebziger und vor allem in den Achtzigern die außerparlamentarische Politik zunehmend prägte.

Es gründeten sich mehrere bewaffnet kämpfende Gruppen: RAF, Bewegung 2. Juni, Revolutionäre Zellen (RZ). Die RAF befreite am 14. Mai 1970 Andreas Baader aus der Haft. Knapp zwei Jahre später startete sie ihre große Mai-Offensive: ein Bombenanschlag auf das Hauptquartier des V. US-Korps in Frankfurt am 11. Mai 1972, am 12. Mai explodierten in der Polizeidirektion Augsburg und vor dem Landeskriminalamt München Sprengsätze; am 15. Mai wurde die Frau des BGH-Ermittlungsrichters Wolfgang Buddenberg bei einem Attentat auf sein Auto schwer verletzt; am 19. Mai detonierten nach einer Vorwarnung zwei Sprengsätze im Verlagshaus Springer in Hamburg; am 24. Mai wurden zwei Autobomben im Hauptquartier der US-Landstreitkräfte gezündet. Die Anschläge forderten vier Menschenleben. In den folgenden Wochen wurde fast die gesamte RAF verhaftet.

Die äußerst scharfen Haftbedingungen der gefangenen RAF-Mitglieder wurden vielfach kritisiert und hatten mehrere Hungerstreiks zur Folge. In der Haft starben Holger Meins, Katharina Hammerschmidt und, unter ungeklärten Umständen, Ulrike Meinhof. Am 24. April 1975 versuchte ein neues RAF-Kommando durch eine Geiselnahme in der bundesdeutschen Botschaft in Stockholm 26 Gefangene zu befreien. Dabei wurden zwei Diplomaten erschossen. Auch zwei Mitglieder des Kommandos Holger Meins kamen ums Leben: Ullrich Wessel in Stockholm und Siegfried Hausner wenig später in Stammheim, wohin er trotz seiner schweren Verletzungen gebracht worden war.

Außer der RAF trat vor allem die Bewegung 2. Juni mit größeren Aktionen in Erscheinung, die 1975 mit der Entführung des Berliner CDU-Politikers Peter Lorenz die Freilassung von Gefangenen erreichen konnte. Besondere Bedeutung hatten auch die Revolutionären Zellen, die erstmals im November 1973 mit einem Anschlag auf den US-Konzern ITT, der den Rechts-Putsch in

Chile 1973 unterstützt hatte, auf sich aufmerksam machten. Die RZ verübten auch dezidiert antizionistische, gegen israelische Einrichtungen gerichtete Anschläge und waren an palästinensischen Terroraktionen beteiligt, vor allem an der Entführung einer Air-France-Maschine im Juni 1976, die die Freilassung von 53 politischen Gefangenen aus israelischen und deutschen Gefängnissen erreichen sollte und in deren Verlauf die jüdischen Passagiere selektiert wurden.

Das brisante Verhältnis zwischen deutschen Linksradikalen, Juden und palästinensischen Befreiungskämpfern war auch schon 1972, als der Schwarze September bei den Olympischen Spielen in München die israelische Mannschaft als Geiseln nahm, deutlich geworden. Weil die Bundesregierung diese Geiselnahme zum Anlaß nahm, arabische Studenten in großer Zahl auszuweisen und die Organisationen von Palästinensern in der BRD zu verbieten, kam es zu Solidaritätsaktionen linker Gruppierungen, die mit Parolen wie »Schluß mit der Unterstützung der israelischen Aggressionspolitik durch die Bundesregierung! Nieder mit Imperialismus und Zionismus! Der Kampf des palästinensischen Volkes ist gerecht!« unterstrichen wurden. Auch Ulrike Meinhof verfaßte, bereits in Haft, im Namen der RAF eine flammende Solidaritätserklärung mit dem Schwarzen September, die sich einer äußerst aggressiven Rhetorik bedient, israelische Politiker mit nazistischen Politikern gleichsetzt und Israel vorwirft, es hätte die Sportler »verheizt wie die Nazis die Juden«.

Die Situation im Nahen Osten, der als Hauptöllieferant für den Westen von erheblicher Bedeutung ist, war in den siebziger Jahren aufs äußerste gespannt. Am 6. Oktober 1973 griffen syrische und ägyptische Truppen überraschend Israel an, erlitten aber trotz großer Anfangserfolge auch in diesem Yom-Kippur-Krieg eine schwere Niederlage. Kurz darauf verhängten arabische Erdölstaaten gegen die USA und die Niederlande wegen ihrer israelfreundlichen Haltung einen Lieferboykott.

1973 beendeten die USA ihr weltweit und im eigenen Land heftig kritisiertes Engagement in Vietnam und zogen die letzten Truppen ab. Es dauerte noch fast zwei Jahre, bis der Vietcong am 30.

April 1975 als Sieger in der südvietnamesischen Hauptstadt Saigon einzog.
Im September 1973 wurde der neugewählte sozialistische Präsident Allende in Chile vom faschistischen Militär unter US-Anleitung gestürzt und ermordet. In Portugal wurde 1974 die faschistische Regierung durch einen Putsch linker Militärs unter General Spinola gestürzt. 1975 starb der spanische faschistische Diktator Franco, und Spanien wurde zur konstitutionellen Monarchie. In Bewegung kam in den siebziger Jahren auch der Europäisierungsprozeß: Die EG konstituierte sich und beschloß 1976, daß Direktwahlen zum Europäischen Parlament durchgeführt werden sollen.

Gründungsphase

Oliver Tolmein: Du hast von euren Kontakten nach Italien und von der Bedeutung, die der Vietnamkrieg für euch hatte, erzählt. Ihr hattet damals aber auch gute Kontakte zu palästinensischen Gruppen?

Irmgard Möller: Das lief zum Teil über Studenten, die wir kennengelernt hatten; es lebten damals sehr viele palästinensische Studenten in der BRD. Zum Teil haben wir die Kontakte zu den Palästinensern aber auch über Italien aufgebaut. Die Palästinenser befanden sich selbst damals in einer Phase des Aufbruchs – und weil sie kein Land hatten, waren sie auch stark internationalistisch orientiert. Nach dem Sechs-Tage-Krieg fingen sie an, neue revolutionäre Strukturen aufzubauen und sich dabei von der Politik der arabischen Staaten zu emanzipieren. Das bot uns einige Möglichkeiten, die wir in Europa nicht hatten. Deswegen sind ein paar von uns damals auch nach Palästina gefahren. Zuerst ging es nur darum, die Situation dort kennenzulernen, später haben sich dann auch einige von uns dort ausbilden lassen.

T: Du warst aber nicht dabei?

M: Nein. Nach Palästina sind hauptsächlich Leute aus Berlin gegangen. Solche Entscheidungen, wer wohin geht, hingen oftmals davon ab, wer wen kannte und mit wem man befreundet war. Sie hatten nicht immer einen bedeutsamen politischen Hintergrund.

T: Hattest du in dieser Zeit, 1969, schon Kontakt mit Ulrike Meinhof, Andreas Baader, Gudrun Ensslin und den anderen, die später die RAF gegründet haben?

M: Ich kannte einzelne, aber nicht alle.

T: Wann ist die Entscheidung gefallen, als Gruppe den bewaffneten Kampf zu führen, Anschläge zu machen, endgültig in die Illegalität zu gehen?

M: Das war keine Entscheidung, die an einem bestimmten Datum gefallen ist. Schon auf dem Vietnamkongreß des SDS im Februar 1968 in West-Berlin* wurde laut über die Möglichkeit bewaffneter Politik hier nachgedacht. Diese Diskussionen sind in den verschiedenen Städten, in unterschiedlichen Zusammenhängen über Jahre gelaufen. Zum großen Teil wußten wir voneinander, und es gab auch eine Menge Gemeinsamkeiten unter uns: das Verhältnis zum Staat, den wir alle als Nachfolgestaat des Nazifaschismus bekämpften, und der Bezug auf die Befreiungsbewegungen im Trikont. Von allen wurden auch die Texte von Marighella, der Stadtguerilla, die in Brasilien kämpfte, gelesen. Und es gab darüber hinaus noch die gemeinsame Einschätzung der Rolle der SPD als Regierungspartei.

Aber ansonsten waren unsere Vorstellungen sehr unterschiedlich. Es gab zu dem Zeitpunkt ja auch noch gar keine Erfahrung mit bewaffneter Opposition in der BRD. Entsprechend diffus

* Zum Vietnamkongreß kamen 5000 Menschen, um die Strategie der außerparlamentarischen Opposition für den Aufbau einer Front in den Metropolen zu diskutieren. Hans Jürgen Krahl, einer der SDS Führer, sagte in seinem viel beklatschten Referat: »Die Stufen vom Protest zum politischen Widerstand können sich nur realisieren, wenn wir versuchen, die organisatorischen Bedingungen zu schaffen, daß wir den Kampf gegen die Nato-Stützpunkte und -Niederlassungen in ganz Westeuropa aufnehmen können ... wenn wir schließlich Aktionen führen werden gegen die Niederlassungen der amerikanischen Rüstungsindustrie in Westeuropa. Es kommt darauf an, in solidarischer Aktion und in konkreter Solidarität mit der revolutionären Befreiungsbewegung in der 3. Welt den gigantischen militärischen und staatlichen Machtapparat in den spätkapitalistischen Ländern zu zerschlagen.«

waren auch unsere ersten Überlegungen in München. Wir wußten zwar, daß wir angreifen wollten, und wir waren auch bereit, illegal zu leben; aber wir hatten untereinander noch keine richtige Vorstellung, wie so etwas langfristig funktionieren kann. Schließlich kamen die Leute vom Blues* in Berlin, die bereits illegalisiert waren, zu uns.

T: Was hatten die gemacht?

M: Die Leute vom Blues hatten kleinere Aktionen durchgeführt: mal einen Wagen von Bullen angezündet oder einen Molli geworfen. Einige waren schon mehrmals im Knast gewesen und waren jetzt mit neuen Haftbefehlen konfrontiert. Deswegen sind sie erstmals raus aus West-Berlin. Für uns hieß das: Wir mußten uns verstärkt mit Fragen der Logistik beschäftigen, mußten klären, was man braucht, um sich in der Illegalität halten zu können, und mit welcher Perspektive man das macht. Und im Verlauf der und im Zusammenhang mit diesen Auseinandersetzungen haben wir uns dann zusammen entschlossen, zur RAF zu gehen.

T: Ihr – aber nicht der Blues?

M: Diejenigen vom Blues, die damals nach München gekommen sind, sind dann auch erst mal mit in die RAF gegangen. In der RAF sind Leute zusammengekommen, die ganz unterschiedliche Geschichten hatten, auch politisch unterschiedliche Erfahrungen.

T: Was war die RAF damals? Sie stand ja noch ganz am Anfang.

M: Im Mai 1970 war Andreas Baader aus dem Knast befreit worden – das war die erste Aktion der RAF. Danach hatte es ein paar Banküberfälle gegeben, mehr noch nicht. Die RAF befand sich also gerade in der Aufbauphase. Es waren aber auch schon grundlegende strategische Vorstellungen diskutiert worden. Der Entschluß, in die RAF zu gehen, hatte in München ziemliche Kon-

* Der Blues war mehr eine antiautoritäre Lebensweise als eine politische Organisation. Die Aktivitäten reichten von Haschrauchen über Flugblätterschreiben bis zu militanten Aktionen. Zum Blues gehörte Georg von Rauch, der im Dezember 1971 von der Polizei erschossen wurde. Andere Blues-Mitglieder gründeten später die Bewegung 2. Juni.

sequenzen, weil einige Leute, mit denen wir bis dahin viel zu tun hatten, auf gar keinen Fall mit wollten und wir uns also trennen mußten.

T: Worüber wart ihr euch nicht einig? Was waren die strittigen Punkte?

M: Ein ganz wichtiger Punkt war, wie wir in die Situation eingreifen können. Unsere Vorstellung war, durch offensive strategische Aktionen die Konfrontation zwischen herrschender Macht, Imperialismus, Staat und uns, dem Widerstand, den Leuten, die Subjekt sein wollen, offen sichtbar und veränderbar zu machen. Dagegen haben diejenigen, die in ihren Projekten in den Städten bleiben wollten, sich eine revolutionäre Aufbauarbeit praktisch »vor Ort« vorgestellt. Natürlich läßt sich das gar nicht so alternativ definieren. Aber es gab schon solche Debatten damals wie, na vereinfacht gesagt, wollt ihr gegen die Zentren der Macht vorgehen oder lieber für einen Kinderladen kämpfen.
Ein anderer Streitpunkt war die Frage der Illegalität: Ist es richtig, wenn eine ganze Gruppe in die Illegalität geht, oder sollen nur die abtauchen, die müssen, weil sie gesucht werden? Einige meinten auch, die RAF sei zu ML-mäßig und zuwenig anarchistisch.

T: Und wie ist die Diskussion gelaufen? Hat's da ein großes Plenum gegeben, oder fanden die Debatten in den Wohngemeinschaften statt?

M: Ein großes Plenum gab's nicht. Die Auseinandersetzung lief außerdem auch sehr emotional ab. Wenn ich mir das heute überlege, denke ich: Das hätten wir durchaus klarer und nüchterner diskutieren können. Eine Freundin aus der Zeit hat mir viel später gesagt, sie habe damals einige inhaltliche Klärungen vermißt. Vieles wurde gar nicht mehr ausgesprochen unter uns.

T: Und warum liefen diese Entscheidungen gerade in dieser Phase 1970/71?

M: Das hing mit den politischen Rahmenbedingungen zusammen. Die Sozialdemokratie war an die Regierung gekommen. Es gab damals die große Amnestie für Studentinnen und Studenten wegen der Demonstrationsstraftaten. Das hatte einen starken Sog Richtung Integration zu Folge. Viele hatten auch enorme

Hoffnungen, innerhalb dieses neuen sozialdemokratischen Staates etwas verändern zu können. Einige, vor allem die Leute aus dem Lehr- und Wissenschaftsbereich, haben sich auf den langen Marsch durch die Institutionen begeben. Es gab aber auch viele, die das nicht wollten, die aber trotzdem gesagt haben: Mal schauen, was jetzt passiert, erst mal abwarten, ob sich nicht doch was verbessert. Der Wahlsieg der SPD hat also einen tiefen Einschnitt in der außerparlamentarischen Opposition zur Folge gehabt.

T: Euch wäre es also lieber gewesen, die CDU wäre am Ruder geblieben?

M: So kann man das nicht sagen. Wir haben die Gefahr gesehen, daß alles, was bis dahin an radikalen oppositionellen Positionen erkämpft worden war, jetzt integriert werden würde. Das ist in der Geschichte schon immer so gewesen. Die Sozialdemokraten setzen sich an die Spitze und lenken den Protest in ihre Bahnen.

T: Habt ihr selber damals gewählt?

M: O nein! Ich kenne keinen, der damals gewählt hat.

T: Hat euch der Wahlerfolg der SPD überrascht?

M: Nein. Die Weichenstellungen waren vorher erfolgt. Dieser harte CDU-Kurs war so nicht mehr durchzuhalten. Eine wichtigere Rolle als die innenpolitische Situation spielte dafür aber wohl auch die Notwendigkeit, einen anderen, weicheren Kurs gegenüber dem Warschauer Vertrag einzuschlagen.

T: Die RAF-Gründung war dann auch ein Versuch, etwas gegen die zunehmende Integration der Linken in die Gesellschaft zu unternehmen?

M: Wir wollten verhindern, daß die systemverändernden Ansätze einfach plattgewalzt werden; das war ein mehr defensives Element. Wir wollten aber gleichzeitig auch offensiv sein und diesen Staat, der ja nicht, wie etwa Schweden, wirklich ein sozialdemokratischer Staat war, angreifen. Wenn die CDU an der Regierung geblieben wäre, hätten sich vielleicht mehr Leute entschlossen, diesen Weg zu gehen, und nicht nur unsere kleine Gruppe.

T: Hattet ihr Vorbilder für die Organisierung der RAF?

M: Wir haben uns mit der Situation in anderen Ländern, mit der Organisierung von militanten Gruppen dort auseinandergesetzt,

zum Beispiel mit den Black Panthern in den USA. Die Panther hatten soziale Projekte wie Frühstück für Kinder oder Gesundheitsläden in den communities, also ihren Stadtvierteln organisiert; und bewaffnet waren sie, um all das gegen die rassistische Polizei zu schützen. Das war nicht unsere Situation.
Ganz wichtig waren für uns auch verschiedene Guerilla-Gruppen, die es fast in jedem lateinamerikanischen Land gab; in Brasilien, Bolivien, Nicaragua, in Kuba bis zur Revolution. Besonders wichtig waren für uns die Erfahrungen der Tupamaros, die nach dem Tod von Marighella 1969 die einzige Stadtguerilla waren. Auch der Vietcong war beispielhaft für uns.
Entscheidender als die einzelnen Erfahrungen war aber das Bewußtsein, daß es eine weltweite Bewegung gibt. Wir haben erlebt, daß die alten Machthaber, die die kapitalistischen Staaten unterstützten, überall auf der Welt von bewaffneten Gruppen angegriffen wurden, daß sich überall Widerstand gegen das imperialistische System formierte. Die Bundesrepublik war für uns keine Insel – und deswegen war die Frage Große Koalition oder sozialliberale Koalition zwar wichtig, aber keineswegs entscheidend. Wir hatten eine internationalistische, keine nationale Perspektive. Es gibt ja diese Theorie von Mao über innere und äußere Kampflinien – die gibt wohl am treffendsten wieder, was wir damals für ein Ziel mit der RAF verfolgten. Mao sagt, es gibt innere Linien, das war der Krieg, den es im Süden gab, zwischen den Guerilla-Gruppen und den Machthabern beziehungsweise den imperialistischen Staaten. Und da, wo der Krieg nicht voll entbrannt ist, ist die äußere Linie: Das waren die Metropolen, also die Bundesrepublik. Und hier anzugreifen, das war unsere Idee, sollte es den Kämpfern an den inneren Linien leichter machen, deren Erfolge sollten dafür auch die Kämpfe an den äußeren Linien, also hier bei uns, verschärfen helfen.

T: Diese Überlegungen und Diskussionen gab es, bevor dann die RAF tatsächlich gegründet wurde. Wie hast du von der Befreiung Andreas Baaders erfahren? Wußtest du, daß es dazu kommen würde?

M: Nein. Ich saß in München und habe es im Radio gehört. Dann sind wir abends durch die Kneipen gezogen. Allgemein war die Stimmung danach ziemlich gut. Ich habe niemanden getroffen, der gesagt hat: Was soll denn das? Daß eine Gefangenenbefreiung geplant und tatsächlich durchgeführt werden kann, war für uns eine ganz neue Erfahrung. So was hatte es noch nicht gegeben.

T: Kanntest du Andreas Baader?

M: Ja, von 1969.

T: Hattet ihr die Befreiung gleich als Gründungsaktion der RAF verstanden?

M: Ja, es war ganz klar, daß die Befreiung nicht einfach zum Ziel hatte, Andreas den Knast zu ersparen, er sich dann aber die nächsten Jahre verstecken muß. Sinn der Sache war es, daß Andreas weiterkämpfen konnte. Daß so eine Befreiung möglich war, hatte eine enorm mobilisierende Wirkung.

T: War der Entschluß, in die RAF zu gehen, damit verknüpft, daß ihr gleich eine Aktion machen solltet?

M: Nein. Erst mal hat die Organisierung der RAF eine strategische Perspektive für uns eröffnet. Außerdem war die Situation in der RAF davon geprägt, daß es bereits die ersten Verhaftungen gegeben hatte, zum Beispiel in einer Wohnung in Berlin, wo auf einen Schlag Ingrid Schubert, Monika Berberich, Irene Goergens, Brigitte Asdonk und Horst Mahler weg waren. Bald dann Ali Janssen und irgendwann Karl-Heinz Ruhland. Ruhland hat sehr schnell angefangen, Aussagen zu machen und damit andere zu belasten. Das war einschneidend. Wir kamen also in einer Phase in die RAF, wo es erste Auseinandersetzungen darüber gegeben hatte, auf welche Kriterien es ankommt, wenn Militante dazukommen.

T: War von vornherein klar, wer in die Illegalität mitkommt? Oder gab es Diskussionen und Überlegungen: zum Beispiel den könnten wir noch gebrauchen, weil er prima Dokumente fälschen kann, die sollte mitkommen, weil sie Schlösser knacken kann?

M: So lief es nun genau nicht. Das kann man alles lernen. Nein, es ging um die politische Identität. Wir wollten sicher sein, daß nicht Abenteuerlust oder Karrierismus und Wichtigtuerei jemanden antreiben. Dazu gehörte eben auch Disziplin. Das paßt scheinbar gar nicht zu unseren antiautoritären Wurzeln. Aber da wir im Kampf aufeinander angewiesen sind und jede Unzuverlässigkeit alle gefährdet, entwickelt sich ein Bewußtsein von der Notwendigkeit, sorgfältig zu planen und zu arbeiten, auf Dauer ganz von selbst. Aber eine Zeitlang war das durchaus ein Spannungsverhältnis. In dieser Phase haben sich auch einige wieder von uns getrennt, weil sie sich illegale Arbeit anders vorgestellt hatten.

T: Vorhin hast du erzählt, wie mobilisierend es war, daß die Baader-Befreiung stattfinden konnte, zu sehen, daß auch die Leute, die sie durchgeführt haben, nicht gleich bei der ersten Fahndung erwischt wurden. Was für eine Wirkung hatten dann diese ersten Verhaftungen? War das nicht desillusionierend und hat das Gefühl vermittelt, es geht doch nicht, hier illegal zu kämpfen?

M: Uns war es wichtig rauszufinden, warum sie so schnell aufgeflogen sind, was ist schiefgelaufen – schon aus Gründen des Selbstschutzes. Wir hatten damals auch Wohnungen, die die Bullen nicht kannten. Nach Fritz Teufel wurde zum Beispiel in dieser Zeit gefahndet, und der lebte in München unter falschem Namen in einer dieser Wohnungen. Aber desillusionierend? Nein, so haben die Verhaftungen nicht gewirkt. Eher als Anlaß, genauer zu überlegen, neue Fehlerquellen zu suchen.

T: Wie war das Verhältnis zwischen Fritz Teufel und dir? Er ist ja nicht gerade als Anhänger der RAF hervorgetreten.

M: Fritz ist im Sommer 1970 verhaftet worden. Ich habe ihn in der Zeit danach im Knast besucht und habe ihm dann vermittelt, daß ich jetzt weggehe. Das hat ihm gar nicht gefallen, aber wohl eher deswegen nicht, weil er lieber gehabt hätte, daß ich ihn weiter besuche. (lacht) Aber wir konnten das unter den Bedingungen schlecht ausdiskutieren – und dann war ich eben weg.
Kurz bevor ich verhaftet worden bin, ist er rausgekommen – aber dazwischen war eben nichts. Es gab keine Verbindung mehr. Und als ich gefangen war, durfte er mich nicht besuchen.

T: Was hat sich für euch verändert, als ihr in die Illegalität gegangen seid?

M: Alles hat sich verändert. Wir haben unser Aussehen verändert, haben in illegalen Wohnungen gelebt, hatten falsche Papiere. Zum Beispiel hat sich, so paradox das klingen mag, dadurch auch verändert, daß wir nicht mehr das Problem hatten, ständig Bullen abhängen zu müssen. Die haben unsere alten Wohnungen überwacht, aber die neuen kannten sie nicht. Wir waren sie also erst mal los.

T: Und was hieß das für euer Verhältnis zu früheren Freunden und Freundinnen, zu Genossinnen und Genossen und Familien? Seid ihr plötzlich weggewesen? Oder habt ihr gesagt, daß ihr jetzt in die Illegalität geht?

M: Das war verschieden. In der Regel waren wir allerdings erst mal weg. Das ging ganz plötzlich. Wir mußten auch vermeiden, daß es Gerede gibt; das hätte uns erheblich gefährden können.

T: Die RAF hatte, als ihr damals dazugestoßen seid, Andreas Baader befreit, es hatte ein paar Verhaftungen gegeben – aber sonst war sie politisch wenig in Erscheinung getreten. Was wolltet ihr dort? Was waren eure Vorstellungen und Pläne?

M: Die RAF hatte noch keine offenen Aktionen gemacht, aber viel gedacht. Es gab auch einen Austausch mit anderen Gruppen, wo diskutiert wurde, was wir angreifen wollen, auf welche Widersprüche im System wir zielen. Dieser Austausch lief etwas komplizierter ab als bei legalen Gruppen, aber wir waren überhaupt nicht isoliert. Es war die Zeit der Eskalation in Vietnam und Kambodscha. Das hat uns sehr beschäftigt, und wir haben viel Energie darauf verwandt zu analysieren, ob wir irgend etwas machen können, was dort Auswirkungen hat. Außerdem haben wir ganz grundsätzlich diskutiert, ob es uns mehr darauf ankommt, mit unseren Angriffen materiell was zu bewirken, also wertvolle Güter und Einrichtungen zu zerstören, oder ob es wichtiger ist, Aktionen zu machen, die vor allem eine politische Botschaft transportieren, »propagandistische Aktionen« haben wir das genannt.

T: Und was hat sich durchgesetzt?

M: Erst mal wollten wir politisch was vermitteln. Das Ziel, möglichst nachhaltige materielle Schäden anzurichten, hatten wir auch im Auge, aber erst für später, wenn wir mehr sein würden, mehr Erfahrungen, mehr Möglichkeiten hätten. Die RAF sollte ja wachsen. Wir hatten da kühne Vorstellungen.

T: Es fällt ja auf, daß ihr anfangs vor allem die US-Army ins Visier genommen habt, was in Deutschland, dem Nachfolgestaat des »Dritten Reiches«, für eine Gruppe, die auch aus der Auseinandersetzung mit dem Nationalsozialismus entstanden ist, überrascht.

M: Die BRD war, das war schon unser Begriff, Nachfolgestaat des »Dritten Reichs«, aber auch Frontstaat gegen die sozialistischen Staaten und den Trikont. Sie war weder militärisch noch politisch eine Großmacht, sondern Unterstützung und Funktion einer Großmacht in der ganzen imperialistischen Kette. So konnten wir sicher sein, zwei Ziele in einem zu treffen: die USA und den BRD-Staat. Die BRD war mit die wichtigste Drehscheibe für die US-Army. Von hier aus sind die GIs nach Vietnam geflogen, hier war das Hinterland, in das die verletzten US-Soldaten nach den Kampfeinsätzen geflogen wurden, hier befanden sich auch Führungsstäbe, die die Flächenbombardements gegen die befreiten Gebiete koordinierten.

T: Und ihr wolltet auf jeden Fall militärische Ziele angreifen?

M: Ja. Weil das militärische Engagement der USA der schärfste Ausdruck der imperialistischen Politik gegen den Süden war. Deswegen war das klar. Später hat sich die RAF dann mehr darauf konzentriert, durch ihre Angriffe politisch-ökonomische Strukturen zu treffen. Aber damals war eben eine Zeit, in der ein offener Krieg von den USA mit Unterstützung ihrer Bündnispartner geführt wurde. Und deswegen stand das auch für uns im Vordergrund.

T: Was habt ihr gedacht, wie eure Anschläge wirken würden? Wolltet ihr sie als Signal für die Bevölkerung verstanden wissen, oder sollten sie die Linke agitieren, kämpferischer zu werden?

M: Nein, uns ging es um alle. Um die Linke, weil sie gegen den Vietnamkrieg war, aber auch um die Bevölkerung allgemein. Ich war an den Tagen nach den Anschlägen viel mit der Straßenbahn unterwegs und habe dabei Gespräche von Leuten gehört, die darüber geredet haben. Manche fanden es gut, manche schlecht – aber es hat die Menschen ganz offensichtlich beschäftigt. Mir hat einmal ein älterer Mann gegenübergesessen, der auf mich eingeredet hat, um mir zu erklären, wie gut er das findet. Der wußte natürlich nicht, mit wem er spricht. Und ich habe ihm aufmerksam zugehört.

Schließlich sollten die Anschläge natürlich auch dem Staat und den USA klarmachen, daß hier nicht einfach alles ruhig bleiben muß. Und es war uns auch ganz wichtig, daß der Vietcong und die anderen Befreiungsbewegungen im Süden mitbekamen, daß hier etwas losgeht.

T: Das Ziel, den Widerstand zu verbreitern und viele zu motivieren, sich euch anzuschließen, habt ihr damit aber nicht erreicht.

M: Nein, das haben wir nicht erreicht. Es hat zu einer Polarisierung geführt. Kurz nach unseren Angriffen auf das IG-Farben-Haus in Frankfurt und den Zentralrechner in Heidelberg gab es am 3. Juni 1972 den Kongreß »Am Beispiel Angela Davis« in Frankfurt. Dort hat Oskar Negt für eine Fraktion der Linken, die sich entschlossen hatte, den Marsch durch die Institutionen anzutreten, zur Entsolidarisierung von uns aufgerufen: »Die Mechanik der Solidarisierung zerstört jede sozialistische Politik... Dieser Knoten kann nur zerhauen, nicht mehr mit behutsamem Verständnis aufgelöst werden.«

Das war nicht zufällig nach den Aktionen von uns und nicht vorher. Sie wollten auf jeden Fall eine Zuspitzung der Auseinandersetzung zwischen der Linken und dem Staat vermeiden. Die Message war klar: Wir sollten verraten und denunziert werden, damit das schnell ein Ende hatte und man in Ruhe mit der eigenen Politik weitermachen konnte, als wäre nichts gewesen. Das hat unsere Bedingungen erheblich verändert. Der Lehrer, bei dem sich Ulrike (Meinhof) versteckt hatte, hat sie daraufhin auch prompt der Polizei gemeldet. Das hätte er sonst möglicherweise nicht getan.

T: Habt ihr mit so einem Aufruf und den daraus gezogenen Konsequenzen gerechnet?

M: Nein, überhaupt nicht! Das hat uns kalt erwischt. Bis dahin gab es doch einen antistaatlichen Konsens in der revolutionären Linken. Der Kongreß und diese Rede von Negt markieren ganz klar einen Einschnitt.

T: Habt ihr damals darüber diskutiert, was das für Konsequenzen hat und wie ihr damit umgehen wollt?

M: Wir hatten damals kaum Gelegenheit dazu. Kurz vorher, am 1. Juni, waren Andreas (Baader), Holger (Meins) und Jan (Raspe) verhaftet worden, kurz danach, am 7. Juni, hat es Gudrun (Ensslin) erwischt, am 9. Juni Brigitte (Mohnhaupt) und Bernhard (Braun). Da waren wir ganz schön in Aufruhr und hatten vor allem das Problem zu verhindern, daß sie uns alle kriegen. Im Knast haben wir uns darüber auseinandergesetzt. Aber das war mühselig. Alles ging nur schriftlich.

T: Waren denn welche von euch auf dem Kongreß?

M: Nein. Das war uns zu gefährlich zu diesem Zeitpunkt. Wir hatten vorher mal bei einer Tagung der Roten Hilfe ein Band hingeschickt, das Ulrike besprochen hatte, weil wir eine direkte Auseinandersetzung wollten – das wurde dort auch abgespielt. Aber bei dem Frankfurter Kongreß gab es das auch nicht.

RAF und Bevölkerung

T: Wenn ihr in »Stadtguerilla und Klassenkampf«, eurer zweiten großen Schrift, schreibt: »Die Menschen der Bundesrepublik unterstützen die Sicherheitskräfte nicht bei der Fahndung«, dann wirft das auch die Frage nach eurem Verhältnis zur Bevölkerung auf. Als was habt ihr die eigentlich angesehen? Es hat in der neuen Linken eine Auseinandersetzung um Nationalsozialismus und Mitläufertum, um das Fehlen von Widerstand in Deutschland gegeben. Formulierungen wie in eurer Kommandoerklärung suggerieren dagegen, daß die Bevölkerung als »natürliche Verbündete« im

Kampf gegen oben gesehen und sie nachträglich auch noch als Opfer des Nationalsozialismus behandelt wird.

M: So einfach kann man das nicht sagen, das muß man unterscheiden. Zum einen mußt du sehen, daß es damals enorm viele Fahndungsaufrufe gab und Maßnahmen der psychologischen Kriegsführung. Zum Beispiel tauchte am 26. Mai 1972, zwei Tage nach dem Angriff aufs Nato-Hauptquartier, ein angeblich von uns stammender Brief auf. Der bestand aus Buchstaben, die ausgeschnitten und auf ein Papier geklebt waren, und besagte, daß wir für den 2. Juni, ausgerechnet, einen Bombenanschlag auf die Stadt Stuttgart vorbereiteten. Und die Sicherheitsbehörden behaupteten allen Ernstes, sie hätten »Erkenntnisse«, daß der Brief echt sei. Daraufhin wurden in Stuttgart Flugblätter mit Verhaltenstips an die Bevölkerung verteilt: Fenster offenhalten... Das sollte eine unheimliche Verunsicherung produzieren. Unser Dementi wurde dagegen öffentlich überhaupt nicht richtig zur Kenntnis genommen.

T: Aber das muß für euch doch ein ziemlicher Schlag gewesen sein, daß so eine Propagandageschichte geglaubt wird, daß die Leute euch so was zugetraut haben.

M: Das war es auch. Wir waren ziemlich in Aufruhr, weil wir mit so einer Operation nicht gerechnet hatten. Andererseits war es aber auch so, daß viele sich auch nicht vorstellen konnten, daß wir so was machen würden. Und daß so darauf gedrungen wurde, die Bevölkerung gegen uns zu mobilisieren, zeigt schon, daß sie nicht automatisch auf seiten des Staates stand, dann hätte man sich viel weniger Mühe geben müssen.

Wir wußten aber auch, daß wir in einer Gesellschaft wie dieser minoritär sind; insbesondere weil wir uns damit auseinandergesetzt hatten, daß es hier auch keinen breiten Widerstand gegen den Nationalsozialismus gegeben hat, und im allgemeinen, weil uns klar war, was das Wesen einer Metropolengesellschaft ist.

T: Wie war das in der Illegalität? Da habt ihr euch viel unter Menschen bewegt, die euch jeden Augenblick hätten denunzieren können. Hat euch das sehr beschäftigt, habt ihr immer überlegt: Der oder die könnte mich verraten?

M: Nein. Wenn du morgens in einer vollbesetzten Bahn mit lauter Leuten fährst, die ins Büro wollen, ist das eine ganz andere Situation, als wenn du durch eine menschenleere Eigenheimsiedlung gehst. Ich bin manchmal an Litfaßsäulen vorbeigelaufen, wo die Fahndungsplakate hingen – das war dann schon ein seltsames Gefühl. Aber auch da hatte ich nicht den Eindruck, daß die Leute, die in der Gegend rumlaufen, nur auf der Jagd nach uns waren. Da war noch keine allgemeine Mobilmachung in Gang. Wenn man Menschen hat reden hören, gab es zum Teil ganz differenzierte Positionen. Und auch als es die Kopfprämien gab, die auf uns ausgesetzt waren, führte das nicht dazu, daß plötzlich massenhaft Hinweise eingingen. Das war später.

Aber auch da weiß man es nicht genau, weil die Zahlen über die »Hinweise aus der Bevölkerung« immer aus dem Apparat kommen. Wir haben uns trotzdem damals nicht total sicher gefühlt, aber wir haben mehr geschaut, ob da Bullen oder Zivilfahnder sind, als daß wir Angst vor den Passanten gehabt hätten. Am wohlsten habe ich mich seltsamerweise in Straßenbahnen gefühlt, da war ich auch sicher, daß meine Tarnung nicht durchschaut wird. Vielleicht weil ich dachte, Polizisten fahren nicht Straßenbahn, weil sie uns darin nicht vermuten.

T: Ihr hattet doch aber 1969 während des Knastcamps in Ebrach alles andere als gute Erfahrungen mit der Bevölkerung gemacht...

M: Das stimmt. Aber das war was anderes. Da waren wir auf dem Dorf, tief in Bayern, da war eine viel aggressivere Stimmung gegen alles, was irgendwie auf Veränderung hinwirkte, als in den großen Städten, in denen wir als RAF hauptsächlich waren.

T: Wie hat euer Alltag in der Illegalität ausgesehen? Gab es überhaupt einen Alltag – mit Putzplan, Einkaufsliste und allem Drum und Dran?

M: Das wurde alles spontan entschieden. (lacht) Die Haushaltsfragen waren weniger gut organisiert als die politische Arbeit. Wir waren auch viel unterwegs.

T: Seid ihr auch mal ins Kino gegangen – einfach so, aus Spaß?

M: Schon, aber sehr selten, weil es so viele gute Filme auch nicht gab. Außerdem können Kinos leicht zur Falle werden. Man kommt, wenn es brenzlig wird, sehr schlecht raus.

T: Hast du dich an die Illegalität gewöhnt? Oder war das ein Leben ständig mit Pulsschlag 160 in der Minute?

M: Gewöhnt ist das falsche Wort, aber wir haben schon ein Gefühl dafür bekommen, ob eine Situation kritisch ist oder nicht. Im allgemeinen ist der Alltag in der Illegalität, zumindest war das bei uns so, weniger nervenaufreibend als du denkst. Das gefährlichste war nicht das Bewegen im Alltag, sondern daß sie durch einen Zufall oder durch Verrat oder Rasterfahndung auf eine Wohnung kommen und dann dort drin sitzenbleiben, bis jemand zurückkommt. Das war immer unser Alptraum. Die Verhaftung von Tommy Weisbecker*, Manfred Grashof** und Rolf Heißler*** ist so gelaufen, die Erschießung von Elisabeth von Dyck**** ...

T: Habt ihr viel darüber geredet, daß verdeckte Wohnungen auffliegen können und ihr Gefahr lauft, erschossen zu werden?

* Thomas Weisbecker war aus dem Blues zur RAF gekommen. Die Wohnung, in der er in Augsburg 1972 lebte, wurde von der BKA-Sicherungsgruppe Bonn, dem Verfassungsschutz und dem bayerischen LKA wochenlang observiert. In der Wohnung waren Wanzen installiert. Am 2. März 1972 wurde Weisbecker, nachdem er aus dem Haus gegangen war, von Zivilbeamten verfolgt. Als er nach einem kurzen Halt zu seinem Wagen zurückkehrte, wurde er mit einem Herzschuß getötet – angeblich soll er versucht haben, eine Waffe zu ziehen. Carmen Roll, die ihn begleitete, wurde verhaftet.

** Manfred Grashof, der in den sechziger Jahren von der Bundeswehr desertiert war, hörte am 2. März in den Nachrichten von Weisbeckers Tod. Als er am nächsten Tag zusammen mit Wolfgang Grundmann eine Wohnung der RAF in Hamburg betrat, wurde er von einem Polizeikommando überrascht, das in einer gegenüberliegenden Einzimmerwohnung Stellung bezogen hatte. Nach einer Schießerei wurden er und Grundmann festgenommen. Ein Polizeibeamter starb. Der schwerverletzte Grashof wurde auf dem OP-Tisch erkennungsdienstlich behandelt.

*** Rudolf Heißler wurde bei seiner Verhaftung 1979 nur durch einen Zufall nicht tödlich getroffen.

**** Elisabeth van Dyck wurde 1979 von der Polizei erschossen, als sie eine konspirative Wohnung in Nürnberg betrat – angeblich soll sie versucht haben, zur Waffe zu greifen. Der Schuß traf sie in den Rücken.

M: Einfach so drüber geredet haben wir weniger. Vor allen Dingen haben wir uns überlegt, was schiefgehen kann, woran man merken könnte, daß eine Wohnung aufgeflogen ist, wie eine Observation erkannt werden kann, wie wir die anderen für den Fall, daß was passiert, schnell warnen können...

T: In dieser Zeit haben manche die RAF auch wieder verlassen. Was waren die Gründe für solche Trennungsprozesse?

M: Ein Grund war zum Beispiel, daß die Leute unzufrieden waren, weil sie legale und illegale Arbeit nicht miteinander verbinden konnten. Es gab auch einige, die aus persönlichen Gründen gegangen sind, weil sie diesen Druck nicht ausgehalten haben oder weil sie sich nicht so verändern wollten, wie es nötig gewesen wäre, um zu kämpfen.

T: Wann ist die Entscheidung gefallen, daß illegaler Kampf und legale politische Aktivitäten nicht zusammengehen?

M: Das war eine Frage, die wir aus praktischen Gründen sehr früh entscheiden mußten. Es war uns klargeworden, daß der Polizeiapparat zu weit entwickelt war, als daß beides nebeneinanderher hätte gehen können.

T: Aber ursprünglich habt ihr dieses Zusammengehen von Legalität und Illegalität für enorm wichtig gehalten.

M: Wir dachten, es ist notwendig, daß es einen permanenten dichten Austausch gibt und nicht nur einen, der jedesmal aufs neue und sehr genau und mühselig organisiert und vorbereitet werden muß. Alle, die zur RAF gegangen sind, waren vorher schon in anderen Gruppen und Zusammenhängen politisch aktiv – wir wußten deswegen auch, wie wichtig die unmittelbare Kommunikation ist.

T: Wie habt ihr denn angesichts dessen eure Texte geschrieben? Hat sich da eine Arbeitsgruppe hingesetzt? Oder hat Ulrike Meinhof einen Vorschlag formuliert, und die Gruppe hat den dann diskutiert?

M: Das war jeweils ein ziemliches Hin und Her, weil wir ja einerseits die Texte schreiben und veröffentlichen wollten, um mit den legalen Gruppen in Kontakt zu bleiben, andererseits hatten wir viel mit der Vorbereitung unserer Aktionen zu tun. Und dann waren wir noch über die gesamte Bundesrepublik in verschiedenen Städten verteilt. Ich erinnere mich an einen Vorentwurf zu einem Kapitel von »Stadtguerilla und Klassenkampf«,* den ich eines Tages bekam und lesen sollte. Ich war zu dem Zeitpunkt aber schon vierundzwanzig Stunden auf den Beinen gewesen und wollte vor allem schlafen. Aber nein – erst mußte gelesen werden! Weil der Text dann wieder woandershin getragen werden mußte. In wachem Zustand hätte ich sicher Widersprüche besser benennen können. Aber so eine Nacht – das vergißt man nicht.

T: Gab es trotzdem Kontroversen, oder wart ihr meistens zu erschöpft?

M: Nein. Es gab viele Debatten. Vor allem über »Stadtguerilla und Klassenkampf«, unseren letzten großen Text – danach gab es nur noch Kommandoerklärungen. In »Stadtguerilla und Klassenkampf« haben wir uns intensiv mit dem Chemiearbeiterstreik 1971 auseinandergesetzt. Der Text paßt ja auch nicht in das, was wir sonst so geschrieben haben. Es ging viel um Gewerkschaften und Arbeiterklasse – na ja, etwas ungewöhnlich für uns.

Aber das zeigt, daß bei uns damals auch noch viel im Fluß war. Wir waren eben keine Partei mit einer Generallinie. Und durch die großen wilden Streiks 1970/71 waren wir mit etwas Neuem konfrontiert: mit Arbeitern, die kämpfen – obwohl Regierung und Gewerkschaften zum Stillhalten aufgefordert haben. Es gab

* »Stadtguerilla und Klassenkampf« war nach »Konzept Stadtguerilla« der zweite große Text der RAF. Er setzt sich mit der Reise des SPD-Kanzlers Willy Brandt in das vom Schah regierte Persien auseinander und schlägt den Bogen zu den Kontakten der BRD mit den faschistischen Regimes in Griechenland, Spanien und der Türkei. Am Beispiel des Chemiearbeiterstreiks 1971 wird einerseits die Stärke des Kapitals und die Schwäche der Arbeiterbewegung analysiert, andererseits aber die Reaktion des Staates auf die RAF als eine Vorbereitung für künftige, scharfe Klassenkämpfe bewertet: »Es geht darum, die Idee des bewaffneten Kampfes mit aller Gewalt, deren das System fähig ist, von der Arbeiterklasse fernzuhalten. Nicht wir sind ungeduldig, das Kapital ist nervös … Die Hysterie des Systems macht unsere Strategie und Taktik nicht falsch. Sie wird dadurch nicht falsch, daß das System es uns unendlich schwermacht, die Guerilla in den Massen zu verankern.« In einem abschließenden Teil »über aktuelle Einzelfragen« werden das Verhältnis zur legalen Linken thematisiert und die Bedeutung der Aussagen von Karl Heinz Ruhland für die RAF analysiert.

die große Rezession und einen enormen Kapitalexport – alles, was das vielgepriesene »Wirtschaftswunder« in den fünfziger und sechziger Jahren ausmachte, schien ins Wanken zu geraten. Und wir dachten deswegen, daß vielleicht doch möglich sein könnte, was uns bis dahin ausgeschlossen erschien: militante Arbeitskämpfe. Damit wollten wir uns auseinandersetzen. Wir haben damals viel recherchiert und uns vor allen Dingen mit Klassenbegriffen auseinandergesetzt. Uns kam es darauf an, den Klassenbegriff nicht ökonomistisch, also aus der Stellung im Produktionsprozeß, sondern weiter zu fassen als die meisten anderen Linken. Unsere Praxis war im Grunde weiter und viel stärker internationalistisch orientiert. Gehandelt haben wir aus der Vorstellung von weltweitem Klassenkrieg und daß sich die Klasse im Krieg gegen den Imperialismus neu zusammensetzt.

T: Aber ihr wolltet nur mit einer Schrift in diesen innenpolitischen Auseinandersetzungen und Strategiediskussionen in der Linken intervenieren, nicht mit Aktionen, die in diese Situation hätten praktisch hineinwirken sollen oder können?

M: Nein. Und das hängt sicher damit zusammen, daß »Stadtguerilla und Klassenkampf« nicht die Wirklichkeit eingefangen hat, sondern ein eher traditionalistischer Text war, aus dem wir deswegen auch keine praktischen Konsequenzen ziehen konnten. Ich weiß zwar nicht, wie sich das weiterentwickelt hätte, wenn wir noch länger draußen gewesen und nicht verhaftet worden wären. Aber die Streiks haben dann ja doch einerseits mit Entlassungen und andererseits einem enormen Engagement für Befriedung geendet – es war also schon richtig, daß wir auf diesen kurzzeitig so heftig aufgeflackerten und dann wieder niedergebrannten Konflikt keine Strategie gebaut haben.

T: Hat es denn überhaupt Überlegungen gegeben, in diesen Konflikt praktisch einzugreifen?

M: Es gab allererste Vorüberlegungen, die dann aber nicht vertieft worden sind. Für uns standen die Aktionen gegen die US Army eindeutig im Vordergrund.

T: Wenn ihr so lange an so einem Text gesessen, dann aber doch nur so wenige Mühe auf die Umsetzung der darin entwickelten Positionen verwendet habt, wirft das die Frage nach dem Sinn dieser grundlegenden Erklärungen »Konzept Stadtguerilla« und »Stadtguerilla und Klassenkampf« auf.

M: Sie sollten gelesen werden. Wir wollten eine Diskussion über uns und unsere Politik. Wir mußten doch auch eine Verständigung mit anderen Linken versuchen, da wir nicht einfach auf Treffs und Versammlungen auftauchen und unsere Erkenntnisse und Thesen dort in die Diskussion geben konnten. Außerdem waren wir so auch gefordert, unsere Positionen verbindlicher zu klären. So ein Text, der kann nicht einfach zurückgezogen oder mal eben so wieder geändert und neu versucht werden.

T: Und gab es viel an Reaktionen?

M: Vor allem »Konzept Stadtguerilla« hat viele kritische Einwände in linken Zeitungen und Broschüren hervorgerufen.

T: Hat euch das überrascht, erfreut, nachdenklich gemacht?

M: Wir haben darüber geredet, aber die meisten Stellungnahmen waren nicht so überraschend. Wir kannten die meisten Schreiberinnen und Schreiber noch aus der Zeit unserer Legalität und hatten deswegen eine Vorstellung davon, warum sie dieses oder jenes schrieben und mit uns nicht einverstanden waren. Das war nicht so abstrakt, wie das aus heutiger Sicht wirken mag, sondern eher familiär – allerdings nicht im Sinn von gemütlich, sondern eher von vertraut.

Die Tonart war dagegen zum Teil ziemlich heftig. Das war die Zeit des Parteiaufbaus – und jeder Gegner erweckte den Eindruck, den eigenen erfolgreichen Weg zur Revolution zu verstellen.

T: Ein Satz im »Konzept Stadtguerilla« lautet: »Die Frage, ob die Gefangenenbefreiung auch gemacht worden wäre, wenn wir gewußt hätten, daß ein Linke* dabei angeschossen wird, kann nur mit nein beantwortet werden.« Das ist eine

* Der Bibliotheksangestelle Georg Linke wurde bei der Befreiung von Baader versehentlich in den Bauch geschossen. Ein Mitglied des Kommandos hatte statt der Gaspistole die scharfe Waffe abgefeuert, als Linke versuchte, ihn aufzuhalten.

Antwort, die in Kenntnis der späteren Anschläge der RAF überrascht. Ungefähr genauso sehr überrascht wie euer damaliges Bemühen zu erklären, daß es stets die Polizei war, die zuerst geschossen hat, und nicht ihr. Waren diese Aussagen in der Gruppe unumstritten?

M: Warum überrascht? Du redest, als ob später massenhaft und jederzeit auf alle Polizisten geschossen worden wäre. Der Satz in dem Text heißt nicht, daß die Befreiung von Andreas dann gar nicht, sondern daß sie anders durchgeführt worden wäre. Zwei Punkte haben in der späteren Diskussion eine Rolle gespielt: Zum einen waren die Schüsse nicht notwendig, da hat einer falsch reagiert, und das liegt letzten Endes an einer nicht ausreichend genauen Vorbereitung einer solchen Aktion; zum anderen hätte die gesamte Aufbauphase anders, viel ruhiger laufen können, wenn es diese Schüsse nicht gegeben hätte. Für andere Aktionen, auch für die späteren Banküberfälle, haben wir daraus gelernt und alles, was uns an Eventualitäten eingefallen ist, so lange besprochen und durchgespielt, daß sichergestellt war, daß niemand in einer vergleichbaren Situation schießt. Das kann man. Es ist eine Frage von Vorstellungskraft und der Entschlossenheit, eine Schießerei auf jeden Fall zu vermeiden.

T: Es hat später aber immer wieder Anschläge und Attentate gegeben, bei denen die RAF einkalkuliert hat, daß es auch noch andere Opfer als den, den sie treffen oder entführen wollte, geben würde: die Fahrer, der Begleitschutz, Polizisten ... Hat die RAF später anfängliche Skrupel verloren? Schien ihr ein Menschenleben später weniger wichtig und schützenswert? Oder gab es bei der Befreiung Baaders Besonderheiten?

M: Wir wollten nie Menschenleben unnötig gefährden. Und Linke war jemand, der Bibliotheksangestellter war und kein Fahrer oder Personenschutz. Das kann man nicht gleichsetzen. Gerade Personenschützer und Fahrer wissen, für wen sie arbeiten, sie wissen vom Risiko ihres Chefs, von dem sie sich anheuern lassen. Sonst brauchte er sie nicht. Einer, der in einem Institut arbeitet, hat mit all dem überhaupt nichts zu tun. Es hat sich also nichts an unserer Einstellung verändert, sondern es war bei der Befreiung von Andreas eine ganz besondere Konstellation.

T: Hat es über diesen Punkt noch Auseinandersetzungen bei euch gegeben?

M: Nein. Darüber gab es einen umfassenden Konsens.

T: Und das Verhalten bei Festnahmen? Im »Konzept Stadtguerilla« betont ihr ja, daß bei Festnahmen von eurer Seite aus nicht zuerst geschossen worden ist, und wenn ihr überhaupt geschossen habt, dann nicht gezielt.

M: Natürlich ist darüber geredet worden. Fast jeder von uns hat Situationen erlebt, wo die Gefahr bestanden hat, daß er oder sie gefangengenommen wird, und wo es uns dann gerettet hat, daß wir bewaffnet waren. Meistens wußte die Polizei dann gar nicht, daß sie es mit jemandem von uns zu tun hatte. Wir konnten ja nicht nur anläßlich einer Fahndung erwischt werden, sondern auch in für uns ganz alltäglichen Situationen, wenn wir zum Beispiel versucht haben, ein Auto zu knacken. Und dann werden die gerufen – na ja, und wenn sie dann sehen, daß jemand bewaffnet ist, hauen sie auch manchmal wieder ab. Dann wird nicht geschossen – und du kannst trotzdem entkommen.

Das war uns natürlich am liebsten. Wir wollten Schießereien möglichst vermeiden. Aber es war auch klar, daß wir eine eventuelle Chance abzuhauen auch nutzen und uns nicht einfach festnehmen lassen. Das hing von der Situation ab. Bei meiner Verhaftung zum Beispiel war klar, daß ich überhaupt keine Möglichkeit habe wegzukommen – deswegen habe ich auch nicht geschossen.

T: Es fällt auf, daß im »Konzept Stadtguerilla« viele Zitate und Überlegungen auf die Zeitung der undogmatischen italienischen Kommunisten, auf »il manifesto«, verweisen. War das ein ideologisches Vorbild für euch?

M: Diese italienischen Genossen haben zu der Zeit intensive Debatten über die Krise des Imperialismus und die Bedeutung der Revolution in den »Hochburgen« geführt; sie gingen wie wir von der Einheit des imperialistischen Systems aus. Mir ist jetzt beim erneuten Lesen aufgefallen, wie präsent Mao Tse-tung damals war.

T: Ist dir das positiv aufgefallen oder negativ?

M: Es war mir eher fremd. Wir haben damals von ihm, was für hier von ihm zu lernen war, gelernt ... oder von Lin Piao.* »Die Dörfer kreisen die Städte ein« ... aber diese Zeit liegt jetzt weit zurück. Wenn ich das heute wieder lese, fallen mir andere Sachen auf, andere Aspekte als damals, zum Beispiel auch das Gefühl des Aufbruchs, da muß ich mich richtig zurückdenken.

T: Ihr schreibt aber im »Konzept Stadtguerilla«: »Wir schätzen die Situation in der BRD nicht optimistisch ein...« Das klingt ja nicht gerade nach Aufbruch...

M: Immer siehst du nur die BRD! Wir hatten trotz alledem das Gefühl, daß wir ganz erheblich was verändern können. Es gibt in »Stadtguerilla und Klassenkampf« eine ganz charakteristische Passage für unser damaliges Denken. Da wird unter der Überschrift »Die Dialektik von Revolution und Konterrevolution« eine Kritik an manchen unserer damaligen Kritiker entwickelt: »Sie sehen in der politischen Apathie des Proletariats nur die Apathie, nicht den Protest gegen das System, für das es sich nicht zu engagieren lohnt; sie sehen in der hohen Selbstmordquote des Proletariats nur den Akt der Verzweiflung, nicht den Protest. Sie sehen in der Unlust zum ökonomischen Kampf nur die Unlust zum Kampf, nicht die Weigerung, für läppische Prozente und blöden Konsum zu kämpfen.« Wir haben in all den auf den ersten Blick niederschmetternden und frustrierenden Tatsachen immer noch etwas anderes gesehen. Wir haben gedacht, daß wir etwas mobilisieren können, was darin auch angelegt ist.

Das kam aus der Erfahrung vom Aufbrechen steinerner Verhältnisse, welche Energien das freisetzt... Heute weiß ich, daß alles viel zäher klebt, länger dauert, heute seh ich die Möglichkeiten nicht mehr, die Apathie unmittelbar umzuwandeln. Aber das

* Lin Piao war 1966 maßgeblich an der Auslösung der Kulturrevolution beteiligt und wurde 1969 zum »Stellvertreter und Nachfolger« Mao Tse-tungs ernannt. Nach offizieller Darstellung soll er nach einem gescheiterten Putsch gegen Mao auf der Flucht in die UdSSR (12. September 1971) mit einem Flugzeug abgestürzt sein.

Vertrauen auf die vielen Möglichkeiten, den Konflikt zu entwickeln, hat damals auch unsere Stärke ausgemacht und hat dieses Gefühl, daß trotz allem etwas zu verändern ist, begründet.

T: Wenn Linke heute über Veränderungen reden und warum alles nichts geworden ist, dann klingt es oft ganz stereotyp: Der Linken fehlt die positive Utopie. War das damals eine positive Utopie?

M: Wir haben gesagt: Wir wollen keine Utopie, sondern wir wollen unsere Vorstellungen in Ziele verwandeln. Es sollte nichts werden, wovon man träumt, was aber unerreichbar sein wird, wir wollten etwas erreichen. Das sollte uns auch unterscheiden von denen, die sich mit einer vagen Zukunftshoffnung zufriedengeben.

T: Wenn man überlegt, was von der RAF und ihren Zielen heute im Gedächtnis haften geblieben oder dort auch eingestanzt worden ist, dann ist es doch diese Sentenz: Wir wollen dem Staat die Maske herunterreißen, damit die faschistische Fratze sichtbar wird... Das ist schwer in Zusammenhang zu bringen mit positiven politischen Zielvorstellungen. Das klingt eher nach einer Verelendungstheorie.

M: Das hat mit dem, was wir wollten, gedacht und gemacht haben, nichts zu tun. Das ist wirklich eine ganz dumme Behauptung, eindimensional. In dieser eben zitierten Passage heißt es auch: »Es ist nicht die Frage, ob wir die reaktionäre Mobilisierung wollen oder nicht, es ist die Frage, ob wir die Verhältnisse, die sie zur faschistischen Militarisierung zwingen, zur revolutionären Mobilisierung ausnutzen können... Viele sagen, jetzt kämpfen, heißt den Faschismus provozieren... Sie sehen in dem Bullen mit der MP nur den Bullen mit der MP, nicht das Ausbleiben faschistischer Massenaufmärsche...«

Wir wollten also etwas ganz anderes, als einfach eine Maske herunterreißen. Wir wollten hier eine Dialektik in Gang setzen, durch den Angriff und die Reaktion den Blick auf das Wesen und die Mechanismen der Machterhaltung freilegen – und gleichzeitig zeigen, wie man dagegen kämpfen kann.

Was hätten wir denn mit der Fratze vor uns und der Maske in der Hand tun sollen? Eine theatralische Geste und Schluß?
Wir wollten gleichzeitig zeigen, daß man etwas gegen diese Verhältnisse unternehmen kann, daß sie nichts Starres, Statisches, nichts Unüberwindbares sind, wenn man sie erst einmal erkannt hat und sich dem stellt.
Wir wußten doch auch genau, daß es während des Nazi-Faschismus, als die Fratze, wenn man es so nennen will, erschreckend klar zu sehen war, keinen ausreichenden Widerstand gegeben hat. Das hat niemanden motiviert, offensiv zu werden. Daß nackte Machtausübung das Entstehen von Widerstand eher verhindert, als daß es ihn bestärkt, war uns schon klar. Uns hat aber etwas ganz anderes beschäftigt. Die KPD hatte in den dreißiger Jahren zwar einen starken, gutausgebildeten illegalen Apparat, der hat dann aber, als es darauf ankam, nicht agiert, sondern gewartet, daß ein günstiger Zeitpunkt oder ein Befehl aus Moskau kommt... Deswegen wollten wir, bevor es zu einer nackten Machtausübung kommt, etwas aufbauen, wollten den Spielraum, den wir noch hatten, nutzen, um eben nicht untätig zuzusehen, wie sich alles verschärft und am Schluß eben nichts mehr bleibt, als weiter zu warten oder sich nur noch zu verteidigen. Wir haben die Initiative ergriffen.

T: Hat die Auseinandersetzung mit der KPD-Politik einen großen Stellenwert in euren Diskussionen gehabt?

M: Für uns war wichtig zu sehen, daß es, wenn auch zu spät und nur teilweise gut organisiert, überhaupt Widerstand gegen den Nationalsozialismus gegeben hat. Das war bis in die sechziger Jahre totgeschwiegen worden. Vor allem die Kommunisten durfte es nicht geben, die KPD war Anfang der Fünfziger verboten worden, wir mußten die Spuren mühselig selber suchen. Du konntest nicht einfach ein Buch lesen oder jemanden treffen, der damals mitgekämpft hatte. Die Bücher gab es nicht, und die, die dabeigewesen waren, waren meistens öffentlich verstummt, weil es im Nachkriegsdeutschland anrüchig war, Widerstand geleistet zu haben, kommunistischen Widerstand.
Die Abschottung zur DDR war so stark, daß man schon sehr

gute Kontakte haben mußte, wenn man von dort Materialien und Informationen bekommen wollte. Aber diese Spurensuche und Auseinandersetzung hat unsere Politisierung nachhaltig beeinflußt. Und entsprechend wichtig war für mich auch herauszufinden, wie der Widerstand damals organisiert war, was die Menschen gemacht haben und wie. Mit Ulrike haben wir oft darüber gesprochen, und später im Knast hab ich richtig gründlich eine Menge Bücher dazu lesen können.

T: In euren Schriften und in euren Erklärungen, zum Beispiel nach dem Anschlag auf das US-Headquarter in Heidelberg, fällt auf, daß ihr viele Analogien zwischen den USA und Nazi-Deutschland zieht, zwischen den sechziger und den dreißiger Jahren, zwischen den Bombardements auf Vietnam und denen auf Dresden. In eurer Erklärung zu dem Anschlag auf den Zentralrechner der US-Airforce in Heidelberg hat das Kommando 15. Juli zum Beispiel erklärt: »Die Amerikaner werfen im Vietnamkrieg noch mehr Bomben als im 2. Weltkrieg auf Deutschland und Japan zusammen. Von weiteren Millionen Sprengstoffen ist die Rede, die das Pentagon einsetzen will, um die nordvietnamesische Offensive zu stoppen. Das ist Genocid, Völkermord, das *wäre* die Endlösung, das ist Auschwitz.«

Und später habt ihr noch mal geschrieben: »Die Menschen in der Bundesrepublik unterstützen die Sicherheitskräfte bei der Fahndung nach den Bombenattentätern nicht, weil sie mit den Verbrechen des amerikanischen Imperialismus und ihrer Billigung durch die herrschende Klasse hier nichts zu tun haben wollen. Weil sie Auschwitz, Dresden und Hamburg nicht vergessen haben.«

Wie seid ihr auf die Idee gekommen, die Angriffe auf NS-Deutschland und auf den Vietcong, Auschwitz und die Bombardierung von Hamburg so gleichzusetzen?

M: Erst mal ging es um die Feststellung der Fakten.

Ein Agrarland wie »Vietnam in die Steinzeit zurückbomben«, wie es aus dem Pentagon hieß, ist Völkermord. Beides war Völkermord. Du kannst umgekehrt Nazideutschland und einen ge-

rechtfertigten Krieg nicht mit Vietnam und einem ungerechtfertigten Krieg gleichsetzen. Uns ging es darum, den Menschen eine Vorstellung davon zu vermitteln, was in Vietnam passiert – und da schien es uns richtig, an deren eigene Erfahrungen anzuknüpfen: Wie ist das, wenn Bomben auf einen fallen. Das hatten die meisten ja noch selbst miterlebt. Wir haben gedacht, so einen anderen Blick auf das zu eröffnen, was in Vietnam passiert, und zu zeigen, daß das nicht einfach weit weg ist. Außerdem wollten wir damit das Wesen imperialistischer Herrschaftsausübung auf den Punkt bringen, deutlich machen, daß es diesen Zusammenhang von Kapitalismus und Faschismus gibt.
In der offiziellen Geschichtsrezeption galt der Faschismus als eine Art unerklärlicher, ganz sicher einmaliger Betriebsunfall der deutschen Geschichte – und genau dagegen wollten wir angehen. Du mußt auch sehen, daß wir am eigenen Leibe mitbekommen haben, wie die Amerikaner hier als Befreier auftauchten und daß es diese Überzeugung gab, daß sie so schwerer Verbrechen gar nicht fähig sind. Und wir haben uns gefragt: Wie vermitteln wir am besten, was sie in Vietnam tun? Dort wurden nicht nur Menschen getötet und ganze Landstriche bombardiert, dort wurde eine Taktik der verbrannten Erde angewandt, die auch auf lange Sicht vielen Menschen dort die Lebensgrundlage entzogen hat. Die Deiche wurden bombardiert, das Land wurde vergiftet, es gab keine Grenze für die militärischen Einsätze, die wurden total geführt.
Wir hatten die Bilder von den napalmverbrannten Dörfern und Menschen, von den Erschießungen, Folterungen, Vergewaltigungen durch die GIs im Kopf. Also, was tun sie gerade auch von hier aus, wo sie erst den Nazifaschismus bekämpft und dann später mit seinen alten ökonomischen Eliten den antikommunistischen Frontstaat aufgebaut haben? Das ist das eine.
Etwas anderes ist der Gedanke, warum die Bevölkerung die Fahndung nicht unterstützt. Auschwitz, Hamburg und Dresden sollten nicht gleichgesetzt werden, wie dir das jetzt erscheint. Die Bombardierungen der beiden Städte waren ja als Reaktion auf die Naziverbrechen geschehen – auch wenn es in den Städten

dann die Nazis am wenigsten getroffen hat. Ich finde heute aber auch diesen Gedanken falsch. Die Distanz zum Fahndungsapparat läßt sich so nicht erklären.

T: Hat es über die Verwendung der NS-Vergleiche eine Diskussion bei euch gegeben, oder ist das einfach so, wie selbstverständlich geschrieben worden?

M: Nein, Diskussionen hat es darüber nicht gegeben. Erinnere dich an die Parolen auf den Demos: USA – SA – SS, das kam aus demselben Blick, und auch aus anderen linken Gruppen hat es damals wegen dieser Formulierungen keine Kritik an uns gegeben.

T: Es hat nach euren ersten Anschlägen auch schwere Niederlagen gegeben. Leute von euch wurden verhaftet, die Kritik an euch aus der Linken nahm zu. Wie habt ihr euch damit auseinandergesetzt?

M: Das war kein so eindeutiger Trend. Wenn Leute verhaftet worden sind, dann haben wir uns vorgenommen, sie rauszuholen. Festnahmen waren also Rückschläge – aber wir haben das nicht als Niederlage begriffen. Und diese Vorstellung von uns war, denk an die Befreiung von Andreas, auch ganz real. Auch die Kritik an uns aus der Linken kann man nicht über einen Kamm scheren. Da gab es die, die uns mit Hohn und Haß verfolgt haben, die nur darauf warteten, daß wir einen Fehler machten – mit denen haben wir uns wenig beschäftigt. Aber es gab auch andere. Mit denen haben sich einzelne von uns getroffen und diskutiert. Da gab es Meinungsverschiedenheiten, aber das führte nicht zu einer Niederlage in dem Sinn, es gab auch viel Solidarität. Die haben wir auch gebraucht, wenn es darum ging unterzukommen, Sachen und Informationen zu besorgen oder sonstwie Hilfe zu bekommen.

T: Der »Spiegel« hat im Januar 1972 den Text »6 gegen 60.000.000« von Heinrich Böll veröffentlicht, der mit der Intention, dem bewaffneten Kampf ein Ende zu setzen, »Gnade oder freies Geleit« für die RAF gefordert hat. Wie hat der auf euch gewirkt?

M: Wir waren ziemlich wütend. Wir haben nicht gegen sechzig

Millionen gekämpft, sondern gegen die Regierung und den Staat. Böll hat da so eine Art Volksfront gegen uns konstruiert, die es nicht gab – damals schon gar nicht.

T: Wenn man den Text liest, ist er, verglichen mit vielen anderen Texten aus dieser Zeit, immerhin um Verständnis bemüht.

M: Aber schon diese Formulierung gibt dem Text einen Drall, der schlimm und diffamierend ist. Das war das Ziel der damaligen Staatspropaganda: Jeden Gemüsemann und jede Bürokauffrau dazu zu bringen, daß sie sich vor uns fürchten. Und um dieses Bedrohungsgefühl zu erzeugen, haben sie alle Register gezogen. Erinnere dich an die Behauptung, wir wollten Stuttgart bombardieren. Und Bölls Text paßte da, ob er das nun gewollt hat oder nicht, genau rein.

T: Eine von Staatsseite ganz einleuchtende Strategie, die für euch doch nicht überraschend sein konnte. Hattet ihr euch Gedanken gemacht, wie ihr diese Strategie unterlaufen könntet?

M: Durch politische Klarheit in unseren Aktionen und durch unsere eigenen Texte, die vermitteln sollten, worum es uns ging.

T: Aber ihr konntet nicht davon ausgehen, daß Gemüsemann und Bürokauffrau eure Texte lesen ...

M: Nein. Aber die konnten sich schon Gedanken darüber machen, wen wir tatsächlich angegriffen haben und wen nicht: das US-Hauptquartier, das bayerische LKA ..., das waren doch eindeutig bestimmte Ziele.

T: Wie habt ihr eure Ziele ausgesucht? Der Anschlag auf das US-Hauptquartier erklärt sich aus dem internationalistischen Engagement und der Tradition der Anti-Vietnamkriegs-Aktionen. Aber das LKA in Augsburg?

M: Du mußt zwischen strategisch bestimmten Zielen und solchen auf niedriger Ebene unterscheiden, zu denen Augsburg und München zählten. Das waren Anschläge, die nicht von der ganzen Gruppe gemacht und geplant worden sind, sondern von denen, die in der Nähe, in bestimmten Städten lebten. Wir hatten damals ja Gruppen in den meisten Teilen der BRD, Einheiten

haben wir das genannt. Und jede Einheit hat sich die Ziele dann selbst ausgesucht und hat dann selbständig die Aktionen gemacht, die sie wichtig und sinnvoll fand. Die Anschläge am 12. Mai 1972 in München und Augsburg waren Reaktionen auf den Mord an Thomas Weisbecker 1971, der von der Polizei bei der Verhaftung unmittelbar ins Herz geschossen wurde. Es hieß, der Polizist habe in Notwehr gehandelt, aber Tommy hatte seine Pistole hinten im Gürtel stecken gehabt, der ist gar nicht dazu gekommen, da auch nur hinzugreifen. Wegen dieses Todesschusses hat es dann noch ein Verfahren gegen den Schützen gegeben, aber das hat erwartungsgemäß keine Anklage zu Folge gehabt. Und weil die Polizeistelle in Augsburg und das LKA München unmittelbar mit dieser Killfahndungsaktion zu tun hatten, haben dann welche von uns dort die Anschläge gemacht.
Es gab in der Zeit noch einen vergleichbaren Anschlag, das war der am 15. Mai 1972 auf den BGH-Ermittlungsrichter Wolfgang Buddenberg. Der war verantwortlich für die ganz miserable medizinische Behandlung und Isolierung von Manfred Grashof im ZKH Hamburg. Grashof hatte die Polizei auch in einer entdeckten Wohnung aufgelauert, als er dann versucht hat zu fliehen, kam es zu einer Schießerei, bei der ein Polizist, Hans Eckhardt, der später starb, und Grashof schwer verletzt wurden. Das waren die Anschläge, die keine strategischen Angriffe waren, sondern eine Stufe tiefer.

T: Was war das für ein Gefühl bei euch nach diesen Schießereien, bei denen es Tote bei euch und bei der Polizei gegeben hat und die zur Verhaftung von RAF-Mitgliedern führten?

M: Uns war schon nach der Erschießung von Prinz (Petra Schelm) in Hamburg, am 15. Juli 1971, klar, daß es eine Konfrontation auf Leben und Tod ist, auch von ihnen. In dem Bewußtsein haben wir uns bewegt und agiert – und waren entschlossen, das weiterzumachen. Wir wußten von Anfang an, worauf wir uns eingelassen hatten. Aber als es die ersten Toten gab, hat das noch mal eine andere Situation geschaffen – plötzlich waren diese allgemeinen Überlegungen Wirklichkeit. Das führt dazu, daß du dir noch mal überlegst, ob du das wirklich willst und kannst. Es wird ernsthafter dadurch, der Zusammenhalt wird dadurch auch enger.

T: Hattest du auch Angst? Angst, erschossen zu werden?

M: Ja, in undurchsichtigen Situationen, aber nicht ununterbrochen. Das hätte vorausgesetzt, daß ich mich ohnmächtig fühle, aber wir haben uns nicht ohnmächtig gefühlt. Wir konnten uns wehren. Wir waren illegal und deswegen schwer zu greifen.

T: So schwer nun auch wieder nicht, wie die Verhaftungen gezeigt haben.

M: Die meisten waren damals noch draußen. Und die Verhaftungen konnten wir auf Fehler zurückführen, also haben wir daraus die Konsequenz gezogen, daß keine Fehler mehr passieren dürfen, daß wir schneller lernen und genauer arbeiten müssen. Das hieß zum Beispiel, daß wir verantwortlicher handeln mußten. Auch wenn man müde ist und keine Lust mehr hat, muß man genau checken, auch wenn es nervig ist, muß man jeder kleinen Unsicherheit nachspüren, muß jeder Verdacht nachgeprüft werden. Trotz Erschöpfung darf man nicht nachlässig werden. Denn jeder Fehler konnte fürchterliche Konsequenzen für alle haben. Das waren so die Sachen, die wir uns damals noch mal klargemacht haben.

T: Aber das Gefühl, vielleicht war das doch falsch, vielleicht haben wir uns auf eine Konfrontationsebene begeben, die zu hart ist – das kam nicht auf?

M: Nein. 1972 überhaupt nicht. Also nicht bei denen, die damals noch in der Gruppe waren.

T: Was war denn genau die Motivation eurer nicht-strategischen Anschläge? Sollten das Bestrafungsaktionen sein?

M: Das war ein Element davon. Das waren eben keine Aktionen, an denen wir längerfristig etwas hätten entwickeln können.

T: Gab es darüber Kontroversen? Das hatte mit euren eigentlichen Zielen schließlich nicht so viel zu tun.

M: Es gab Diskussionen. Vor allem über die Frage, wer verantwortlich ist. Ist es die Dienststelle, die die Polizisten losgeschickt hat? Oder der Polizeipräsident? Oder sitzen die Verantwortlichen noch weiter oben? Aber wir haben uns dann überlegt, daß es wohl konkret die waren, die wir dann angegriffen haben – also zum Beispiel die Augsburger Fahnder.

T: Aber Bestrafungsaktionen sind doch grundsätzlich problematisch. Zum einen geben sie der Auseinandersetzung eine »persönliche« Note, es geht dabei nicht mehr um Revolution und Mobilisierung, sondern um Abrechnung, eine »interne« Auseinandersetzung Polizei – RAF. Zum anderen setzen sie ja auch einiges an Vorbereitung und Planung voraus, binden also Energien und gefährden Leute – und das zu einem Zeitpunkt, wo ihr doch bereits ziemlich geschwächt wart.

M: Wir haben später, vor allem wegen der politischen Wirkungen, die diese Angriffe hatten, überlegt, daß es vielleicht ein Fehler war. Die Wirkungen, die wir uns erhofft hatten, sind ausgeblieben, und es wäre sicher besser gewesen, wenn wir uns auf die strategischen Aktionen konzentriert hätten. Aber damals hat natürlich auch eine wichtige Rolle gespielt, daß wir wütend waren und das Gefühl hatten, etwas machen zu müssen, um ihnen eine Grenze zu setzen. Da war gerade einer, mit dem wir gestern noch zusammengesessen hatten, erschossen worden, und die sagen: Notwehr. Und wir wußten genau, daß das nicht stimmte.

T: Du hast eben gesagt, daß die Anschläge nicht die Wirkung hatten, die ihr euch davon versprochen habt. Was hattet ihr euch denn für eine Wirkung erhofft?

M: Die sollten sich zweimal überlegen, ob sie noch mal einen von uns erschießen. Und sie sollten sehen, daß wir überall präsent sind.

T: Seid ihr nicht auf die Idee gekommen, daß so eine Bestrafungsaktion die Konfrontation verschärft und eher einen gegenteiligen Effekt hat?

M: Faktisch war es ja so. Allerdings hätte es diese Verschärfung wahrscheinlich sowieso gegeben. Die werden darauf eingeschworen und gedrillt. Das kennt man ja auch von Demonstrationen – da wird ein richtiges Feindbild erzeugt, auch ohne daß etwas ist.

T: Bei dem Anschlag auf den Ermittlungsrichter blieb er

selbst unverletzt, seine Frau wurde dagegen schwer verwundet. Welchen Stellenwert hatte es für euch, die Schädigung von Unbeteiligten zu vermeiden?

M: Wir haben schon bei der Planung der Aktionen versucht, Sicherungen einzubauen, daß keine Unbeteiligten getroffen werden. Aber ganz sicher konnten wir nie sein. Bei Buddenberg war es so, daß an diesem Tag seine Frau mit dem VW gefahren ist, nicht er ... das hatten wir kein einziges Mal beobachtet.

T: Und eure strategischen Ziele? Der Angriff auf die US-Basen – habt ihr die im Plenum besprochen?

M: Ja. Aber es ging nicht nur um die US-Basen. Wir wollten in Berlin die drei alliierten Stadtkommandanten entführen. Damit wollten wir den Frontstadtcharakter von Berlin thematisieren und darauf hinweisen, daß die Alliierten hier die Oberherrschaft hatten.

T: Was in der ehemaligen Reichshauptstadt nichts Schlimmes sein mußte ...

M: Das sagst du heute so. Wir wollten sicher keinen deutschen Stadtkommandanten, wenn du das meinst. Und die US-Army war keine Befreiungsbewegung. Das Ziel der US-Außenpolitik in Deutschland war eindeutig seit dem Koreakrieg: »eine neue Front gegen den Kommunismus« aufzubauen; und die Front lief mitten durch Berlin. Das hatte weltpolitische Bedeutung. Die Stadtkommandanten anzugreifen hätte sicher auch eine starke internationalistische Wirkung gehabt. Innenpolitisch kommt dazu, daß die Militärkommandanten in den Nachkriegsjahren viel von den alten Strukturen wiederaufgebaut haben, und sie waren verantwortlich für eine extrem repressive Polizei- und Sicherheitspolitik in der Stadt.

Wir wollten sie alle drei auf einmal entführen und dann im Austausch die bis dahin gefangenen RAF-Mitglieder befreien: Ingrid (Schubert), Monika (Berberich), Brigitte (Asdonk), Irene (Goergens) ... na alle. Wir hatten die Stadtkommandanten auch schon ausgecheckt.

T: Das war ein anspruchsvolles Ziel ...

M: Die Stadtkommandanten fühlten sich auch total sicher, wenn überhaupt, erwarteten sie nur einen Angriff aus dem Osten und wurden deswegen auch nicht so geschützt, wie man sich das vielleicht vorstellt. Wir hätten außerdem den Überraschungseffekt auf unserer Seite gehabt. Das war für uns überhaupt wichtig. Wir waren dem Apparat militärisch unterlegen, aber wir hatten einen strategischen Vorteil, weil wir wußten, was wir wollten. Die konnten uns dagegen nicht richtig einschätzen. Sie hatten keine Vorstellung davon, was für Kapazitäten wir hatten und was wir uns einfallen lassen würden. Später war das anders, da waren sie insgesamt alarmiert. Aber damals hatten wir das Gesetz des Handelns in der Hand. Die Aktion, die wir für den Spätsommer 1972 geplant hatten, konnten wir dann wegen der Verhaftungen aber nicht mehr durchführen.

T: Ihr wolltet Gefangene befreien, aber dadurch, daß ihr gerade die Stadtkommandanten entführt, auch noch ein weiteres politisches Signal setzen.

M: Ja, aber wenn du Gefangene befreien willst, geht das auch nur so. Du mußt strategisch ansetzen, weil du sonst nicht genügend Druck entfaltest.

Durch die Entführung der Stadtkommandanten hätten wir eine Situation gehabt, in der die Bundesregierung nicht allein hätte entscheiden können, ob sie unsere Forderungen erfüllt.

T: Und wie war es mit den Aktionen gegen das US-Headquarter und das des V. Korps in Frankfurt? Mit Blick auf die Veränderung der Verhältnisse in der Bundesrepublik konntet ihr euch doch nicht allzuviel davon versprechen, nur US-Einrichtungen anzugreifen.

M: Das sehe ich anders. Natürlich hatte das Auswirkungen aufgrund der besonderen Situation. Damals galt noch der Deutschlandvertrag. In dem wurde der BRD 1955 der Aufbau eigener Militärstrukturen innerhalb der Nato erlaubt, während die westlichen Alliierten weiter über ihre Basen verfügen konnten. Die BRD war nicht souverän; das hatte auf die westdeutsche Politik erheblichen Einfluß. Die Bundesregierung war in die Unterstützung zum Beispiel des Krieges gegen Vietnam eingebunden – in alle Kriege, die die Alliierten und die übrigen Nato-Staaten führten, um sich als Kolonialmächte zu behaupten. Umgekehrt waren die US-Militärs dann auch in die Fahndung nach uns involviert, sie haben den deutschen Behörden Vorschriften gemacht, wie gegen uns vorzugehen sei, und wollten den Ausnahmezustand verhängen. Schließlich kam aus dem US-Außenministerium noch 1994 Widerspruch gegen meine Freilassung...

T: Und was hattet ihr daran für ein Interesse? Wolltet ihr einen Konflikt zwischen den USA und der BRD auf den Weg bringen?

M: In erster Linie ging es uns um die Bevölkerung, die wollten wir gegen die Präsenz der Basen mobilisieren, gegen die Unterstützung des Vietnamkriegs. Das sollte also den politischen Preis für die Bundesregierung, die US-amerikanische Kriegspolitik zu unterstützen, hochtreiben. Möglichst so hoch, daß sie sich das nicht mehr hätte leisten können. Dann hätte es einen Konflikt mit den USA gegeben.

T: Findest du nicht, daß das mindestens aus heutiger Sicht makaber klingt: die Souveränität der Bundesrepublik als politisches Ziel einer militanten Linken? Ulrike Meinhof hat in ihren Kolumnen in »konkret« 1959/60 ja auch gefordert, die BRD müsse endlich souverän werden. War denn nicht absehbar, daß die Unabhängigkeit der BRD nur die Voraussetzungen für weitere, eigene Verbrechen schaffen würde?

M: Wir wollten keine Unabhängigkeit der BRD. Diese Vorstellung unterstellt, es ginge um Nationalstaaten – es ging uns aber immer um die Zerrüttung der imperialistischen Machtstrukturen, die Destabilisierung, um die Widersprüche zur Macht zu vertiefen. Daß die BRD heute mächtiger ist als vor fünfundzwanzig Jahren, liegt ja nicht daran, daß sie »unabhängiger« wäre sondern an der globalen Machtverschiebung seit Mitte der achtziger Jahre. Deutschland ist heute Hegemonialmacht in Europa. Und ein wiedervereinigtes imperialistisches Deutschland gibt es sicher nicht, weil es zuviel antiimperialistische Guerilla gegeben hat.

T: Zurück zu den Anschlägen. Was wolltet ihr konkret damit deutlich machen?

M: Eins ist vielleicht noch wichtig, weil in dieser Auseinandersetzung heute auch der Vorwurf des Antiamerikanismus mitschwingt. Für die Planung von unseren Anschlägen waren zum Beispiel Informationen, die wir von Deserteuren aus der US-Army hatten, ganz wichtig. Die Kontakte stammten größtenteils noch aus den sechziger Jahren. Damals gab es Kampagnen und Aktionen, um Deserteure zu verstecken. Von diesen Deserteuren wußten wir auch, daß in Frankfurt im IG-Farben-Komplex nicht nur das Hauptquartier des V. Korps saß, sondern auch die CIA. Den Anschlag in Frankfurt und den in Heidelberg gegen das Hauptquartier haben wir auch als Einheit gesehen.

Deutlich machen wollten wir, daß es nirgendwo auf der Welt für diese Verbrechen ein ruhiges Hinterland gibt; wir wollten die Kräfte des Imperialismus zersplittern. Die wichtigsten Kriegszentren außerhalb der USA waren hier, weil sie sich hier sicher fühlten, und das nicht nur aus technischen Gründen. Das waren unsere Ausgangsbedingungen und macht in der historischen Konstellation die besondere Brisanz unserer Politik aus.

T: Kurz vor diesen beiden Anschlägen hat es noch einen anderen gegeben. Am 19. Mai 1972 hat die RAF im Verlagshaus von Springer in Hamburg zwei Bomben detonieren lassen. Dabei wurden 38 Menschen, überwiegend Arbeiter und Angestellte, verletzt.

M: Die Bekämpfung des Springer-Verlages und seiner Hetzpresse hat eine lange Tradition in der Studentenbewegung. Denn »Bild« war das wichtigste Propagandablatt gegen die emanzipatorischen Proteste damals. Und das Attentat auf Rudi Dutschke Ostern 1968 hatte »Bild«, die eine wochenlange Kampagne gegen ihn geführt hatte, wesentlich mitzuverantworten. Damals wurde auf Demos und bei Aktionen »Enteignet Springer« gefordert, es gab die Blockade von Zeitungsauslieferungen. Und in der psychologischen Kriegsführung gegen uns war die Springer-Presse wieder ganz vorneweg. Deswegen hatte sich die Hamburger Gruppe von uns diesen Anschlag überlegt. Das war aber nicht mit allen diskutiert, es war eine von den taktischen, keine von den strategischen Aktionen. Hinterher gab es auch bei uns viel Kritik an diesem Angriff.

T: Der Anschlag hat in der ganzen Linken scharfe Kritik hervorgerufen, weil er Arbeiter und Angestellte getroffen hat – und eben gerade nicht Springer. Was war eure interne Kritik an diesem Anschlag?

M: Die Gruppe hatte, nachdem die Bomben gelegt worden waren und bevor sie detonierten, im Verlagshaus angerufen und vor dem Anschlag gewarnt, damit die Leute das Verlagshaus verlassen sollten. Diese Warnung ist aber unterdrückt und ignoriert worden. Aber es war schon ganz falsch, darum ging es dann bei uns, einen Anschlag überhaupt so anzulegen, daß der Schutz der Unbeteiligten in die Hände von anderen gelegt wird, daß es hier also vom Konzern selbst abhing, ob Arbeiter und Angestellte Opfer werden würden oder nicht. Wenn man Springer angreifen will, kann man das unmöglich in seinem Verlagshaus machen, in dem Menschen arbeiten, die für die Politik des Konzerns und auch für die Inhalte in den Blättern nicht verantwortlich sind.

T: Und was haben die Hamburger RAF-Leute zu dieser Kritik geäußert?

M: Sie haben festgestellt, daß sie sich die Illusion gemacht hatten, dem Verlag wären seine Mitarbeiter wichtig. Sie hatten nicht die Härte der Konfrontation bedacht, daß Springer einfach zusieht und es der RAF anhängt. Das war wirklich ein böses Beispiel, wie man militante Politik auf gar keinen Fall machen kann.

T: Hatte das weitergehende Konsequenzen?

M: Wir haben entschieden, daß wir auf gar keinen Fall mehr unabgestimmte Aktionen machen. Damit sollte verhindert werden, daß eine Einheit so etwas Gravierendes übersieht. Wichtig ist, daß kollektiv daraus gelernt worden ist.

T: Wie waren denn überhaupt die Strukturen in der Gruppe? Stefan Aust in seinem Buch »Baader-Meinhof-Komplex«, aber auch Leute, die sich später von der Gruppe getrennt haben, wie Astrid Proll, beschreiben die RAF als ziemlich hierarchisches Gebilde mit dem Führungstrio Baader, Meinhof, Ensslin an der Spitze, das untereinander auch erhebliche Kämpfe ausgetragen hat. Klaus Rainer Röhl, bis 1973 »konkret«-Herausgeber und geschiedener Ehemann von Ulrike Meinhof, hat mal geschrieben: »Ulrike – die Gefangene der Baader-Gruppe ...«

M: Wenn das so gewesen wäre, wäre die RAF ganz schnell an inneren Widersprüchen zusammengebrochen.

Mit solchen Strukturen kann niemand etwas Neues entwickeln und sich höchstens kurzfristig in der Illegalität halten. Die RAF war für uns Befreiung – im umfassenden Sinn – und keine Pflichtveranstaltung, in der wir verbittert agiert hätten, weil es eben sein mußte.

Das hat auch mit unserer Geschichte zu tun. Wir kamen ja überwiegend aus der antiautoritären Bewegung und hatten mit dem äußerlichen Pflichtbegriff, dem entfremdeten Politikverständnis gebrochen. Wir hatten große Lust auf ein freies Leben und wußten, daß es individuelle Befreiung nicht geben kann, sondern Befreiung nur kollektiv im Angriff auf die Ursachen der Zerstörung überhaupt zu denken ist.

Wir waren also nicht von der Mission getrieben, uns jetzt für andere abzurackern, sondern es war unser Leben. Allerdings erfordert es auch ein hohes Maß an Disziplin, Verbindlichkeit und Vorsicht, illegal zu arbeiten. Weil wir freiwillig den Kampf aufgenommen haben, waren ganz bestimmte Einschränkungen, zum Beispiel nicht mal eben eine Freundin zu besuchen, auch einfach zu begreifen und zu akzeptieren.

Umgekehrt hat das Leben in der Illegalität auch ganz viel möglich gemacht: Wir haben uns untereinander ganz intensiv kennengelernt und hatten viel Freude und Spaß zusammen. Die ganzen Energien, die sonst eine braucht, um dem entfremdeten Druck, der Konkurrenz standzuhalten, die wurden in diesem Prozeß freigesetzt für neue Erfahrungen und Entdeckungen. Natürlich gab es auch erst mal ein Gefälle in der Gruppe. Manche waren schon länger dabei und hatten viele Erfahrungen. Manche waren theoretisch viel weiter orientiert. Gerade Ulrike wußte unheimlich viel und hatte dadurch, daß sie so gut schreiben konnte, besonders viel zu tun. Gerade ihr war es wichtig, auch die handwerklichen Sachen zu lernen, sich mit technischen Fragen zu beschäftigen, alles selber anzufassen.

Uns ging es darum, das Gefälle einzuebnen, es sollte keine Spezialisten für dies und für das geben, sondern alle sollten möglichst alles können, nicht nur praktisch, sondern auch politisch denken. Wir wollten jeden Moment handlungsfähig sein, und auch wenn jemand verhaftet wurde, sollte nicht alles zusammenbrechen. Wir haben nicht jeden Tag darüber geredet, hatten es aber ständig im Kopf: Jeden Tag konnte es jemanden von uns treffen, an jeder Ecke konnte jemand verhaftet oder erschossen werden.

T: Gab es nicht auch einen ungeheuren Druck in der Gruppe, weil ihr nicht einfach zurückkonntet, weil ihr aufeinander angewiesen wart und gar nicht anders konntet, als weiterzumachen und zusammenzubleiben?

Das ist zumindest das, was Leute, die später ausgestiegen sind oder sich im Knast von der RAF gelöst haben, erzählen.

M: Ich hab dir vorhin schon mal gesagt, daß unser Kampf freiwillig war. Wenn es Druck gab, kam der von außen. Das war uns bewußt, und wir sind so damit umgegangen, ihn aufzufangen und nicht nach innen zu reproduzieren.

Wir sprechen jetzt erst mal von der Zeit bis '72. Und jetzt untersuch das Interesse und den Zeitpunkt solcher Aussagen. Gerhard Müller zum Beispiel hat, nachdem er sich verkauft hatte, seinen ganzen Haß auf Andreas projiziert. Astrid Proll hat in England, wohin sie geflüchtet war, nachdem sie im Toten Trakt haftunfähig geworden war, angefangen solche Geschichten zu erzählen, weil sie um keinen Preis wieder zurück in die BRD in den Knast wollte. Es sagt was aus über den, der so redet, das ist alles.

Verhaftungen

T: Nach dieser Mai-Offensive gab es im Juni die ersten Verhaftungen: Andreas Baader, Jan-Carl Raspe, Holger Meins am 1. Juni 1972, Gudrun Ensslin am 7. Juni, zwei Tage später Brigitte Mohnhaupt und Bernhard Braun, am 15. Juni Ulrike Meinhof und Gerhard Müller und schließlich, am 9. Juli, Klaus Jünschke und du.

M: Das war eine schlimme Phase. Zumal es von vornherein vor allem die von uns getroffen hat, die die meisten Erfahrungen hatten. Schon nach dem Angriff auf das Hauptquartier in Heidelberg gab es eine gigantische bundesweite Fahndung. Daraufhin hatten wir uns gesagt, daß wir uns erst mal zurückziehen, nichts mehr machen und warten, bis sich der Sturm etwas gelegt hat. Aber bevor wir uns zurückziehen konnten, wurden Andreas, Holger und Jan in Frankfurt verhaftet, und dann ging es Schlag auf Schlag. Am Ende waren noch einige da, die aber über die ganze BRD verstreut waren und erst sehr mühselig versuchen mußten, überhaupt wieder eine Struktur aufzubauen.

> **T:** Hattet ihr nach den ersten Verhaftungen eine Erklärung dafür, daß es jetzt so schnell lief? War das für euch ein Anfang vom Ende?

M: Nein, so war es nicht für uns. Das waren zum Teil wirklich blöde Zufälle, oder eben Verrat. Ulrike ist verraten worden, ich bin verraten worden. Also es war nicht so, daß sie an einem Ende angefangen und dann systematisch alles aufgerollt hätten. Und wir haben auch nicht befürchtet, daß es so kommt. Wir haben uns bemüht, Wohnungen aufzulösen und möglichst zu verschwinden. Und wir gingen auch davon aus, daß wir die anderen dann befreien würden. Aber heftig war es schon.

> **T:** Eine bestimmte Häufung von Zufällen zeigt aber doch, daß es auch Gründe gegeben haben mußte. Warum verraten Leute jemanden? Doch wohl, weil es keine tragfähige gemeinsame Basis gibt, weil Druck erfolgreich ausgeübt werden kann.

M: Ja. Bei Ulrike spielte die Erklärung von Negt, zu der ich vorhin schon was gesagt habe, eine wichtige Rolle. Mich hat einer verraten, den die Polizei vorher verhaftet hatte, weil er überall groß rumgetönt hatte, daß er Kontakt zu uns hätte. Dann hat er ausgepackt, hat ihnen von unserem geplanten Treff erzählt, und sie haben ihn dafür laufen lassen. Aber es war schon eine kritische Situation, in der sich Strukturen als weniger tragfähig erwiesen, als wir gedacht hatten. Es war nach unserer ersten Offensive, und das hatte Auswirkungen auf alle, die mit uns Kontakt hatten.

T: Hattet ihr euch darauf vorbereitet, verhaftet zu werden? Gab es da Absprachen und Überlegungen, was dann zu tun wäre?

M: Teilweise. Wir haben die Informationen über Verhaftungen und wie wir dann behandelt werden, was zu erwarten ist, so gut es ging, gesammelt. Wir wußten zum Beispiel von Ilse Stachowiak, die 1970 verhaftet und dann wieder freigelassen worden war – sie war damals erst sechzehn –, daß auch sie sofort isoliert worden war. Sie hat uns dann auch über die Verhöre und wie da mit ihr umgesprungen worden ist erzählt. Aber wenn man das am eigenen Leibe erlebt, ist das noch mal was anderes. Vor allem hatten wir gedacht, daß sie uns stärker physisch terrorisieren würden. Die Wirkungen der Isolation haben wir uns dagegen in dem Ausmaß nicht vorstellen können. Insofern waren wir an den entscheidenden Punkten doch sehr unvorbereitet – und wir haben ja heute noch Schwierigkeiten, jemandem zu vermitteln, was Isolationshaft ist und was sie mit einem macht.

T: Wie lief deine Festnahme genau ab?

M: Das war in Offenburg. Ich war verabredet mit jemandem, der uns geholfen hatte. Und als ich auf dem Weg zu dem Treffpunkt war, aber eben noch zwei Straßenbahnhaltestellen davon entfernt, kam der halb grinsend über die Straße. Das hat mich schon stutzig gemacht, denn eigentlich hätte der gar nicht an diesem Ort sein dürfen, sondern mit Klaus Jünschke zwei Kilometer weiter weg. Aber in dem Moment wurde ich von zehn Mann angesprungen und runtergerissen, die sich in einem Kiosk versteckt hatten. Ich konnte mich also nicht mehr wehren, hatte aber auch keine Angst, daß die schießen, weil solche Situationen anders sind. Ich hatte nur eine unheimliche Wut. Der Typ selbst wurde, zum Schein, auch an die Wand gestellt, Pistole am Kopf, aber er guckte so gelassen, daß mir klar war, daß er hinter der Aktion steckte. Später habe ich erfahren wie.

Ich habe mir vor allem totale Sorgen um die anderen gemacht. Das ist eine furchtbare Lage, du wirst festgenommen und kannst nichts mehr machen, merkst aber plötzlich, was die Bullen wissen und was sie mit diesem Wissen anfangen können, wen es noch erwischen kann ... Du hast das Gefühl, die müssen dringend gewarnt werden, aber du hast keine Chance, das zu tun. Aber irgendwie haben sie es trotzdem geschafft wegzukommen.

T: Hast du gleich gedacht, daß das jetzt lange dauern kann?

M: Nein. In der Situation habe ich daran gar nicht gedacht. Und auch später habe ich mir das nicht so vorgestellt. Ich habe auf keinen Fall gedacht: Jetzt hast du über zwanzig Jahre Knast vor dir. Nein. Überhaupt nicht.

T: Hast du mit dem Typ, der dich verraten hat, noch mal was zu tun gehabt?

M: Wochen später hat der im »Spiegel« ein Interview gegeben, und dann hat er meinen Anwalt noch angerufen und ihm gesagt, es tue ihm leid, daß ich jetzt in den Knast wandere. Das habe er nicht gewollt. Rührend! Armselig.

T: Und wie ging es dann nach deiner Festnahme weiter?

M: Sie haben versucht, Aussagen von mir zu bekommen, aber ich habe nichts gesagt. Nach einer Woche kamen sie dann noch mal – diesmal mit einem Trick. Sie haben nämlich behauptet, sie bräuchten meine Aussage für ein Verfahren gegen einen Polizisten. Am 25. Juni hatte die Polizei in Stuttgart den schottischen Geschäftsmann Ian McLeod erschossen, als sie nach uns fahndete. McLeod kannten wir nicht, und er kannte uns nicht. Er war einfach nur der Vormieter einer Wohnung gewesen, die wir später gemietet hatten, ganz unabhängig von ihm. Eine Zeitlang lief auch das Telefon dort noch unter seinem Namen. Als die Polizei das feststellte, machte sie eine »Hausdurchsuchung« bei ihm, das heißt, sie kreuzten vor seiner neuen Wohnung auf, brachen die Tür auf und erschossen ihn durch die Schlafzimmertür. Die Staatsanwaltschaft hat später das Verfahren gegen den Schützen eingestellt, weil sie ihm zugute hielt, daß er sich bei der »Terroristenfahndung« in »Putativnotwehr« befunden hätte ... Und bei mir kamen sie an und behaupteten, meine Aussage zu brauchen, damit das Verfahren gegen den Bullen weiterlaufen könne. Die Hauptsache war: Ich sollte ihnen was sagen. Das habe ich aber nicht getan. Ich habe sie rausgeschmissen.

T: Wo warst du dann im Knast?

M: Übers Wochenende war ich in Frankfurt in einer fürchterlich versifften Zelle. Von da ging's dann nach Karlsruhe, und schließlich bin ich nach Bühl gekommen, in eine ganz kleine Klitsche, in der nicht mehr als zwanzig Gefangene waren. Da kam ich in einen leeren Flügel, wo ich keine andere Gefangene sehen oder hören sollte. Nicht am Fenster, nicht im Flur – nirgendwo. 1972 war die Situation im Umbruch. In so einem Knast wie Bühl waren die gewohnt, mit den Gefangenen eher familiär umzugehen. Dann mit jemandem wie mir konfrontiert zu sein hat sie verunsichert – was zur Folge hatte, daß sie einerseits doppelt vorsichtig und hart waren, damit sie auf gar keinen Fall was falsch machten; und andererseits versuchten sie, sich kumpelhaft zu nähern. Und dann kamen die BGH-Beschlüsse, die festschrieben, was alles zu beachten ist. Damals waren es zehn Punkte zur Isolation. Bis Anfang 1973 war ich total isoliert. Dann wurde ich nach Nürnberg verlegt, wo ich in eine ganz leere Etage gebracht wurde. Da waren noch die alten Hakenkreuze in die Wände und das Geschirr geritzt. Die Beamten hatten da Anweisung, kein Wort mit mir zu reden. Nicht mal ja oder nein. Alles lief stumm ab. Und das in dieser Szenerie. Das war gespenstisch. Aber in Nürnberg war ich auch nicht lange. Ich wurde dann in kurzen Abständen hin und her verlegt, bis ich dann im Februar 1974 nach Hamburg kam.

T: Wann hast du das erstemal wieder jemanden gesehen, den du kanntest?

M: Nach einer Woche kam der erste Anwalt. Und dann durfte ich Besuch bekommen – aber nur von Familienangehörigen. Und Post wurde auch keine durchgelassen, weder raus noch rein. Ich war isoliert.

T: Wie bist du mit dieser Situation, plötzlich inhaftiert zu sein und eine Woche überhaupt keinen Kontakt nach draußen zu haben, umgegangen? Warst du auf so was vorbereitet?

M: Das wichtigste war für mich herauszufinden, was draußen passiert ist. Man lebt ja in der ersten Zeit noch draußen – nicht wirklich, aber im Kopf. Ich habe die Situation, eingesperrt zu sein, erst mal, wenn auch nicht bewußt, verdrängt. Der Bezugspunkt für alle Gedanken und Überlegungen war immer draußen. Du denkst an die Razzien, überlegst dir, wo noch Möglichkeiten sind unterzukommen. Du denkst an die nächsten Schritte, die zur Sicherung der Gruppe gemacht werden müßten. Die ganze Phantasie ist nach draußen gerichtet. Es dauert lange, bis du dich darauf einstellst, daß der Knast deine Wirklichkeit, dein Alltag sein wird.

T: Wie konntest du denn mitbekommen, was draußen tatsächlich passierte?

M: Fast gar nicht. Ich hatte kein Radio. Es gab allerdings einen Lautsprecher im Knast, über den das Rundfunkprogramm ausgestrahlt wurde. Aber nur Musik. Immer wenn Nachrichten kamen, wurde ausgeschaltet. Und die Musik war auch fürchterlich. Das waren Schlager, die ich überhaupt nicht aushalten konnte. Und auch dieses Programm lief nur, wenn die anderen in ihren Zellen waren, also abends, weil die ja tagsüber gearbeitet haben, was ich als Untersuchungsgefangene sowieso nicht mußte. Zeitungen hatte ich auch keine. Es war ein Gefühl, wie in ein tiefes Loch zu fallen, plötzlich war alles stumm und dunkel. Ich war mit einemmal abgeschnitten von allem.

T: Ihr habt dann relativ bald ein Kommunikationssystem untereinander aufgebaut...

M: Das war das Info, das wir 1973/74 aufgebaut haben, um unsere Erfahrungen mit der Isolation, unsere Einschätzung der Lage, alles, was uns wichtig war, auszutauschen.

Für uns alle war es entscheidend, um überleben zu können. Unsere Gedanken auszutauschen, erst einmal fähig zu werden, sie zu artikulieren, und dann festzustellen, daß es nicht das Unvermögen jedes und jeder einzelnen ist, sich in der Isolation angesichts des extremen, dauerhaften Entzugs aller Sinnesreize nur schwer zurechtzufinden, sondern die gemeinsame Lage aller.

Wir konnten auf der Basis unserer Erfahrung miteinander draußen schreiben und Vertrauen haben, daß da niemand sitzt und sich über die Schwächen anderer hermacht. Für jeden einzelnen von uns ging es um Ehrlichkeit sich selbst gegenüber und darum, voneinander zu lernen.

Wir haben uns selbst und uns gegenseitig kritisiert und versucht herauszufinden, wie wir uns kollektiv gegen unsere Isolation im Knast wehren können. Und das alles in einer Sprache, die möglichst kurz und direkt sein mußte. Wir befanden uns auch alle in einer extremen Ausnahmesituation. Sich gegenseitig zu helfen bedeutet, sich die richtigen Fragen zu stellen.
Nach einiger Zeit bekam es die Tendenz, zum Ritual zu werden, sich selbst zu kritisieren, und wurde damit destruktiv. Wir haben das dann abgebrochen und sind dazu übergegangen, Berichte zu schreiben. Viele Monate später.

T: Aber was sind die richtigen Fragen?

M: Die richtigen Fragen sind solche, die ums Verständnis für und nicht ums Be- oder Verurteilen des anderen bemüht sind. Also Bewegung in die Gedanken zu bringen, Entwicklungen anzustoßen und nicht durch ein »Urteil« eine Frage, einen Widerspruch einen Zustand erstarren zu lassen. Wir haben herausgefunden, daß es in der Isolation die alten bürgerlichen Strukturen sind, die einen wieder einholen können und überwältigen, wenn man sie nicht erkennt.
Zum Beispiel die Selbstverachtung oder Schuldgefühle, nicht genug gekämpft zu haben ... Selbstverachtung ist immer Bedingung für Herrschaft, und wenn es ihnen gelingt, einen da wiederhinzubringen, haben sie gesiegt. Wenn einer nicht mehr weiß, warum er angefangen hat, wenn dieses lebendige Gespür abgestorben ist, hat auch nichts mehr einen Sinn.
Wir wollten unsere Überzeugung nicht aufgeben, und deswegen haben wir gekämpft.

T: Ihr habt als Kampfmittel recht bald den Hungerstreik eingesetzt. Wie kam es dazu?

M: Wir konnten gegen die Haftbedingungen machen, was wir wollten, es hatte keinen Erfolg. Und gleichzeitig waren wir alle voneinander getrennt und hatten vom ersten Tag unserer Gefangenschaft an Isolationsbedingungen. So konnten wir weder einen Aufstand noch eine größere Protestaktion organisieren. Uns blieb nur der Hungerstreik – er war das letzte und einzige Mittel.

Wir hatten schon im Januar und Mai 1973 mehrere Wochen gestreikt, ohne genau bestimmt zu haben, was wir erreichen und wie wir ihn führen wollten. 1974* waren dann die wichtigsten Fragen: Wie weit gehen wir? Sind wir auch bereit weiterzumachen, wenn einer von uns stirbt? Wie können wir uns gegenseitig oder besonders Andreas schützen, wenn sie ihm wieder wie 1973 das Wasser abdrehen? Wie verhalten wir uns, wenn sie uns zwangsernähren? Kommen wir durch einen langen Streik eher ans Ziel oder nicht?
Orientiert haben wir uns an den Erfahrungen der IRA mit Hungerstreiks, die im Sommer 1974 durchsetzen wollten, von England in Knäste nach Irland verlegt zu werden.
Wir haben den ganzen Sommer ausführlich darüber diskutiert und uns auch überlegt, daß wir den Streik in bestimmten Situationen zuspitzen, um einzelne zu schützen, das heißt, daß wir dann nichts mehr trinken, dann aber auch bereit sind, die Eskalation zurückzunehmen, um länger durchhalten zu können.** Im September 1974 haben wir angefangen.

T: Aber mit dem Hungerstreik legt ihr euer Leben in die Hand des Staates, dem damals möglicherweise nichts weniger leid getan hätte, als wenn welche von euch sterben.

M: So einfach ist es nicht. Der Staat wollte nicht als erstes unser Leben auslöschen, erst wollte er unsere Moral zerstören, unser Bewußtsein von der Situation, wie sie ist. Am liebsten wäre es ihnen gewesen, uns als Reuige oder Irre vorführen zu können. Deswegen hat es später die Psychiatrisierungsver-

* Von September 1974 bis Februar 1975 dauerte der kollektive Hungerstreik, in dessen Verlauf Holger Meins gestorben ist.

** In einem Brief aus dem Info-System vom 22. September heißt es zum Beispiel, nachdem bei einzelnen Gefangenen von seiten der Anstalt das Wasser abgedreht worden ist: »Noch mal zum Wasser: Es ist klar, daß wir alle aufhören zu saufen, wenn sie bei einem das Wasser abdrehen. Das ist auch die Situation, wo sofort mit allen Muskeln und Willensfasern Widerstand geleistet werden muß: Wenn sie mit Zwangsernährung anfangen, während sie bei einem anderen Wasserentzug machen und wir im DS (Durststreik) sind.«

suche bei Ulrike gegeben.* Ihnen ging es darum, ihre Macht zu demonstrieren, zu zeigen, daß es niemanden gibt, der sich gegen ihre Übermacht behaupten kann. Daraufhin waren die Haftbedingungen konzipiert. Wir sollten nicht einfach sterben, sondern aufhören, wir selber zu sein. Und in dieser Situation der äußersten Defensive bringen Gefangene, die nichts haben und die deswegen ihr Leben kollektiv einsetzen, eine moralische Kraft rüber, die stärker ist als die Macht. Der Staat hat das als Angriff verstanden, der unbedingt zerschlagen werden mußte. Im November 1974 ist Holger Meins gestorben. Sie haben ihn zwar jeden Tag mit Zwangsernährung gequält, aber sie haben ihm dabei so wenige Kalorien gegeben, daß er sicher verhungern mußte. Buback, der damalige Generalbundesanwalt, hat seinen Transport von Wittlich nach Stammheim verhindert, weil er sicher war, daß in Wittlich die nächsten Tage kein Arzt sein würde. Später hat er gesagt, fünf Angeklagte seien ihm für Stammheim sowieso zuviel gewesen.

T: Was wolltet ihr mit diesem großen Hungerstreik erreichen?

M: Wir wollten, als wir angefangen haben, die Gleichstellung mit anderen Gefangenen. Das hätte auch bedeutet, daß wir untereinander reden können und mit den anderen Gefangenen, die da sind. Und gleichzeitig wollten wir natürlich auch ein öffentliches Bewußtsein schaffen darüber, wie wir behandelt werden und wie die Prozesse geplant sind.

T: Hat das auch was damit zu tun, daß ihr in dieser Situation, 1974, nicht mehr die Hoffnung hattet, daß es jetzt unmittelbar zu einer Befreiungsaktion kommen würde?

M: Nein. Wir wollten aber selber etwas machen. Wir haben den Hungerstreik aufgehört, nachdem wir von dem RAF-Kom-

* Bei einem Psychiater war 1973 ein Gutachten über die Zurechnungsfähigkeit von Ulrike Meinhof in Auftrag gegeben worden. Weil bei ihr 1962 eine gutartige Geschwulst aus dem Kopf entfernt worden war, wollte der Ermittlungsrichter am BGH jetzt eine zwangsweise invasive Hirnuntersuchung unter Narkose vornehmen lassen. Das Vorgehen stieß auf heftigen Widerstand und wurde schließlich fallengelassen.

mando draußen dazu aufgefordert worden waren. Die Leute, die später die Stockholm-Botschaft überfallen haben, haben uns geschrieben, daß sie jetzt mit ihren Mitteln versuchen, etwas zu verändern. Sonst hätten wir das weitergeführt, bis wir durchgekommen wären.

T: An dieser Entschlossenheit, weiterzuhungern, hat der Tod von Holger Meins nichts geändert?

M: Nein. Darüber hatten wir uns vorher verständigt. Wir wollten, daß der Streik möglichst lang andauert. Und das haben wir ja auch erreicht. Es waren fünf Monate. Und es wäre auch noch weitergegangen. Wir hätten einfach nicht mehr aufgehört.

T: Wie lief der Hungerstreik bei dir? Hattest du Kontakt zu anderen Gefangenen?

M: In Hamburg gibt es ja das Zentrale Gefängniskrankenhaus (ZKH). Und die Gefangenen aus dem norddeutschen Raum waren dort konzentriert, um die Zwangsernährung besser organisieren zu können. In der Zeit hat die Regierung beschlossen, daß sie es eher hinnimmt, daß wir untereinander, als daß wir mit anderen Gefangenen Kontakt haben. Deswegen haben wir im Dezember 1974 stundenweise Umschluß zu zweit gekriegt.

T: Und wie lief die Zwangsernährung?

M: Da hat sich ein ganzer Trupp Sanitäter auf einen gestürzt, hat uns gefesselt oder festgehalten, je nachdem wie viele sie waren, und uns wurde ein dicker Schlauch in den Hals gerammt. Dadurch wurde in Hamburg eine ungeheure Menge an Kalorien reingepreßt. Woanders lief die gleiche Prozedur mit äußerster Gewalt, aber ganz wenig Kalorien. Dann haben sie experimentiert. Der oberste Arzt ist rumgefahren und hat geschaut, wie es in anderen Knästen läuft. Er kam dann mit neuen Schläuchen und anderen Keilen zurück, die sie einem in den Mund gerammt haben, um den Mund offen zu halten, um den Schlauch reinzurammen. Die Zusammensetzung des Breis oder der Flüssigkeit haben sie verändert. Wir blieben hinterher noch eine Stunde ans Bett geschnallt, damit wir nicht kotzen konnten.

T: Und was war das für ein Gefühl?

M: Unwahrscheinliche Wut. Der Körper wehrt sich unheimlich, der will auch keine Nahrung. Und es hat ungeheure Schmerzen ausgelöst.

T: Es ist doch ein Unterschied, ob man sagt, wir machen jetzt einen Hungerstreik und riskieren dabei auch, daß jemand von uns stirbt, oder ob tatsächlich einer stirbt?

M: Das war ein sehr, sehr schmerzliches Gefühl, ein Gefühl von extremem Verlust, weil Holger jemand war, den ich sehr mochte. Ich habe aber auch gesehen, in welcher Situation er umgekommen ist. Es war der gleiche Kampf, den wir kämpften.

T: Aber kommt da nicht auf, daß man sagt: Vielleicht war es doch kein Erfolg, wenn es einen von uns das Leben kostete?

M: Nein. Wir haben das wirklich monatelang überlegt, ob wir das riskieren und ob das richtig ist in unserer Situation. Und dann sind wir zu dem Ergebnis gekommen: Wir können es nicht vermeiden. Sonst machen sie uns einzeln fertig.

T: Gab es nach dem Tod von Holger Leute, die etwas pessimistischer waren als du?

M: Ja. Es gab welche, die aufgehört haben. Margrit Schiller hat aufgehört, Gerd Müller hat aufgehört. Dann hatten wir ja auch vorher diskutiert, daß wir eventuell einen Durststreik machen, das haben dann einige gemacht, andere wiederum nicht.

T: Wie hat sich das Verhältnis zu denen verändert, die den Hungerstreik damals ganz aufgehört haben. War das so eine Art Abschied aus der Gruppe? Hatte das eine Ausgrenzung zur Folge?

M: Bei Müller war das ja schon vorher abzusehen, was das bedeuten würde. Bei Margrit habe ich das ganz anders verstanden, weil ich sie kannte. Und dann habe ich auch noch mal Umschluß mit ihr gemacht, und als die Bullen gesehen haben, daß sie eben nicht ausgegrenzt wird, da haben sie sie sofort nach Lübeck verlegt. Wir haben unterschieden, ob das eine Aktion war, um den anderen in den Rücken zu fallen, oder nicht.

T: Für Gerd Müller war der Ausstieg aus dem Hungerstreik der Anfang vom Ausstieg aus der RAF. Er war dann auch einer der wichtigsten Zeugen gegen euch. Wie war er überhaupt zur RAF gekommen?

M: Gerd Müller hatte eine proletarische Geschichte und kam aus dem Sozialistischen Patientenkollektiv (SPK) in Heidelberg zu uns.* Die RAF sah er auch als Möglichkeit, in eine andere Klasse »aufzusteigen«, andere Bewegungsmöglichkeiten und Chancen zu haben als die, die er mit seinen Jobs als Hilfsarbeiter und ohne jede Ausbildung hatte. Aber diese Perspektive schimmerte immer nur durch. Wenn man sich zum Beispiel verkleiden muß, merkt man ja, woran einer Spaß hat, worauf es ihm ankommt. Macht er das jetzt nur aus Sicherheitsgründen, oder steckt da noch was anderes dahinter?

T: Als was hat sich Müller denn verkleidet?

M: Er war gern elegant und ein bißchen mondän. Das ist in der Gruppe auch aufgefallen, und wir haben versucht, darüber zu reden. Als er dann verhaftet worden ist, hat ihn der Apparat extrem unter Druck gesetzt. Das hat er erst mal durchgestanden. Aber dann waren seine Energien anscheinend am Ende. Man kann anhand der Briefe, die er im Laufe der Zeit geschrieben hat, die einzelnen Etappen bis zum Verrat nachvollziehen. Er hat erst keinen Sinn mehr in allem gesehen, dann hat er sich vorgestellt, was er jetzt sonst noch alles machen könnte, draußen, welche Chancen er gehabt hätte, dann hat er sich aus dem Knast weggeträumt und die tatsächliche Situation, in der wir alle uns befanden, nicht mehr wahrhaben wollen. Die Bullen haben das natürlich registriert und haben ihm dann konkrete Angebote gemacht. Als Holger im Hungerstreik 1974/75 gestorben ist, hat Müller sofort aufgegeben und Kontakt mit den Bullen aufgenommen. Die haben ihm zugesagt, er komme schnell raus, wenn er kooperiere. Und so ist es ja dann auch gelaufen.

* Das SPK wurde im Februar 1970 von Wolfgang Huber, wissenschaftlicher Assistent an der psychiatrisch-neurologischen Abteilung der Universitätsklinik Heidelberg, gegründet. Ausgehend von den theoretischen Arbeiten Ronald Laings und denen des italienischen Anti-Psychiaters Basaglia entwickelte das SPK ein Verständnis von Krankheit als Ausdruck des kapitalistischen Systems und folgerte daraus: »Aus der Krankheit eine Waffe machen!« Außer Gerhard Müller waren Hanna Krabbe, Lutz Taufer, Klaus Jünschke, Carmen Roll, Siegfried Hausner, Margrit Schiller und Sieglinde Hofmann SPK-Mitglieder gewesen.

T: Wie habt ihr mitbekommen, daß Müller mit Polizei und Bundesanwaltschaft zusammenarbeitete?

M: Seine Entwicklung wurde in den Briefen deutlich, die er uns noch lange im Info geschrieben hat und die immer haßerfüllter wurden. Wir haben auch mitbekommen, daß er immer häufiger in die Anwaltszellen im Untersuchungsknast gebracht wurde – es waren aber keine von unseren Anwälten da. Außerdem fanden draußen mehrere Razzien statt, die nur dadurch zu erklären waren, daß jemand Aussagen gemacht hatte. Und da es gegen Leute ging, die er kannte, war das auch ein deutlicher Hinweis auf das, was da passierte. Schließlich veröffentlichte der »Stern« ein Interview mit ihm – da war alles klar.

T: Du kanntest ihn gut. Was war das für ein Gefühl, von einem Genossen verraten zu werden?

M: Nachdem er angefangen hatte auszusagen, hat er mir noch zwei Briefe geschrieben, in denen er mir gedroht hat, mich lebenslänglich und meine Anwälte für eine Zeit in den Knast zu bringen, wenn ich nicht auch seinen Weg gehe. Nach dem zweiten Brief kamen die Bullen, haben in meiner Zelle alles auf den Kopf gestellt und verlangt, daß ich den Brief rausgebe. Das war eine miese, plumpe Geschichte. Daß Müller dann noch versucht hat, nach außen hin den Anschein zu erwecken, dieser ganze Deal sei vor allem ein politischer Läuterungsprozeß gewesen, und er dann auch noch in die SPD eintreten wollte, hat dem Ganzen die Krone aufgesetzt.

Mein Gefühl dazu? Einerseits war ich enttäuscht, und es war ein Verlust – schließlich hatte es gemeinsame Erfahrungen gegeben und ein gemeinsames Ziel. Aber dieses Gefühl des Verlustes wurde bei mir überlagert davon, daß ich wütend war zu sehen, wie jemand sich völlig aufgibt und nur noch für die Bundesanwaltschaft funktioniert. Außerdem wurde er dann Kronzeuge, ohne daß es eine entsprechende gesetzliche Regelung gegeben hätte – und seine Aussagen, mit denen er jeden Wunsch der Bundesanwaltschaft erfüllt hat, haben anderen und mir erheblich geschadet. Aber der Gesamteindruck war: jämmerlich.

T: Bist du im Prozeß selber dann mit ihm noch mal zusammengetroffen?

M: Er saß sechs Meter von mir entfernt. Völlig aufgetakelt, so wie er es früher in der Illegalität beim Verkleiden auch gern gemacht hatte. Und er war unheimlich fett geworden und aufgedunsen. Ich habe eine Erklärung zu seiner Rolle als Kronzeuge abgegeben und bin dann weggegangen. Die Presse war da und hat sich um ihn geschart, weil sie ihn ungeheuer interessant fanden. Er galt ja nicht als mieser Verräter, sondern als ehrenvoller politischer Kritiker der RAF, ähnlich wie Peter Jürgen Boock in den achtziger Jahren. Da bestand großer Bedarf. Allerdings hatte er mit dieser Rolle bald Schwierigkeiten, als der Deal bekannt wurde, den er gemacht hatte. »Das lebenslang wurde ihm geschenkt, um seine Zunge zu lösen«, hatte damals der »Spiegel« geschrieben.

T: Wo fand euer Prozeß statt?

M: In Hamburg. Die Anklagekonstruktion war damals nicht ganz so einfach, weil es den Paragraphen 129a (Bildung einer terroristischen Vereinigung) noch nicht gab und sie deswegen ein bißchen mehr Beweisprobleme hatten. Außerdem sollte es wohl nicht ein einziges riesiges Verfahren geben. Deswegen waren die Prozesse aufgeteilt. Es gab die Anklagen gegen angebliche Rädelsführer, die in Stammheim verhandelt wurden, die anderen Verfahren wurden über die ganze Republik verteilt. Gerd Müller und ich waren also zusammen vor dem Landgericht Hamburg angeklagt, dann gab es noch das Verfahren gegen Manfred Grashoff und Klaus Jünschke, das in Kaiserslautern verhandelt wurde. Wir haben untereinander und mit unseren Anwälten diskutiert und dann entschieden, daß wir uns alle auf das Stammheim-Verfahren konzentrieren, weil dort die entscheidenden Angriffe verhandelt wurden.

T: Was hatte das für dich für Konsequenzen?

M: Ich habe nicht großartig politisch agiert, sondern meine Erklärung gegen Müller vorgetragen und mich ansonsten von der Verhandlung ausschließen lassen. Ich bin dann zwei-, dreimal mit Gewalt vorgeführt worden, aber das war's auch. Das Verfahren war für mich sowieso eine Farce, denn während des großen Hungerstreiks 1974 war ein ganzes Paket neuer Gesetze verabschiedet worden, das es uns unmöglich machen sollte, uns so zu verteidigen, wie wir das wollten. Im Zentrum stand eine Bestimmung, die sich gegen unser kollektives Mandat an die Rechtsanwälte richtete. Bis dahin konnte jeder Anwalt jeden von uns vertreten. Plötzlich durfte jeder Gefangene nur noch drei Anwälte insgesamt haben, und diese drei durften jeweils keinen anderen von uns verteidigen. Dadurch saßen wir plötzlich ohne Anwälte da und waren gezwungen, neue zu besorgen, die sich aber in der Materie gar nicht auskannten und sich erst einarbeiten mußten.

Mir kam es vor allem darauf an, Müllers Rolle als Kronzeuge öffentlich zu machen. Ich wollte auch, daß seine Vernehmungsakten ins Verfahren eingeführt werden, damit wir wußten, was er alles gesagt hatte, und damit der Deal, der dahinterstand, deutlich wurde. Aber das Bundesjustizministerium hatte einen Sperrvermerk über diese Akte verhängt, weil es dem Wohl der Bundesrepublik schaden würde, wenn ihr Inhalt an die Öffentlichkeit gelangte. Die Anklage gegen uns lautete auf Mitgliedschaft in einer »kriminellen Vereinigung«, und wir waren auch angeklagt, diesen Polizeibeamten Norbert Schmid* erschossen zu haben. Müller ist davon freigesprochen worden, da konnten sie mich deswegen schlecht verurteilen. Also wurde ich zu viereinhalb Jahren Haft wegen Mitgliedschaft in einer »kriminellen Vereinigung« verurteilt. Und sofort danach wurde versucht, eine weitere Anklage zusammenzubekommen, für die Müller die Aussagen liefern sollte. Anfang 1977 wäre ich normaler-

* Norbert Schmid hatte zusammen mit seinem Kollegen Lemke in der Nacht des 22. Oktober 1971 versucht, eine Frau und ein Pärchen festzunehmen. Dabei kam es zum Schußwechsel. Schmid wurde von vier Kugeln getroffen und starb. Lemke identifizierte später auf Fotos Gerhard Müller als den Todesschützen. Seine Begleiterin soll Irmgard Möller gewesen sein. Margrit Schiller, die wenig später in der Nähe des Tatorts verhaftet wurde, hatte, so das Ergebnis kriminaltechnischer Untersuchungen, nicht geschossen. Im Stammheimer Verfahren belastete sie den Kronzeugen Müller als Täter.

weise rausgekommen. Aber im Dezember 1976 wurde der neue Haftbefehl ausgestellt. Mir war aber schon vorher klar, daß ich nicht entlassen werden würde, weil ich die Aussagen von Müller kannte.

T: Worum ging es in diesem neuen Haftbefehl?

M: Es ging um den Anschlag auf den US-Stützpunkt in Heidelberg und um die Attacke gegen das LKA in Augsburg. Und als Beweismittel dienten ausschließlich Aussagen von Müller.

T: Die Anklagevorwürfe gegen euch waren ja auch sonst oft kaum zu belegen. Warum habt ihr euch nicht juristisch verteidigt, sondern den Gerichtssaal als Forum für politische Erklärungen genutzt?

M: Auf einem niedrigen Level haben wir durchaus klargemacht, daß die Anklagen wenig stichhaltig sind. Was wir nicht wollten, war zum Beispiel, Zeugen zu benennen, die dann Alibi-Aussagen hätten machen sollen. Im übrigen hatte das Vorspiel zum Prozeß, die Änderungen von Gesetzen und die Haftsituation, uns gezeigt, daß es sich hier nicht um ein juristisches Verfahren handelt, sondern die Justiz als Kriegsmittel eingesetzt wurde. In Wirklichkeit ging es ihnen darum, uns politisch zu erledigen. Und dagegen konnten wir uns schlecht mit juristischen Mitteln wehren, dazu mußten wir selbst politisch handeln – was uns natürlich auch näher lag.

Wenn du mal liest, wieviel Sachen wir zum Beispiel in U-Haft unternommen haben, um akzeptable Haftbedingungen zu bekommen und dieses System von Sonderrechten, die gegen uns eingeräumt worden sind, wegzubekommen – nichts davon hatte Erfolg. Ein Beschluß vom Bundesgerichtshof – und schon waren wochenlange juristische Bemühungen, tiefsinnig argumentierende Anträge einfach vom Tisch. Und das passierte nicht einmal, sondern immer. Wie wir die Prozesse geführt haben, war also nicht das Ergebnis einer abstrakten Entscheidung, die wir mal getroffen haben, sondern es war das Resultat unserer konkreten Erfahrungen mit der Justiz.

Bevor der Prozeß begann, hatte das Gericht wie in Stammheim Gutachten über die Verhandlungsfähigkeit in Auftrag gegeben.

Sie kamen alle zu dem Schluß, daß wir nur sehr eingeschränkt verhandlungsfähig seien (zwei Stunden am Tag) und daß umgehend und dringend unsere Isolation aufgehoben werden müsse.

T: 1976 ist Ulrike Meinhof im Gefängnis gestorben. Wie hast du von ihrem Tod erfahren?

M: Morgens aus dem Radio, gleich mit dem Zusatz, sie habe Selbstmord begangen. Ich war zu der Zeit noch in Hamburg, Holstenglacis, und hatte stundenweise Umschluß mit Ilse (Stachowiak) oder Christa (Eckes) oder Margrit (Schiller). Wir waren wie elektrisiert. Die Meldung war identisch mit einer Kurzmeldung aus »Bild« im April 1972, in der es auch – wie jetzt geheißen hatte, Ulrike habe wegen »Spannungen in der Gruppe« Selbstmord begangen. Deswegen war unser erster Gedanke: Das kann nicht wahr sein, sie lebt, denn damals war sie ja bei uns gewesen. Als an ihrem Tod kein Zweifel mehr möglich war, hatten wir subjektiv die Gewißheit, daß sie ermordet worden war. Wir kannten ihre Briefe, die sie bis zuletzt an einzelne geschrieben hatte. Darin wurde ihre enge Beziehung zu uns deutlich, und wir kannten ihre Arbeit an den Beweisanträgen in Stammheim, wo es darum ging, Zeugen zu laden aus den USA – Regierungsmitglieder und Vertreter des Pentagon –, Regierungsmitglieder aus der BRD aus der ganzen Dekade des Vietnamkriegs, Ex-CIA-Mitglieder, Friedensforscher – also alle, die etwas zur Eskalation und zur Beteiligung der Bundesregierung am Aggressionskrieg gegen Vietnam hätten sagen können.

Zuletzt hatte sie an einem Antrag, Willy Brandt als Zeugen zu laden, gearbeitet, um ihn zu seinen Beziehungen zur CIA zu befragen. Das war besonders brisant wegen der Geschichte der Bundesrepublik.

Ulrike wußte wie wir auch, daß Befreiungsaktionen geplant waren – aber sie wußte genausowenig wie wir anderen, wann die Aktionen genau stattfinden sollten und wie. Konkret ging es um zwei Aktionen, die aufeinander bezogen sein sollten und die beide von mehreren Organisationen vorbereitet und durchgeführt werden sollten. Die erste war dann schließlich im Juni 1976 die Entführung einer Air-France-Maschine nach Entebbe/

Uganda,* eine Aktion, die, so wie sie lief, überhaupt nicht unsere Zustimmung hatte. Die zweite Aktion ist dann wegen der Entwicklung im Libanon damals nicht mehr durchgeführt worden.
Daß es eine Befreiungsaktion geben sollte, wußte übrigens auch der Staatsschutz. Innenminister Maihofer hatte das Anfang 1977, als er die Abhöraffäre Traube** rechtfertigen mußte, öffentlich erklärt. Nach der Botschaftsbesetzung in Stockholm 1975 durch das Kommando Holger Meins war die Regierung Schmidt entschlossen, das »äußerste zu unternehmen«, um künftige Befreiungsaktionen zu verhindern. Und das effizienteste Mittel ist schließlich, die Gefangenen zu töten. Nachdem die Folter im Toten Trakt und der Versuch, Ulrike zu psychiatrisieren, sie nicht davon abbringen konnten zu denken, schien das die Lösung zu sein. Ulrike war von Anfang an das zentrale Objekt der Counter-Aktionen gegen die RAF.
Ihre besondere Geschichte von zwanzig Jahren antifaschistischem Widerstand, ihr revolutionärer Bruch mit den bürgerlichen Formen kommunistischer Politik und dem folgenlosen Legalismus der Vietnam-Opposition, Studentenbewegung, ihre internationale Bekanntheit waren die Koordinaten im Fadenkreuz und das Kalkül, daß ihr »Selbstmord« demoralisierende Wirkung auf die Guerilla-Gruppen und Befreiungsbewegungen haben würde, aber auch, daß jede Befreiungsaktion sinnlos erscheinen müßte und daß nach dem ideologischen Muster der psychologischen Kriegsführung mit der »Eliminierung des Kopfes«, wie der Hamburger Verfassungsschutzchef Horchem sagte, die Gruppe zerfallen müßte. Daß es bei uns anders war, ist eine andere Frage.

* An dieser Entführung waren die Revolutionären Zellen (RZ) und palästinensische Gruppen beteiligt. Sie rief international und in Teilen der bundesdeutschen Linken Entsetzen hervor, weil im Verlauf der Geiselnahme die jüdischen von den nichtjüdischen Passagieren getrennt wurden. Das Kommando forderte die Freilassung von 53 politischen Gefangenen, die meisten davon Palästinenser, die in Israel inhaftiert waren, aber auch sechs politische Gefangene aus der BRD. Am 4. Juli 1976 wurde die Maschine vom israelischen Militär gestürmt. Die Entführer wurden dabei erschossen.

** Klaus Traube war Atommanager und wurde von BND und Verfassungsschutz abgehört, weil er Kontakte zu Atomkraftgegnern unterhielt.

Es hat zur Untersuchung ihres Todes eine unabhängige Untersuchungskommission gegeben, die sich aus internationalen Persönlichkeiten zusammengesetzt hat. In ihrem Abschlußbericht kommen sie zu den Schluß: Ein über alle Zweifel erhabener Beweis dafür, daß Ulrike Meinhof bei ihrer Erhängung noch lebte, ist nicht erbracht worden. Dagegen kann der Nachweis erbracht werden, daß sie zum Zeitpunkt, als sie aufgehängt wurde, nicht mehr lebte.

T: Die Bundesanwaltschaft hat damals behauptet, Ulrike Meinhof sei durch die Spannungen innerhalb der Gruppe, vor allem durch die mit Gudrun Ensslin, in den Selbstmord getrieben worden.

M: Als Beleg dafür dienten einzelne Zettel, die die Bundesanwaltschaft und das Justizministerium Baden-Württemberg veröffentlicht haben. Aber die Zettel, die zwischen Ulrike und Gudrun hin- und hergeschoben wurden, stammten aus einer bestimmten Phase 1975, waren also schon älter. Außerdem waren sie nicht vollständig. Es lief damals eine sehr genaue Auseinandersetzung zwischen den beiden über Kleinigkeiten – in einer Zeit, als beiden nicht klar war, daß der Druck von außen diesen Streit so heftig und gegeneinander ablaufen ließ. Der Konflikt war zum Zeitpunkt ihres Todes längst gelöst. Wir haben, als wir in Stammheim zusammen waren, ausführlich über Ulrikes Tod gesprochen – auch über die Möglichkeit, daß es vielleicht doch ein Selbstmord war. Wir haben dabei auch die Lage diskutiert, in der ein Gefangener nur im Sterben die Möglichkeit sieht, sich und seine revolutionäre Identität gegen die langsame Zerstörung des Willens in der Agonie der Isolation zu behaupten. Wir waren uns sicher, daß Ulrike, wenn sie sich so gefühlt hätte, es vorher gesagt hätte. Andreas und uns anderen. Es gab auch keinen Grund, aus so einer Situation und solchen Gefühlen ein Geheimnis zu machen – im Gegenteil.*

* Ähnlich argumentierte auch Jan Carl Raspe, der nach dem Tod von Ulrike Meinhof in der Nacht vom 8. (!) auf den 9. Mai 1976, am 11. Mai, im Prozeß eine Erklärung abgab: »Ich habe nicht viel zu sagen: Wir glauben, daß Ulrike hingerichtet worden ist …«

Der Deutsche Herbst und seine Folgen

1977 war ein Jahr der Krisen. Im Februar enthüllte der »Spiegel«, daß der BND und das Bundesamt für Verfassungsschutz Wanzen in der Wohnung des Atommanagers Klaus Traube installiert und ihn abgehört hatten, weil er Kontakte zu Leuten unterhielt, die dem »Kreis politischer Gewalttäter nahestehen«. »Atomstaat oder Rechtsstaat?« fragte das Nachrichtenmagazin. Der Lauschangriff wurde zum Skandal und zum Synonym für den Überwachungsstaat – zumal sich herausstellte, daß die bundesdeutschen Geheimdienste in den Jahren 1975/76 noch weitere rechtswidrige Abhöraktionen, vor allem in Zellen von Gefangenen aus der RAF durchgeführt hatten.

Unterdessen gerieten die Atomkraftgegnerinnen und -gegner in der Gewaltfrage unter Druck. Nach einer erfolgreichen Großdemonstration in Brokdorf im Februar, wo sich Gewaltfreie und Militante nicht in »gute und böse AKW-Gegner« spalten ließen, geriet die Demonstration gegen den Schnellen Brüter in Malville, an der sich auch viele Atomgegner aus der BRD beteiligten, angesichts des militärischen Vorgehens der Sondertrupps CRS zum Debakel: Ein toter Demonstrant und mehrere Schwerverletzte waren im Juli 1977 zu beklagen.

Am 23./24. September, diesmal wurde gegen den Schnellen Brüter in Kalkar demonstriert, zeigte der bundesdeutsche Sicherheitsstaat, was er konnte: An großen Bundesstraßen und Autobahnausfahrten warteten Polizeisperren, Panzerwagen patrouillierten, Hubschrauber des Bundesgrenzschutzes zwangen Züge, auf offener Strecke zu halten. Über 20000 Demonstrantinnen und Demonstranten erreichten den Kundgebungsort nicht, 50000 drangen bis zum Bauzaun vor. Mit einem solchen Polizeistaatsaufgebot hatten die Atomkraftgegner nicht gerechnet. Die Demonstration, zu der ein breites Bündnis aufgerufen hatte, ist in die Annalen der Anti-AKW-Bewegung als »Kalkar-Schock« eingegangen.

Die Anti-Atom-Bewegung war aber nicht nur wegen der scharfen Konfrontation mit der Polizei geschwächt, sie hatte sich auch inhaltlich neu orientiert. Die militärische Bedeutung des Atomprogramms, das der BRD den Griff zur Bombe ermöglichen sollte, geriet ihr aus dem Blick; in den Vordergrund schob sich die ökologische Argumentation, die Furcht vor der technischen Katastrophe, dem GAU.

Die RAF versuchte 1977 die Gefangenen zu befreien. Am 7. April wurden der amtierende Generalbundesanwalt Siegfried Buback und sein Fahrer erschossen. Am 30. Juli wurde der Dresdner-Bank-Chef Jürgen Ponto beim Versuch, ihn zu entführen, getötet. Am 5. September wurde der Arbeitgeberpräsident Hanns Martin Schleyer, der »Boß der Bosse«, entführt, seine Begleiter wurden erschossen. Schleyer, der, wie selbst die »Frankfurter Allgemeine Zeitung« in einem Kommentar vermerkte, »der Sympathie und dem Mitleid des Volkes etwas entrückt (ist)«, sollte gegen elf Gefangene ausgetauscht werden.

Die Reaktion der politischen Klasse war bemerkenswert. Innerhalb kürzester Zeit wurde faktisch ein Notstandsregime über die Republik verhängt – ohne daß allerdings die in der Notstandsverfassung vorgesehenen Wege beschritten worden wären. Am Anfang standen die weitgehende Ausschaltung der gewählten politischen Gremien und die Abkehr vom Prinzip der Gewaltenteilung. Mit dem Großen und dem Kleinen Krisenstab wurden zwei Entscheidungsgremien installiert, in denen Exekutive und Legislative vereint waren. Die Jurisdiktion wurde nötigenfalls ignoriert. Ein Beispiel dafür war die sofort und ohne gesetzliche Grundlage verhängte totale Kontaktsperre über sämtliche politischen Gefangenen. Sie durften sich nicht mehr untereinander sehen, keine Besuche empfangen, ihre Fernseh- und Radiogeräte wurden konfisziert. Obwohl Gerichte anordneten, daß den Verteidigern Zutritt zu ihren inhaftierten Mandanten zu gewähren sei, blieben sie auf Anweisung aus Bonn ausgesperrt. Auch die Öffentlichkeit wurde ausgeschaltet. Es wurde eine Nachrichtensperre verhängt, die den Medien am Morgen des 8. September auch mitgeteilt wurde. Die deutschen Zeitungen und Rundfunkanstalten unterwarfen sich dieser Kontrolle der Öffentlichkeit und druckten auch Nachrichten der Entführer, die ihnen direkt zugingen, nicht, sondern legten sie dem BKA zur Begutachtung vor. Diskutiert wurde in diesen Tagen in den Medien wenig – die Stimmung war äußerst aggressiv. Die »Sympathisanten«-Hatz bestimmte das öffentliche Klima. Wer sich nicht engagiert von der radikalen Linken und jeder Form von Militanz distanzierte, geriet in Gefahr, ins Visier genommen zu werden. Das Klima verschärfte sich noch, als ein palästinensisches Kommando eine Lufthansa-Maschine mit deutschen Urlaubern entführte. Die »Landshut« wurde in der Nacht vom 17. auf den 18. Oktober von der GSG 9 gestürmt, die Geiseln wurden befreit, die Entführer bis auf eine Frau, Souhaila Andrawes, erschossen.

Ein Thema beschäftigte die bundesdeutschen Gemüter in diesen Tagen besonders: »Läßt sich nichts ändern an der deprimierenden Ungleichheit der Überlebenschancen zwischen den Bandenmitgliedern einerseits, den von ihnen Verfolgten und ihren Geiseln andererseits? Wäre es nicht an der Zeit, über ein Notrecht gegen Terroristen nachzudenken«, fragte die FAZ. »Bild« kommentierte »Volkes Stimme« direkter. »Für jede Geisel sollte man zwei Terroristen erschießen.« In »Panorama« diskutierte ein CSU-Politiker über die Wiedereinführung der Todesstrafe. Und der Historiker Golo Mann meinte, es werde der Moment kommen, »in dem man jene wegen Mordes verurteilten Terroristen, die man in sicherem Gewahrsam hat, in Geiseln wird zurückverwandeln müssen«. Die Idee, die RAF-Gefangenen als Geiseln zu behandeln und zu erschießen, wurde auch im Krisenstab diskutiert.

Nachdem Jan Carl Raspe, Gudrun Ensslin und Andreas Baader am Morgen des 18. Oktober 1977 tatsächlich tot und Irmgard Möller schwer verletzt in Stammheim gefunden wurden, war von diesen Überlegungen nicht mehr die Rede. Noch bevor eingehende Untersuchungen stattgefunden hatten, wurde offiziell verkündet, die Gefangenen hätten Selbstmord begangen. Gegen diese staatliche Version regte sich anfangs nur von manchen radikalen linken Gruppen und Angehörigen der Toten Widerspruch. Zum einen bestritt die einzige Überlebende, Irmgard Möller, strikt, einen Selbstmordversuch unternommen zu haben. Zum anderen war die offizielle Version voller Lücken und Widersprüche: Wie sollten scharfe Waffen in das am besten bewachte Gefängnis der BRD gekommen sein? Warum hielt der Linkshänder Baader die Waffe, mit der er sich erschossen haben soll, in der rechten Hand? Und wie soll er die Waffe aus dreißig bis vierzig Zentimetern Entfernung, wie die Gerichtsgutachter behaupten, auf seinen Hinterkopf abgefeuert haben? Nicht geklärt wurde auch, wieso das Elektrokabel, mit dem sich Gudrun Ensslin erhängt haben soll, bei dem Versuch, sie aus der Schlinge zu heben, brach. Dieses Kabel soll Ensslin während der Todeszuckungen gehalten haben? Außerdem wurden an ihrem Körper Verletzungen festgestellt, die nichts mit der Strangulierung zu tun hatten. Seltsam erschien auch, daß an der Waffe, mit der sich Jan Carl Raspe erschossen haben soll, keine Fingerabdrücke waren. Die zahlreichen offenen Fragen sind trotz der Arbeit eines Parlamentarischen Untersuchungsausschusses, des auf Betreiben von Angehörigen angestrengten Todesermittlungsverfahrens, der Arbeit einer linken Untersuchungskommission und trotz Recherchen mehrerer Journalisten bis heute nicht befriedigend beantwortet.

Am 12. November 1977 wurde auch Ingrid Schubert, die noch bis zum 18. August 1977 in Stammheim inhaftiert und dann nach Stadelheim verlegt worden war, erhängt in ihrer Zelle gefunden. Ingrid Schubert, die 1970 zu dreizehn Jahren Haft verurteilt worden war, also Chancen hatte, in absehbarer Zeit entlassen zu werden, wurde seit dem Tod der Stammheimer Gefangenen als »selbstmordgefährdet« in halbstündigen Abständen kontrolliert, ihre Zelle wurde mehrmals gründlich durchsucht, kurz vor ihrem Tod war sie noch verlegt worden. Auch an dieser Selbstmordversion wird bis heute gezweifelt.

Hanns Martin Schleyer überlebte den Deutschen Herbst nicht. Am 19. Oktober teilte das RAF-Kommando in einer Erklärung an dpa mit: »Wir haben nach 43 Tagen Hanns Martin Schleyers klägliche und korrupte Existenz beendet.«

Nach dem Ende der Entführung wurden überall im Land »Terro-

risten« und »Sympathisanten« gejagt. In Jugendzentren, alternativen Kneipen, in den Räumen der studentischen Selbstverwaltung und in anonymen Hochhäusern gaben sich Überfallkommandos der Polizei, Sondereinsatz-Einheiten und Staatsanwälte ihr Stelldichein. Filme, die eine entfernte Sympathie mit revolutionären Befreiungskämpfen erkennen ließen, wurden aus den Programmen genommen, Theaterstücke wie »Antigone« von den Spielplänen gestrichen. Vorgänge, die Thema des 3. Internationalen Russell-Tribunals wurden, das 1978/79 Zensur, Berufsverbote, die Einschränkung der Rechte der Verteidigung in Deutschland anprangerte und damit auch das »Modell Deutschland« internationaler Kritik unterzog.
Die Spontis rüsteten im Januar 1978 zum »Tunix«-Kongreß. Viel Energie wurde in den Aufbau Grüner und Alternativer Listen gesteckt, die die Kommunalparlamente, Landtage und schließlich den Bundestag erobern sollten. Und auch das Projekt »taz«, das 1978/79 in Gang gebracht wurde, war halb eine Antwort auf die Selbstgleichschaltung der Medien im Deutschen Herbst, halb ein Weg zur Institutionalisierung des außerparlamentarischen Protestes. Mit diesen Absagen an eine revolutionäre und militante Politik eng verknüpft war der Versuch, einen Schlußstrich unter diesen Abschnitt linker deutscher Geschichte zu ziehen. Die Forderung nach Amnestie, nach Freiheit für die Gefangenen bei Anerkennung des Scheiterns bewaffneter Politik, war dafür das Mittel der Wahl.

Oliver Tolmein: Wann habt ihr in Stammheim erfahren, daß Hanns Martin Schleyer entführt worden ist?

Irmgard Möller: Noch am selben Abend, dem 5. September 1977, aus den Fernsehnachrichten. Kurz danach kam ein Rollkommando. Wir mußten uns nackt ausziehen, unsere Kleidung wurde gründlich gefilzt, und dann wurden wir in leere Zellen gesperrt, um bis weit nach Mitternacht auf das Ende der Razzia durch BKA und Bundesanwaltschaft zu warten. Auf den ersten Blick fehlten danach Radios, TVs, Plattenspieler und sämtliches Zubehör. Zu diesem Zeitpunkt waren wir nur noch vier im

Trakt, Nina* war am 18. August nach Stadelheim verschleppt worden und sollte unmittelbar zu uns zurückkommen. Bis dahin hatten wir im Flur vor unseren Zellen Regale stehen, die voll waren mit Büchern und all den Sachen, die wir immer gemeinsam benutzt hatten, wie Waschzeug etc. Den 6. September über wurde der ganze Flur geräumt und alles weggeschlossen. Wir sollten von da an nichts mehr gemeinsam benutzen, nichts mehr nacheinander berühren. Die Kontaktsperre in ihrem ganz umfassenden Sinn war verhängt worden; nicht nur gegen uns in Stammheim, sondern gegen alle Gefangenen, die aus politischen Gründen saßen. Zu dem Zeitpunkt waren das mehr als neunzig.

T: Habt ihr denn vor der Schleyer-Entführung in Einzelzellen gelebt?

M: Vorher konnten wir über Nacht zusammenbleiben, Frauen und Männer getrennt. Seit August war ich mit Gudrun (Ensslin) zusammengeblieben, auch weil sie während des Hunger- und Durststreiks** so extrem geschwächt war und wir dauernd befürchten mußten, daß sie ihn nicht überlebt. In der Nacht wurden wir getrennt und blieben alle in Einzelzellen.

* Ingrid Schubert, sie war schon an der Baader-Befreiung beteiligt. Am 12. November 1977 starb sie in der JVA Stadelheim. Angeblich hat sie sich selbst umgebracht.

** Dem Streik vorausgegangen war eine handgreifliche Auseinandersetzung der Wärter im 7. Stock der JVA Stammheim mit den dort in einer Kleingruppe zusammengelegten Gefangenengruppe. Dort lebten neben Jan Carl Raspe, Andreas Baader, Gudrun Ensslin, Irmgard Möller und Ingrid Schubert auch Wolfgang Beer, Helmut Pohl und Werner Hoppe. Die Kleingruppe wurde nach diesem offensichtlich inszenierten Scharmützel wieder auseinandergerissen, worauf die Gefangenen in einen Hunger- und Durststreik traten. Nur in Stammheim wurden die Gefangenen nach Ohnmachtsanfällen mit Infusionen wieder zu Bewußtsein gebracht. In allen anderen Gefängnissen wurde zwangsernährt. Die westdeutsche Sektion von amnesty international unter Leitung von Bischof Frenz versuchte in diesem Konflikt zwischen den Behörden und den Gefangenen zu vermitteln. Nach einem Gespräch zwischen Frenz und Gudrun Ensslin behauptete das Justizministerium des Landes Baden-Württemberg, Ensslin habe Frenz gegenüber für den Fall, daß einer der Gefangenen im Streik sterbe, mit »terroristischen Aktionen erheblichen Ausmaßes« gedroht – eine Behauptung, die »in aller Form definitiv falsch ist«, wie Frenz umgehend feststellte. Der Hunger- und Durststreik wurde schließlich am 2. September abgebrochen.

T: Habt ihr die bei der Razzia konfiszierten Sachen gleich zurückbekommen?

M: Nein, nach einigen Tagen bekamen wir nur die Plattenspieler zurück – alles, was uns zur Information hätte dienen können, haben sie behalten.

T: Hattet ihr vorher gewußt, daß Schleyer entführt werden würde? Hatte es zwischen euch und den Leuten, die das Kommando Siegfried Hausner* bildeten, irgendwelche Absprachen über eure Befreiung gegeben?

M: Absprachen mit dem Kommando hat es nicht gegeben. Es ist damals und später ja immer behauptet worden, die Gefangenen steuerten die Aktionen der RAF aus den Zellen, aber daran stimmt wirklich gar nichts. Wie hätten wir das auch machen sollen? Aber daß etwas passieren würde, haben wir schon geahnt. Man muß diese Phase 1977 in Zusammenhang sehen. Am 7. April 1977 ist der Generalbundesanwalt Buback vom Kommando Ulrike Meinhof erschossen worden, während wir uns gerade im Hungerstreik befanden, um die Abschaffung der Isolation und die Zusammenlegung in Gruppen von mindestens fünfzehn Gefangenen zu fordern.** Im Verlauf dieses Streiks, nachdem Buback erschossen worden war, haben wir das erstemal eine Kontaktsperre erlebt. Wir waren völlig von der Außenwelt isoliert, nicht mal die Verteidiger kamen mehr bei uns rein. Damals gab es aber noch keine gesetzliche Grundlage, die so was erlaubt hat.

* Siegfried Hausner, ehemals im Sozialistischen Patientenkollektiv aktiv, hatte zum Kommando Holger Meins gehört, das am 24. April 1975 die bundesdeutsche Botschaft in Stockholm erstürmt und mehrere Botschaftsangehörige als Geiseln genommen hatte, um alle zu dem Zeitpunkt inhaftierten politischen Gefangenen zu befreien: Es waren sechsundzwanzig. Bei der Explosion von Sprengstoff in der Botschaft – es ist bis heute umstritten, ob das Kommando selbst versehentlich oder ob die schwedische Polizei gezielt die Explosion herbeiführte – wurde der dreiundzwanzigjährige Hausner schwer verletzt. Obwohl er nicht transportfähig war, wurde er nach Deutschland geschafft, wo er im Lazarett der JVA Stammheim am 5. Mai 1975 starb.

** Der Hungerstreik hatte am 29. März 1977 begonnen und beinhaltete die Forderung nach »einer Behandlung, die den Mindestgarantien der Genfer Konvention von 1949 entspricht, im besonderen Artikel 3, Artikel 4, Artikel 13, Artikel 17 und Artikel 130« (Hungerstreikerklärung).

Wir sind aus Protest dagegen dann noch zusätzlich in den Durststreik getreten. Die Kontaktsperre ist daraufhin zwar aufgehoben worden, aber unsere Forderungen waren immer noch nicht erfüllt.
Es gab in dieser Zeit eine enorme internationale Solidarität: amnesty international hat sich eingeschaltet, Hunderte Theologen, amerikanische, belgische, französische und englische Richter, Rechtsanwälte und Juraprofessoren unterstützten die Zusammenlegungsforderungen. Am 30. April haben wir dann schließlich die Zusage bekommen, daß weitere Gefangene nach Stammheim verlegt werden. Dann wurde am 30. Juli 1977 Jürgen Ponto, der Chef der Dresdner Bank und Berater von Helmut Schmidt, bei einem Entführungsversuch erschossen. Außerdem war klar, daß der Stammheimer Prozeß zu Ende geht, daß es ein Urteil geben wird. Es war also ein Phase, in der viel passiert ist und die ungeheuer angespannt war. Deswegen haben wir erwartet, daß noch etwas geschieht – wir wußten aber nicht was. Als wir dann gehört haben, daß Schleyer entführt worden ist, haben wir gleich gedacht, das könnte was mit uns zu tun haben. Die Forderung des Kommandos ist dann ja erst am nächsten Tag bekannt geworden. Und da waren wir schon voneinander und von allen Besuchern und unseren Anwälten isoliert.

T: Das Attentat auf Generalbundesanwalt Buback, der Versuch, Jürgen Ponto zu entführen, und die Geiselnahme von Hanns Martin Schleyer, das waren ja alles Aktionen, bei denen Menschen, die Fahrer und der Begleitschutz, getötet wurden, die auf die Säulen des Staates zielten, aber politisch nur noch vermittelt haben: Wir wollen die Gefangenen raus haben. Damals gab es die Kritik, die RAF sei die »Befreit-die-Gefangenen-Guerilla«. War diese Schwerpunktsetzung mit euch abgestimmt?

M: Nein, das war nicht abgestimmt mit uns. Aber es ging, so wie wir das gesehen haben, damit auch um viel mehr als um »Befreit die Gefangenen«. Man kann sich nicht nur die Forderungen bei solchen Aktionen vornehmen und sagen: Aha, die wollen die Gefangenen befreien, also war's das. Wir haben für uns die Angriffe in dieser Phase als Eingehen auf die veränderte Lage begriffen.

Ponto war ein Ziel, das es so bis dahin nicht gegeben hatte, er war ebenso wie später Schleyer ein Wirtschaftsführer. So jemanden auszuwählen entsprach insofern unserer Analyse, als daß damals ökonomisch, gerade auf dem Weltmarkt, ungeheuer viel in Bewegung geraten war. Die Bundesrepublik versuchte sich über ihren enormen Kapitalexport weltweit politischen Einfluß zu sichern. Wir haben darin einen Einschnitt gesehen, daß sich jetzt, nach dem für die USA verlorenen Krieg in Vietnam, global viel verändert und die Bundesrepublik, weil sie die USA an vielen Orten der Welt vertreten mußte, politisch dazugewinnt. Der Schwerpunkt der Auseinandersetzungen lag nicht mehr auf Angriffen auf militärische Ziele, sondern auf politisch-ökonomischen: Kapital ist auch ein Kriegsmittel.

Das erforderte natürlich eine Umstrukturierung im Inneren. In der BRD gab es damals bereits über eine Million Arbeitslose, in der öffentlichen Auseinandersetzung wurde trotzdem gegen den »Gewerkschaftsstaat« mobilisiert, es ging gegen die Mitbestimmung, und in den Tarifrunden war ohne Streiks wenig durchzusetzen. Gleichzeitig wurden hier ungeheure Anstrengungen unternommen, um einen gemeinsamen europäischen Markt zu initiieren und überhaupt die europäische Politik besser zu koordinieren und zu vereinheitlichen. 1975 fand der erste europäische Wirtschaftsgipfel statt, auf dem konkret darüber diskutiert wurde, die Währung in Zukunft zu vereinheitlichen. Die BRD war in dieser Beziehung schon damals eine treibende Kraft, aber es gab noch viel mehr Widerstand gegen so ein Europäisierungsprojekt, das ja auch heute noch nicht ganz durchgesetzt, aber doch schon ein gutes Stück weitergebracht worden ist.

Rundherum in den für den europäischen Markt wichtigsten Ländern – Italien, Frankreich, England – gab es auch Entwicklungen, die im »Modell Deutschland« beunruhigt und besorgt aufgenommen wurden: zum Beispiel, daß in Italien 1976 die Kommunisten fast die Parlamentswahlen gewonnen hätten. Es lief also einiges mit ziemlich hohem Tempo, aber eben auch überhaupt nicht so glatt, wie es von Bonn gewünscht wurde. Und in dieser Situation einen Angriff auf einen Wirtschaftsführer durchzuführen, das war eine neue Qualität von militanter Politik, und es entsprach dem, was wir für wichtig hielten. Wir sahen, daß das Kommando draußen die Entwicklung offensichtlich ähnlich analysierte wie wir. Und es ging deswegen eben keineswegs »nur« darum, Gefangene zu befreien. So was geht sowieso nicht: Gefangene kannst du nur befreien, wenn du den richtigen Punkt triffst, wenn du mit deinem Angriff eine empfindliche Stelle triffst.

T: Du meinst also, daß die Attentate oder die Entführungen von Ponto und Schleyer politisch etwas bewirken sollten, was in den Kommandoerklärungen nicht ausgesprochen wurde, aber was sozusagen zwischen den Zeilen zu lesen war?

M: Nicht zwischen den Zeilen zu lesen, aber in der Aktion zu begreifen.

T: Wie siehst du in diesem Zusammenhang das Attentat auf Siegfried Buback,* der ja kein Wirtschaftsführer war?

M: Die Aktion gegen Buback sollte dem Repressionsapparat eine Grenze setzen, deswegen stand sie am Anfang der Offensive 1977. Er stand für die Kontinuität der Verfolgung politischer Oppositioneller nach 1945. Er hat die Sondergerichte** eingeführt,

* Siegfried Buback wurde 1959 vom damaligen Generalbundesanwalt Güde in die Bundesanwaltschaft geholt und 1963 zum Oberstaatsanwalt am BGH befördert. Sein Chef und Förderer damals war Generalbundesanwalt Ludwig Martin, gegen dessen Berufung auf den Posten des Generalbundesanwalts 1963 der damalige Generalsekretär des Zentralrates der Juden in Deutschland H.G. van Dam heftig protestiert hatte: Martin, Mitglied des NS-Rechtswahrerbundes, aber nicht der NSDAP, war 1939 als Dreißigjähriger als sogenannter wissenschaftlicher Hilfsarbeiter zum Reichsgericht nach Leipzig abgeordnet worden, leistete danach allerdings seinen Kriegsdienst in der Wehrmacht ab. Sein Vorgänger, Wolfgang Frankel, hatte nach kurzer Tätigkeit den Posten wieder räumen müssen, als Einzelheiten über sein Engagement während des 2. Weltkrieges als Ankläger bei der Reichsanwaltschaft bekannt wurden.

** Der 1974 geänderte § 120 des Gerichtsverfassungsgesetzes sieht vor, daß bei Delikten, die der Generalbundesanwalt verfolgt, die Oberlandesgerichte, und dort spezielle Staatsschutzkammern, die ersten zuständigen Instanzen sind das sichert die besondere politische Zuverlässigkeit der entscheidenden Richter.

die Ausrichtung der Apparate zur psychologischen Kriegsführung, in denen er aggressiv agiert hat, weil er die Auseinandersetzung selbst als Krieg begriffen hat. Mit Buback wurde einer getroffen, der an vorderster Front für die brutale Staatspolitik gegen uns Gefangene verantwortlich war.*

> **T:** Was war damals eure Überlegung? Hätte der Tod eines Wirtschaftsführers eurer Meinung nach materiell etwas ändern können? Oder war das nicht trotz aller tatsächlichen Gewalt, die so einer Aktion innewohnt, nur eine symbolisch wirkende Tat?

M: Das Kommando hatte nicht den Tod des Wirtschaftsführers geplant, sondern seine Entführung als Teil einer größeren Aktion. Es gab kurz nach dem gescheiterten Entführungsversuch auch eine Erklärung des Kommandos dazu.**

Beide Wirtschaftsführer, Ponto und Schleyer, standen in diesem historischen Moment im Schnittpunkt von Entscheidungen mit strategischen Wirkungen. Durch ihre Entführung die Machtfrage zu stellen und die Freiheit von elf Gefangenen zu fordern, mußte Wirkung in die eine oder andere Richtung haben. Wir haben jetzt nicht die Zeit, jeden Aspekt gründlich zu besprechen, aber denk an das, was ich dir vorhin schon gesagt habe: nach Vietnam,

* In der Erklärung des Kommandos Ulrike Meinhof hieß es u.a.: »Buback war direkt verantwortlich für die Ermordung von Holger Meins, Siegfried Hausner und Ulrike Meinhof... Wir werden verhindern, daß unsere Fighter in westdeutschen Gefängnissen ermordet werden, weil die Bundesanwaltschaft das Problem, daß die Gefangenen nicht aufhören zu kämpfen, nicht anders als durch ihre Liquidierung lösen kann.« (Die komplette Erklärung ist nachzulesen in Piet Bakker Schut, Stammheim, S. 640 f.)

** Darin hieß es: »Wir haben in einer Situation, in der Bundesanwaltschaft und Staatsschutz zum Massaker an den Gefangenen ausgeholt haben, nichts für lange Erklärungen übrig. Zu Ponto und den Schüssen, die ihn jetzt in Oberursel trafen, sagen wir, daß uns nicht klar genug war, daß diese Typen, die in der Dritten Welt Kriege auslösen und Völker ausrotten, vor der Gewalt, wenn sie ihnen im eigenen Haus gegenübertritt, fassungslos stehen.« Unterzeichnet war der Text mit »Susanne Albrecht aus einem Kommando der RAF«. Susanne Albrecht, deren Vater mit Ponto befreundet war, gehörte später zu den RAF-Aussteigern, die in die DDR gingen. 1990 wurde sie verhaftet und machte dann umfangreiche Aussagen als Kronzeugin der Bundesanwaltschaft. Sie wurde verurteilt und ist mittlerweile aus der Haft entlassen.

die innerimperialistische Konkurrenz, wer hat die Hegemonie, BRD- oder US-Kapital, was sind die Wirkungen im Innern, was passiert im Nord-Süd-Konflikt...

T: Habt ihr nach dem gescheiterten Versuch, Ponto zu entführen, darüber im Knast diskutiert?

M: Wir haben bedauert, daß es fehlgeschlagen ist, aber wir hatten darüber jetzt keine großen Diskussionen. Was hätten wir auch sagen sollen? Zudem waren unsere Kommunikationsmöglichkeiten drinnen, aber auch mit denen draußen damals ziemlich eingeschränkt. Es wurden kaum Besucher zu uns reingelassen, die Post wurde massiv zensiert. Außer den Anwälten und ab und zu unseren Angehörigen haben wir sehr selten jemanden gesehen, und nach der Schleyer-Entführung und der Kontaktsperre, die dann verhängt wurde, eigentlich niemanden mehr.

T: Was habt ihr in den Tagen nach der Entführung überhaupt mitbekommen?

M: Wenig. Es gab zwar das Knastradio, aber das hatten wir vorher abklemmen lassen, weil wir davon ausgegangen sind, daß wir über diese Leitung abgehört werden.

T: Gab es dafür Indizien?

M: Wir haben öfter in der »Welt« Sachen lesen müssen, die wir in unseren Zellen und in den Anwaltszellen besprochen haben. Was die »Welt« druckte, war zwar oft entstellt und verdreht, aber es war für uns aufgrund von einzelnen Formulierungen und Inhalten klar, daß sie wußten, was wir reden.* Das war auch das Jahr, in dem bekannt geworden ist, daß sie tatsächlich Wanzen in unseren Zellen versteckt haben, im Februar/März 1977 während der Traube-Affäre. Der Stammheim-Prozeß drohte, daran zu platzen. Die Doppelstruktur BND-Knast wurde bestätigt.

* Das baden-württembergische Justizministerium hatte öffentlich erklärt, zweimal, während und nach der Besetzung der bundesdeutschen Botschaft in Stockholm 1975 und nach der Verhaftung des Rechtsanwaltes Siegfried Haag Ende 1976/Anfang 1977, seien Gespräche in Stuttgart-Stammheim abgehört worden. Insgesamt waren von BND- und Verfassungsschutzmitarbeitern mindestens sieben Zellen mit Wanzen bestückt worden.

T: Ihr hattet also keine Möglichkeit mehr, das Knastradio zu hören?

M: Im Prinzip nicht. Aber ich wurde in eine Zelle verlegt, wo der Anschluß nicht abgeklemmt war. Und ich hatte einen ganz kleinen Kopfhörer, den hatte ich vor der Durchsuchung im Waschbeckenrand verstecken können und mit dem konnte ich mich dann an die Leitung anstöpseln und die Nachrichten, die ab und zu gesendet wurden, hören.

T: War die Gefahr nicht groß, daß du damit später entdeckt werden würdest?

M: Schon, aber was sollte ich machen. Ich war total vorsichtig, weil die Wärter die Türen immer mal wieder plötzlich aufgerissen haben und ich dann natürlich nicht gerade mit dem Knopf im Ohr an der Wand hängen durfte. Also das war eine sehr aufreibende Sache, damit zu hören, aber es ging. Außerdem spielt der Knastrundfunk meistens Musik und Sport, und ich mußte mich anstrengen, die wenigen Nachrichten abzupassen. Aber immerhin habe ich so von den Forderungen des Kommandos erfahren.

T: Konntest du denn das, was du mitbekommen hast, den anderen mitteilen? Gab es eine Kommunikation unter euch?

M: Wir konnten uns einander etwas zubrüllen – vor allen Dingen nachts. Als sie das dann mitgekriegt haben, wurden uns Schaumgummimatratzen vor die Türen genagelt. Außerdem war das Brüllen schlecht zu verstehen, weil der Flur richtig gehallt hat, nachdem dort alle Sachen raustransportiert worden waren.

T: Gab es außer den gelegentlichen Zurufen noch andere Kommunikationsmöglichkeiten?

M: Nein, wir hatten ja auch keinen Besuch, keine Anwälte, die was hätten erzählen können, nichts.

T: Es hatte früher ja mal ein Info-System zwischen den Gefangenen gegeben ...

M: Ja, aber das lief da schon lange nicht mehr. Wir haben dann versucht, wenigstens die Kontaktsperre nach innen wegzubekommen, so daß wir untereinander hätten reden können – aber das war völlig illusorisch. Auch vor dem Bundesverfassungsgericht sind die Versuche, gegen die Kontaktsperre vorzugehen, gescheitert. In der Anfangszeit war die Maßnahme zwar noch illegal, und es gab sogar Richterbeschlüsse, daß Verteidiger zu uns Zutritt haben sollten, die wurden von den Knastleitungen aber einfach ignoriert.*

T: Und wie war deine Situation? Du saßt dann da in deiner Zelle alleine. Was hast du den ganzen Tag gemacht?

M: Ich hab gelesen, ich habe aus dem Fenster geguckt, ich habe draußen Veränderungen beobachtet. Rausgucken konnte ich, und zwar durch dreigestaffelte Gitter. Wenn ich ganz nah mit den Augen ranging, konnte ich sehen, wie sich draußen die Bullenformationen verschoben haben. Manchmal sind Reiterstaffeln übers Feld geritten. Man hat sie auch gehört. Dann haben sie sich verteilt und sind geritten, und dann kamen sie wieder zurück. Oder wie die Bullenautos anrollten, das konnte ich beobachten, jedenfalls einen Ausschnitt.

T: Gab es in dieser Phase überhaupt jemanden, mit dem du reden konntest?

M: Nur mit dem Arzt. Und mit dem war ich nicht allein, da waren dann auch die Bullen dabei. Ich hatte plötzlich so einen ganz geschwollenen Hals, deswegen wollte ich zum Arzt und mit ihm allein reden, denn ich sah einen Zusammenhang mit dem Knastessen. Da haben sie gesagt: Nein, das geht nicht, auch nicht mit dem Knastarzt. Dann kam noch ein Professor, der inzwischen Vertrauensarzt von den anderen geworden war. Der hat mich aber auch nur unter Aufsicht untersuchen können.

* Der Ermittlungsrichter am BGH Kuhn hatte am 6. September 1977 einen Kontaktsperrebescheid erlassen, der Verteidiger ausdrücklich ausnahm, weil er eine Unterbindung des Kontakts zwischen Anwälten und Mandanten für ungesetzlich hielt. Ähnlich sah es auch das OLG Frankfurt. Kuhn räumte gegenüber einem Anwalt, der trotz eines entsprechenden Beschlusses nicht ins Gefängnis vorgelassen wurde, ein, er könne seine haftrichterliche Verfügung nicht durchsetzen, er könne ja nicht mit einer Gruppe von Justizbeamten gegen die Anstalt vorgehen. Innerhalb kürzester Zeit wurde die Situation durch die Verabschiedung des Kontaktsperregesetzes im Eilverfahren legalisiert. Das Kontaktsperregesetz ist bis heute in Kraft. Nur vier (!) Abgeordnete des Deutschen Bundestages stimmten in der entscheidenden Sitzung dagegen – keiner von ihnen ist heute noch MdB.

T: Führt man da in so einer isolierten Situation Selbstgespräche?

M: Im stillen, sicher. Es ist ja ein extremer Zustand, in dem man sich da befindet, ein unvorstellbares Vakuum. Die Zeit vergeht ganz langsam, und die Spannung ist ununterbrochen enorm groß. Dieses Warten macht dich empfindlich für jedes Geräusch, du registrierst jede noch so kleine und unbedeutende Veränderung.

T: Hast du gedacht, daß eure Befreiung gelingt?

M: Ja, ich hatte große Hoffnung, daß es funktionieren könnte. Ich hatte aber auch immer wieder Zweifel; man schwankt in so einer Situation hin und her. Mit der Zeit wurde allerdings immer klarer, daß der Krisenstab auf Zeit spielte. Sie haben immer neue Lebenszeichen Schleyers verlangt, neue Bedingungen gestellt und so die Entführung unendlich in die Länge gezogen. Am 13. September kam der BKA-Mann Klaus* zu uns, um zu erfahren, ob wir uns ausfliegen lassen würden, und auch wohin wir dann gerne möchten. Da wurde die Hoffnung wieder etwas größer, weil ich dachte, daß die uns nur fragen, wenn sie tatsächlich überlegen, uns auszufliegen.

T: Wie ist das konkret gelaufen?

M: Klaus kam an mit Formularen, die man unterschreiben sollte. Er wollte wissen, ob und wohin man eventuell ausgeflogen werden wollte.

T: Und? Was hast du geantwortet?

M: Ich hab gesagt: Ja, ich lasse mich ausfliegen, aber nur unter der Voraussetzung, daß die Bundesregierung dann nicht umgehend wieder unsere Auslieferung verlangt. Über die Ziele habe ich nichts gesagt, weil ich mich da mit den anderen absprechen wollte.

* Alfred Klaus war bei der Sicherungsgruppe Bonn des BKA beschäftigt. Er hatte früher schon Ermittlungen gegen die illegale KPD geführt und war seit 1971 Leiter einer Sonderkommission, die ihre Arbeit ausschließlich auf die RAF konzentrierte. Klaus überwachte Besuche, kontrollierte Briefe und wertete das Info-System aus.

T: Habt ihr euch denn untereinander abgestimmt, was ihr antworten wollt?

M: Nein. Das ging ja nicht. Als Klaus das erstemal kam, hatte ich zu den anderen Zellen rübergebrüllt, und daraufhin wurden die Isolierungsmaßnahmen noch mal erheblich verstärkt, weil er das natürlich mitgekriegt hat.* Und Andreas und ich wurden in andere Zellen, und zwar näher zur Sicherheitskanzel hin, verlegt.

T: Und wie lange war Klaus dann bei dir in der Zelle?

M: Gar nicht. Ich bin nach vorne gegangen, in einen Büroraum. Das dauerte eine Viertelstunde oder zehn Minuten.

T: Und sind in der Zeit sonst noch BKA-Leute oder Verfassungsschützer gekommen, um mit euch zu reden?

M: Nein, im September nicht mit mir. Ich habe aber mitgekriegt, daß Andreas in dieser Zeit versucht hat, mit dem Bundeskanzleramt Kontakt aufzunehmen. Das war am 29. September, Anfang Oktober kam noch mal BKA-Klaus. Kurz darauf ist jemand vom Bundeskanzleramt gekommen.**

T: Aber Andreas Baaders Initiative war nicht mit euch abgestimmt?

M: Ich wußte, daß er das vorhatte. Das hatte er uns ja zugerufen.

T: Und was hast du von diesem Vorstoß gehalten?

M: Ich fand, das sei eine gute Sache, wenigstens einen Versuch

* Stefan Aust berichtet in seinem wesentlich auf Polizeiquellen und Akten der Bundesanwaltschaft gestützten Buch, daß an diesem 13. September ein Wärter auf drei Seiten gegenseitige Zurufe der Gefangenen mitgeschrieben habe, woraufhin dann die Maßnahmen zur Schallisolation verstärkt wurden. Es wurden Spanplatten mit Schaumstoffauflagen gebaut, die dann vor die Zellentüren gewuchtet wurden. Am 13. September wurde außerdem Andreas Baader aus Zelle 719 in Zelle 715 verlegt, Irmgard Möller auf Zelle 725. Ziel dieser Verlegungen war es zu erreichen, daß niemand von den Gefangenen mehr jemanden in der Zelle neben sich hatte.

** In der Dokumentation der Bundesregierung über die Ereignisse und Entscheidungen während der Schleyer-Entführung wird ein entsprechender Wunsch von Baader, mit Staatssekretär Schüler vom Bundeskanzleramt zu sprechen, erst für den 15. Oktober vermeldet, also für einen Zeitraum nach der Entführung der »Landshut«. Ein Gespräch mit Baader ist dem Bericht der Bundesregierung zufolge am 17. Oktober, also kurz vor dem Tod der Gefangenen zustande gekommen (siehe Dokumentation).

von uns aus zu machen, um noch mal was anzustoßen und nicht nur dazusitzen und zu warten. Wir hatten auch nach Pontos Tod, also in der Zeit, als wir uns noch gesehen haben und es gleichzeitig auch möglich schien, daß es zu so einer Befreiungsaktion kommen würde, darüber geredet, was wäre, wenn wir in so eine Situation kommen. Deswegen konnte Andreas für uns damals auch diesen Vorschlag gegenüber dem Bundeskanzleramt machen: zu sagen, daß wir nicht in die Bundesrepublik zurückkommen, wenn wir freigelassen würden, es sei denn, daß sich die Situation hierzulande ganz extrem verändert.

T: Wie seid ihr auf diese Idee gekommen? War das schon ein erstes Eingeständnis des Scheiterns der RAF?

M: Nein überhaupt nicht. Im Gegenteil. Wir hätten ja etwas gewonnen: unsere Freiheit.

T: Die hattet ihr aber doch erst durch den bewaffneten Kampf verloren...

M: Also hör mal! (lacht) Den haben wir für Befreiung aufgenommen. Es war nie unser höchstes Ziel, bewaffnet zu kämpfen, wir wollten damit immer etwas erreichen. Wir hätten also künftig andere Wege gehen können, politische Arbeit, internationale Kontakte... Außerdem hatte diese Zusage von Andreas nicht bedeutet, daß keiner mehr bewaffnet kämpft, sondern nur, daß wir das nicht mehr tun werden.

T: Wie seid ihr denn darauf gekommen, daß die Bundesregierung so eine Zusicherung ernst nimmt? Für mich klingt das wie das große Indianerehrenwort: Wir geben uns jetzt die Hand und einigen uns feierlich über diese zwei, drei Punkte... Das klingt so nach vorindustrieller Kriegsführung, siebzehntes, achtzehntes Jahrhundert.

M: Der Gedanke, daß du das so sehen könntest, ist mir überhaupt noch nicht gekommen. Natürlich wußten sie, daß wir verbindlich sind. Wir wollten einfach klarmachen, daß wir politisch weiterkämpfen können, aber eben unbewaffnet. Wir dachten, daß das in dieser Situation die Entscheidung der Bundesregierung hätte beeinflussen können. Und das hätte auf der Grundlage von dem, was wir bis dahin erreicht hatten...

T: Was hattet ihr denn erreicht?

M: Du mußt dazu die ganze Zeitspanne anschauen, die Zeit von 1970 bis 1977. Da hatten wir nach unseren Vorstellungen eine ganze Menge erreicht. Wir haben sogar gedacht, daß sich einiges viel schneller und besser entwickelt, als wir am Anfang vermutet hatten. Es gab zum Beispiel international ein zunehmend klareres Bewußtsein darüber, was die Bundesrepublik für ein Staat ist – und zwar die Bundesrepublik, die seit 1969 von den Sozialdemokraten regiert wurde und die sich äußerste Mühe gab, als demokratischer Rechtsstaat zu erscheinen, der mit der ganzen faschistischen Vergangenheit nichts mehr zu tun hat. Durch unseren Kampf in dieser Zeit und durch die staatlichen Reaktionen darauf ist vielen klar geworden, wie wenig sich tatsächlich geändert hat, wie aggressiv dieser deutsche Staat in Wirklichkeit ist. Es war ja kein Zufall, daß das »Modell Deutschland« international einen schlechten Klang hatte und daß sich gerade im europäischen Ausland viele Menschen, vor allem Intellektuelle für uns und gegen die Haftbedingungen und die Verfolgung, der wir ausgesetzt waren, engagiert haben.*

T: Meinst du damit den Besuch von Leuten wie Jean-Paul Sartre bei euch im Knast?

M: Ja, aber es war eben nicht nur Sartre. Auch in anderen Ländern haben Politiker und Intellektuelle Position bezogen, vor allem in solchen, die von der Wehrmacht besetzt worden waren. Es gab auch viele Kommunisten und Antifaschisten, die sich gegen die deutsche Hegemonie gewandt und die uns nicht nur verstanden haben, sondern die auch froh darüber waren, daß es jeman-

* Wie genau die Verhältnisse in der BRD beobachtet wurden und wie skeptisch damals weite Teile der europäischen Öffentlichkeit bezüglich der Läuterung der BRD zum demokratischen Rechtsstaat waren, wird besonders in den Auseinandersetzungen um das Russell-Tribunal 1978/79 deutlich, das die Bundesrepublik wegen der Berufsverbote gegenüber Kommunistinnen und Kommunisten, der Zensurbestimmungen im Strafgesetzbuch und der Zensurpraxis im sonstigen öffentlichen Leben, der Behinderung der Verteidigerarbeit im Strafprozeß und der Praxis des Verfassungsschutzes anklagte.

den in Westdeutschland gab, der gegen diese Entwicklung im Inneren kämpft.

T: Ihr wart aber nicht die einzigen, die gegen dieses »Modell Deutschland« gekämpft haben. Das Russell-Tribunal zum Beispiel, das in der bundesdeutschen Öffentlichkeit damals scharfe Kontroversen ausgelöst hat, wurde von legalen sozialistischen und kommunistischen Gruppierungen vorbereitet und durchgesetzt.

M: Natürlich waren wir nicht die einzigen. Es gab die Komitees gegen Berufsverbote, Widerstand gegen Atompolitik ... Unser Kampf hatte eine besondere Qualität, weil wir bewaffnet gegen die deutschen Verhältnisse gekämpft haben und weil wir im Knast ganz offensichtlich der schärfsten Repression ausgesetzt waren.

T: So, wie du das jetzt erzählst, wirkt es so, als habe die RAF damals schon den Kampf gegen die neue europäische Hegemonialmacht Deutschland in den Mittelpunkt ihres Kampfes gestellt. Wenn ich eure Erklärungen und Texte aus der Zeit lese oder auch anschaue, was ihr gemacht habt, kann ich das aber kaum wiederentdecken ... Und auch in dem, was durch die Entführungen und Attentate der RAF im Deutschen Herbst ausgelöst wurde, ging es doch nicht um die neue deutsche Großmachtpolitik, sondern um die Fragen: Darf man Terroristen nachgeben? Sollen Geiseln befreit werden? Darf man beim Tod eines ungeliebten Justizbeamten, wie der Göttinger Autor »Mescalero« beim Tod von Generalbundesanwalt Buback, »klammheimliche Freude« empfinden?*

* Der gerade mal drei maschinegeschriebene Seiten lange Buback-Nachruf, der 1977 in einer Göttinger Studentenzeitung veröffentlicht wurde, hatte in der Öffentlichkeit eine Kampagne gegen »Sympathisanten« zur Folge. Dabei war der Text äußerst kritisch gegenüber der RAF. Der Anschlag auf Buback wurde darin als »unfreiwillige Amtshilfe für die Justiz« bezeichnet, außerdem sei »die Strategie der Liquidierung eine Strategie der Herrschenden. Warum müssen wir sie kopieren?«. Nach Bekundung der »klammheimlichen Freude« über Bubacks Tod endet der Text mit der Befürchtung, daß »die Linken, die so handeln, nicht die gleichen Killervisagen wie die Bubacks kriegen«. Der anonyme Autor des Textes

M: Der Griff zur Macht in Westeuropa war eine Tendenz, ein Prozeß, der Anfang der Siebziger immer deutlicher sichtbar wurde. In den Jahren '73, '74, '75 und '76 haben wir uns vor allem damit beschäftigt, das hat sich in den Prozeßerklärungen niedergeschlagen.
Die Kommandos haben diesen Aspekt nicht weiter thematisiert, weil sie in ihm agiert haben und davon ausgingen, daß jeder das begreift. Ich denke heute, daß es ein Fehler, ein großer Mangel war, diesen Raum nicht politisch auszufüllen.
Über diese verelendete politische Kultur in diesem Land muß ich dir ja wohl nicht viel erklären, also das Problem, daß nur ein Aspekt die Schlagzeilen füllt ...

> **T:** Was hattet ihr denn damals für einen Eindruck, wie euer Verhaltnis zu anderen Gruppen in der Bundesrepublik war?

M: Es war widersprüchlich.

> **T:** Wie war es 1977? Habt ihr, um ein Beispiel zu nennen, den Buback-Nachruf von »Mescalero« gelesen?

M: Ja. Und wir fanden ihn politisch eher ärgerlich. Der hatte so was verquält Lustiges, wenn er seinen Text als »Rülpser« bezeichnet. Oder Formulierungen wie, die Linke müsse »einen Begriff von Gewalt/Militanz entfalten, die fröhlich sind und den Segen der beteiligten Massen haben« – das war in der Situation und bei dem Thema fehl am Platz. Aber bezeichnend fanden wir natürlich auch, daß der Text staatlicherseits ganz anders, nämlich als Solidarisierung verstanden worden ist und fast schon hysterische Reaktionen hervorrief. Außerdem war sehr aufschlußreich, wie sich die linksliberale bürgerliche Öffentlichkeit verhalten hat. Von den Professoren, die den Text veröffentlicht haben, damit ihn alle lesen können, sind dann ja manche schnell zu Kreuze

wurde mit Strafanzeigen überzogen, gegen Stadtzeitungen, die den Text nachdruckten, wurden Verfahren eingeleitet und Geldbußen verhängt, Hochschullehrer, die den Text, über den sich fast alle empörten, den aber kaum jemand kannte, als Broschüre herausgaben, wurden mit Disziplinarverfahren bedroht und wegen Volksverhetzung und Aufruf zur Gewalt angeklagt. Der Hannoveraner Psychologie-Professor Peter Brückner wurde in diesem Zusammenhang vom Dienst suspendiert.

gekrochen, als ihnen Disziplinarmaßnahmen angedroht wurden.* Wir haben die Entwicklung also interessiert verfolgt, fanden es aber grundsätzlich gut, daß jemand sich mit den Angriffen auseinandersetzt.

T: Es ging ja um die Frage, welche Erfolge ihr erzielt habt beziehungsweise Andreas Baaders Angebot, daß ihr nach einem Austausch nicht mehr bewaffnet gegen die BRD kämpfen würdet. Hattet ihr denn überlegt, was ihr statt dessen machen könntet?

M: Dafür muß ich noch mal einen kurzen Sprung zurück in unsere Geschichte machen: 1976 beantragte die Bundesregierung die Auslieferung von Rolf Pohle, der in Griechenland verhaftet worden war. Deswegen entwickelte sich dort eine Kampagne, in der vor allem ehemalige Partisanen und Widerstandskämpfer aus der Zeit, als Griechenland von der deutschen Wehrmacht besetzt war, aktiv waren. Die Kampagne hatte zum Ziel, diese Auslieferung zu verhindern. Da zeigte sich ein Terrain, auf dem man agieren konnte, und zwar politisch und nicht mit der Waffe. Das war für uns ganz wichtig zu sehen, weil es uns eine Idee davon vermittelt hat, wie man in Ländern, die von den Nazis besetzt gewesen waren und in denen es Widerstand gegeben hatte, politisch handeln konnte, welche Perspektiven sich dort ergeben könnten, weil dort was in Bewegung und nicht alles so erstarrt war wie in der Bundesrepublik.

* Der niedersächsische Wissenschaftsminister Eduard Pestel legte den Professoren aus Niedersachsen eine Unterwerfungserklärung vor. Der öffentlich am schärfsten attackierte Professor Peter Brückner erhielt sie allerdings nicht: »Im Zusammenhang mit den Ermittlungen der niedersächsischen Landesregierung zur Herausgabe der Dokumentation ›Buback – ein Nachruf‹ erkläre ich: Mord oder überhaupt den Einsatz von Gewalt lehne ich in unserem freiheitlich-demokratischen Rechtsstaat unter jeder Bedingung ab. Deshalb verurteile ich terroristische Handlungen und alle Versuche, diese zu rechtfertigen. Ich bin mir bewußt, daß ich als Beamter eine besondere Treuepflicht gegenüber dem Staat habe. Diese fordert mehr als nur eine formal korrekte, im übrigen aber kühle, innerlich distanzierte Haltung gegenüber Staat und Verfassung ... Ich distanziere mich in aller Form von dem Verfasser und dem Inhalt des sogenannten ›Buback-Nachrufes‹.«

T: Aber auch diese westeuropäischen Staaten waren kapitalistisch organisiert. Und in manchen, wie in Italien, Frankreich oder auch in Griechenland, gab es bewaffnete Gruppen, die dort in der Illegalität kämpften ...

M: Das war uns auch klar. Aber es gab dort eine andere Geschichte, ein anderes Entwicklungspotential, andere Handlungsmöglichkeiten für uns.

T: Das wirft die Frage auf, was ihr damals eigentlich für einen Blick auf Deutschland und auf die deutschen Verhältnisse hattet.

M: Das hatte ich vorhin schon mal angerissen. Für uns war wichtig, daß wir es mit einer sozialdemokratischen Regierung zu tun hatten, die auf anderem, letzten Endes besser gangbarem Weg das gleiche Ziel erreichen wollte wie vorher die CDU/CSU/FDP-Koalition: ein starkes, antikommunistisches Deutschland, das sich an seine Vergangenheit nicht mehr erinnern lassen muß. Und bei der Demobilisierung von Widerstand, beim Versuch, Bewegungen zu vereinnahmen und zu paralysieren, politisch aktive Leute zu vereinzeln, war diese sozialdemokratische Politik sehr erfolgreich. Deswegen war es für uns wichtig, eine internationale Öffentlichkeit herzustellen und zu zeigen, daß dieses Integrationsprojekt auch seine Grenzen hat. Und das hat in gewisser Weise auch funktioniert. Es gibt ein Zitat von Bundeskanzler Schmidt, das diesen Aspekt gut auf den Punkt bringt. Er sagte, er sei es leid, daß immer, wenn hier ein deutscher Terrorist erschossen wird, gleich auf die nazistische Vergangenheit Deutschlands verwiesen wird.

T: Du betonst jetzt die internationalen Reaktionen auf die RAF, die Haftbedingungen und die Strafverfolgung von euch sehr stark. Hattet ihr auch den Eindruck, Erfolge innerhalb Deutschlands zu haben?

M: Viel zuwenig. Erfolg kann man das wohl nicht nennen.

T: Um auf Andreas Baaders Angebot an die Bundesregierung zurückzukommen – ihr hattet für euch nach einer eventuellen Freilassung also die Möglichkeit und auch die Aufgabe gesehen, im Ausland den Blick auf die Bundesrepublik Deutschland zu schärfen? Also nicht etwa nach Lateinamerika zu gehen, um euch dort einer Befreiungsbewegung anzuschließen?

M: Ja. Ich hab mir nie vorgestellt, woanders an eine Front zu gehen. Und soweit ich weiß, die anderen auch nicht. Wir wollten hier die Verhältnisse verändern.

T: Hast du mitbekommen, ob Andreas Baaders Vorstoß Erfolg hatte?

M: Ich habe mitbekommen, daß der damalige Kanzleramtsminister Schüler nicht selber gekommen ist, sondern einen Mitarbeiter geschickt hat.

T: Habt ihr das als schlechtes Zeichen verstanden?

M: Nein. Uns kam es darauf an, daß überhaupt etwas passiert und sich etwas bewegt. Schlecht wäre gewesen, wenn das Kanzleramt überhaupt nicht reagiert hätte.

T: Wie wichtig war es für euch damals eigentlich rauszukommen? Ihr hattet 1977 immerhin schon fünf, sechs Jahre unter ziemlich harten Bedingungen in Haft verbracht.

M: Da rauszukommen war für uns äußerst wichtig. Die Gefangenschaft bedeutete ja nicht nur eine ungeheure Einengung unserer Handlungs- und Kommunikationsmöglichkeiten. Wir haben gemerkt, wie uns die Haftbedingungen auch als Person angegriffen haben, daß wir krank wurden, physisch schwächer. Für mich war es damals unvorstellbar, noch weitere zwanzig Jahre drinbleiben zu müssen. Und das galt für die anderen ganz genauso. Die Zeit, die wir bis dahin überlebt hatten – und einige hatten die Haft nicht überlebt, Ulrike Meinhof, Holger Meins, Siegfried Hausner, Katharina Hammerschmidt –, war schon extrem lang gewesen.

T: Wie ist es nach dem ersten Vorstoß von Andreas Baader weitergegangen? Was hast du in der darauffolgenden Zeit noch an Informationen erhalten, zum Beispiel über das Knastradio, das du ja hören konntest? Und wen hast du noch gesehen?

M: Das nächste Wichtige, was ich im Knastradio gehört habe, war die Entführung der Lufthansa-Maschine »Landshut« durch das Kommando Martyr Halimeh am 13. Oktober. Es hat dann einige Zeit gedauert, bis die Forderungen von diesem Kommando klar waren. Und dann hieß es, daß ein Flugzeug unterwegs sein soll, um die »Landshut«-Passagiere zu befreien. Anschließend wurde das dementiert, das war das letzte, was ich gehört habe.

T: Was habt ihr euch gedacht, als die »Landshut« entführt wurde? Merkwürdig war ja, daß ein palästinensisches Kommando interveniert hatte und daß eine Urlaubermaschine entführt worden war. Das widersprach euren Grundsätzen, wie sich dann auch aus Andreas Baaders Stellungnahme ergeben hat.

M: Zu Andreas sag ich noch was. Es hat mich nicht so sehr überrascht, weil kurz vorher, am 28. September, eine Maschine der japanischen Fluglinie JAL von der japanischen Roten Armee entführt worden war und die Regierung dort einen Tag später entschieden hatte, die Forderungen zu erfüllen und neun politische Gefangene freizulassen. Mein Eindruck war zwiespältig. Es war in meinen Augen ein Mittel, das ausgeschöpft war. Andererseits habe ich doch gehofft, daß diese Entführung noch eine Chance für uns sein könnte, daß sie der Bundesregierung vielleicht die Gelegenheit gibt, die harte Haltung zu ändern, um als Retter der Geiseln dazustehen, indem sie uns rausläßt. Aber es ist mir in der Situation in der Kontaktsperre, ohne Möglichkeiten, mit jemand anderem drüber zu reden als durch einen Zuruf, und ohne umfassende Informationen und Kenntnis der Situation draußen, auch schwergefallen, die Konsequenzen der »Landshut«-Entführung genau zu durchdenken. Mir gingen ganz unsystematisch widersprüchliche Gedanken durch den Kopf. Daß es ein palästinensisches Kommando war, hat etwas mit unserer gemeinsamen Geschichte zu tun. Und es zeigte ihre tiefe Solidarität. Das war in dieser Situation das Wichtigste.

T: Es gab eine gemeinsame Geschichte. Gab es auch eine gemeinsame Gegenwart?

M: Für uns im Gefängnis natürlich nicht, aber ich konnte davon ausgehen, daß es draußen noch etliche Gemeinsamkeiten gab.

T: Hast du, als du mitgekriegt hast, daß die »Landshut« entführt worden war, versucht, mit den anderen Kontakt aufzunehmen?

M: Ich hab ihnen das mitgeteilt.

T: Gab's da eine Rückmeldung?

M: Rückmeldung? Sie haben das, wie ich auch, zur Kenntnis genommen. Du mußt dir die Situation damals vorstellen: Wir befanden uns seit etwa sechs Wochen in Kontaktsperre, wir hatten einen Hunger- und Durststreik hinter uns gebracht, wir konnten mit niemandem richtig reden, wir haben kaum etwas mitbekommen, und wir wußten, daß es um ungeheuer viel ging. Das war alles sehr zermürbend. Die »Landshut«-Entführung war eine überraschende Entwicklung. Und sie hat uns hoffen lassen, daß dieser schreckliche Schwebezustand aufhört und es zu einer Entscheidung kommt.

T: Hattet ihr zu dem Zeitpunkt denn noch Hoffnung, daß es eine positive Entscheidung geben könne?;

M: Vor der »Landshut«-Entführung nicht mehr. Es war ziemlich klar, daß der Krisenstab auf Zeit spielte und uns nicht freilassen wollte und Hanns Martin Schleyer aufgegeben hatte.

T: Hattet ihr überhaupt noch eine Vorstellung, wer die RAF da draußen ist?

M: Wir wußten, nach wem gefahndet wurde. Wir wußten, daß es die RAF gibt und daß es, nach dem, was sie machten, recht viele sein mußten. Und wir wußten, daß einzelne, die wir persönlich kannten, in der RAF organisiert waren.

T: Die »Landshut«-Maschine ist dann schließlich, kurz nachdem Andreas Baader mit dem Beamten gesprochen hatte, den der Kanzleramtsminister Schüler geschickt hatte, erstürmt worden. Hast du das in der Nacht noch gehört?

M: Nein. Die letzten Nachrichten, die ich im Knastrundfunk hören konnte, liefen um zehn, elf Uhr abends.

T: Und dann wurde das Knastradio ausgeschaltet?

M: Ja, das war um elf zu Ende, spätestens.

T: Bist du dann ins Bett gegangen?

M: Nein. Ich hab dann noch gelesen. Das war nicht so einfach. Vor der Entführung ging abends jemand von den Wärtern rum und hat die Glühbirnen eingesammelt, während der Kontaktsperre haben sie einfach den Strom abgedreht. Ich brauchte also Kerzen. Den Plattenspieler habe ich mit Batterien betrieben, das ging. Ich wollte auf jeden Fall irgendwie wach sein, um die ersten Morgennachrichten um sechs Uhr zu hören. Ich war aber auch schon völlig übermüdet. Ich bin dann in der Zelle ein bißchen hin und her gegangen, um nicht einzuschlafen. Aber dann bin ich irgendwann doch weggedämmert.

T: Hattest du in den Nächten davor auch schon versucht wach zu bleiben?

M: Ja. Ich hab total wenig geschlafen. Auch über Tag nicht, keinen Mittagsschlaf oder so was. Ich war auch körperlich total ausgezehrt, von den Hungerstreiks in den Wochen vorher und weil ich das Anstaltsessen auch nicht gegessen habe und eben auch nichts anderes hatte, weil uns sämtliche Zusatzeinkäufe von Obst verboten worden waren. Ich hatte überhaupt keine Reserven mehr, um irgendwie aktiv zu bleiben, was es ja auch erleichtert, wach zu bleiben. Ich habe dann nachts ziemlich spät noch mal nach Jan gerufen. Die Zelle, in der ich damals lebte, war etwas ausgetreten unten und wenn man sich ganz platt auf den Bauch gelegt hat, dann konnte man unter der Außenverriegelung durchrufen, also es war dann sehr gedämpft. Jan war mir gegenüber, ein paar Meter getrennt auf der anderen Seite. Und er hat mich auch gehört und reagiert. Ich hab gesagt: He, um einfach auch zu wissen, was ist. Und danach hab ich mich unter die Decke gelegt und bin dann irgendwie eingeschlafen. Wann, hab ich natürlich nicht geguckt, das war irgendwann im Lauf der nächsten Stunden ...

T: Wie ging's dann weiter?

M: Meine erste Wahrnehmung war ein starkes Rauschen im Kopf, während mir im Umschlußflur unter ganz grellem Neonlicht jemand meine Lider hochzerrte; viele Gestalten standen um mich herum und haben mich irgendwie angefaßt. Und dann hab ich eine Stimme gehört, die sagte: »Baader und Ensslin sind tot.« Anschließend habe ich wieder das Bewußtsein verloren. Das nächste Mal bin ich erst Tage später, im Krankenhaus in

Tübingen, wieder richtig zu mir gekommen. Ein Staatsanwalt stand neben meinem Bett und wollte wissen, was passiert sei. Meine Anwältin durfte erst einen Tag später zu mir. Von ihr habe ich dann gehört, daß auch Jan tot ist. Sie hat mir auch berichtet, daß die »Landshut« erstürmt worden ist und daß alle vom Kommando Martyr Halimeh bis auf eine Frau* dabei erschossen worden sind. Von meiner Anwältin habe ich erfahren, daß sie die ganze Zeit erfolglos versucht hatte, zu mir durchzukommen.

Aber wenn ich jetzt erzähle, was sie mir damals berichtet hat, gibt das den Charakter des Gesprächs nicht wirklich wieder. Du mußt dir vorstellen, daß das nach wochenlanger Kontaktsperre wieder mein allererster Kontakt mit jemandem war, dem ich vertraute. Zudem war ich schwer verletzt. Und wir hatten gerade mal ein Stunde Zeit. Ich lag auf der Intensivstation für Brandverletzte, alles war gekachelt und steril, ich war an Apparate angeschlossen, die vor sich hin gurgelten, hatte wahnsinnige Schmerzen, überall waren Bullen, sogar die Ärzte auf dieser Intensivstation in Tübingen wurden streng überwacht.

T: Was für Verletzungen hattest du genau?

M: Das wußte ich zu dem Zeitpunkt noch nicht. Das hat mir erst später ein Vertrauensarzt, also kein Knastarzt gesagt. Von vier Stichen in die Brust hatte einer den Herzbeutel getroffen und die Lungen verletzt, die voll Blut gelaufen waren. In Tübingen mußte man mir den ganzen Brustkorb aufschneiden und eine Drainage legen, um alles, auch die Wundflüssigkeit abzusaugen. Der Stich war mit großer Wucht ausgeführt worden und ist sie-

* Souhaila Andrawes, der die Bundesanwaltschaft 1996 vor dem OLG Hamburg den Prozeß machte. In dem Verfahren gegen sie ging es vor allem darum, ob die vor dem OLG Frankfurt angeklagte Monika Haas Waffen an das Kommando geliefert hat. Dieser Verdacht basiert auf Operativakten der Stasi, die nach der Wiedervereinigung zugänglich geworden sind, deren Glaubwürdigkeit aber nicht besonders groß ist. Haas bestritt den Vorwurf der Waffenlieferung vehement. Andrawes, die von der Bundesanwaltschaft kurzzeitig als Kronzeugin gewonnen wurde, hat bei polizeilichen Vernehmungen Haas' Beteiligung anfangs ebenfalls bestritten und ihre später einmal gemachte belastende Aussage dann nie wiederholt.

ben Zentimeter tief eingedrungen. Er muß durch die Rippen gestoppt worden sein, denn in einer war eine Kerbe.
Auf der Intensivstation lag ich knapp eine Woche; dort hat eine Krankengymnastin mir das Atmen wieder beibringen müssen. Ich hatte starke Beruhigungs- oder Betäubungsmittel eingeflößt bekommen und kann mich an diese Tage kaum noch erinnern. Aber ein Bild hat sich mir eingebrannt: In diesem riesengroßen Raum saßen Tag und Nacht zwei oder drei Bullen mit sterilisierten Mänteln, Mützen und Überschuhen, während vor den Fenstern mit MPs bewaffnete Uniformierte patrouillierten. Am Ende der Woche wurde ich mit dem Hubschrauber ins Gefängniskrankenhaus auf den Hohen Asperg gebracht. Dort lag ich dann vier Wochen. Ich konnte lange nicht laufen und hatte noch jahrelang Schmerzen beim Atmen, Husten, Auf-der-Seite-Liegen und sogar beim Lachen.

T: Ist denn die Waffe gefunden worden, mit der dieser Stich erfolgt ist?

M: In der offiziellen Version heißt es, daß mit dem Knastmesser zugestochen worden wäre, aber das kann nicht stimmen, weil der Stich ziemlich tief war.

T: Mit einem Messer, mit dem man sich normalerweise die Butter aufs Brot schmiert?

M: Ja. Gefunden wurden in der Zelle nur ein Knastmesser und eine Schere. Andere Sachen waren da nicht.

T: Die gehörten auch tatsächlich dir?

M: Die gehörten zum Knastinventar, ja.

T: War das eine spitze oder stumpfe Schere?

M: Das war eine kleine Schere zum Zeitungausschneiden, die in einer Ecke lag. Aber um die ging es ja nicht, sondern um dieses stumpfe kleine Messer.

T: Hast du oder haben deine Anwälte mal mit den Ärzten gesprochen, ob das Messer, das du hattest, für so einen Stich überhaupt getaugt hätte?

M: Sie haben damals versucht, mit den Ärzten und dem Pflegepersonal zu sprechen, sind aber immer an verschlossene Türen gestoßen. Offensichtlich war es verboten worden, mit meinen

Anwälten zu reden. Einzelne Krankenschwestern haben immerhin versucht, ihnen Nachrichten zukommen zu lassen. Aber das hat kaum geklappt. Das Personal hatte Angst. Und die Anwälte waren auch eingeschüchtert. Es ist damals eine Vielzahl von Verfahren auch gegen unsere Verteidiger geführt worden* – es waren also keine guten Voraussetzungen, irgend etwas aufzuklären. Ich selbst habe mehrmals versucht, an die Akten und die Unterlagen ranzukommen – erfolglos.

T: Was ist mit den Röntgenbildern passiert?

M: Ich habe sie nie gesehen. Jahre später, als ich noch immer beim Atmen Schmerzen hatte, wollte sich der Knastarzt in der JVA Lübeck die Bilder ausleihen. Wir dachten, von Knastarzt zu Knastarzt müßte das gehen. Aber Fehlanzeige: Die Knastklinik auf dem Hohen Asperg hat die nicht rausgerückt, auch nicht das Lazarett in Stammheim.

T: Wann hast du das erstemal erzählt, was du in dieser Nacht erlebt hast?

M: Zuerst habe ich mit meinen Anwälten darüber geredet, und dann habe ich meine Aussage vor dem parlamentarischen Untersuchungsausschuß gemacht.** Das war am 16. Januar 1978. Ei-

* Im Verlauf der RAF-Verfahren wurde eine Vielzahl von Eingriffen in die Strafprozeßordnung vorgenommen, die zum Ziel hatten, Verteidiger leichter ausschließen zu können, die Annahme von Mehrfachmandaten zu untersagen und die Handlungsmöglichkeiten der Verteidiger zu beschränken. Außerdem wurden immer wieder Rechtsanwälte wegen angeblicher Unterstützung der RAF verfolgt und inhaftiert. 1977 wurden die Anwälte Müller und Newerla inhaftiert, wegen des angeblichen Schmuggels von Waffen nach Stammheim angeklagt und schließlich zu mehrjährigen Freiheitsstrafen verurteilt.

** Der Baden-Württembergische Landtag hatte einen Untersuchungsausschuß zur Aufklärung der Todesumstände eingesetzt, der sich allerdings in entscheidenden Fragen, etwa wie die Waffen in die Zellen gekommen sein sollen, nur auf »gesicherte Erkenntnisse« der Bundesanwaltschaft stützte. 79 Zeugen und Sachverständige wurden vernommen, wobei die Mitglieder des Krisenstabes über die dort geführten Gespräche und getroffenen Entscheidungen nicht befragt werden durften. Wie zweckgeleitet der Untersuchungsausschuß arbeitete, ist daraus zu ersehen, daß er keinen der Zeugen fragte, ob die Zellen der Stammheimer Gefangenen 1977 noch abgehört wurden. Er wartete mit seinem Abschlußbericht, der die Selbstmordversion stützte, nicht einmal, bis wenigstens die Ergebnisse der kriminaltechnischen Untersuchungen vorlagen.

gentlich wollten sie mich schon im Dezember 1977 vorladen – aber da war ich noch zu schwach, außerdem befand ich mich gerade im Hungerstreik, weil ich unbedingt sofort mit den anderen von uns zusammengelegt werden wollte. Dieser Streik war furchtbar. Mir ging es sowieso schlecht, ich lag dann in Knastklamotten auf einer Matratze auf der Erde und wurde ununterbrochen bewacht. Es war ein wahnsinniger Zustand. Und dahinein kam ein Abgeordneter vom Untersuchungsausschuß und meinte, ich sei verpflichtet auszusagen, und sollte mich so um den 8. Dezember herum bereithalten. Die Aussage von mir sollte außerdem unter Ausschluß der Öffentlichkeit erfolgen. Ich habe geantwortet: So mache ich das überhaupt nicht. Und dann haben sie mir als nächsten Termin Januar 1978 vorgeschlagen. Und da bin ich auch hingegangen.

T: Warum?

M: Weil ich aussagen wollte – und zwar öffentlich –, was in dieser Nacht passiert ist.

T: Erzähl doch von der Anhörung.

M: Es war enorm viel Presse gekommen. Die Anhörung fand in dem Saal statt, wo vorher der Prozeß stattgefunden hatte. Es gab also etwa 200 Plätze, und die waren restlos belegt. Dann habe ich die Fragen beantwortet, die mir gestellt wurden. Das Protokoll davon kann man auch nachlesen.* Die Akten des Untersuchungsausschusses habe ich bis heute nicht erhalten. Ich habe nicht mal in dem Protokoll meiner Aussage Sachen ändern, ergänzen oder korrigieren können, weil mir das auch niemand vorgelegt hat. Die gedruckte Fassung ist deswegen nicht wörtlich autorisiert und auch nicht vollständig.

T: Wie war die Situation für dich? Du bist also aufgewacht nach dieser Nacht und warst sehr schwer verletzt. Was hast du gedacht?

M: Bei mir ging erst mal alles durcheinander. Da war dieser ungeheure Schmerz, daß die anderen nicht mehr da sind. Ich hatte

* In: Piet Bakker Schut, Todesschüsse, Isolationshaft, Eingriffe in das Verteidigungsrecht, Hamburg 1995.

aber auch keine Zeit, richtig zu trauern, denn ich mußte versuchen, mit der Situation klarzukommen. Ich habe also überlegt, was es für Hinweise gegeben hatte, daß die Situation so eskalieren würde. Ich wollte mir das wenigstens erklären. Es hatte über die Jahre immer wieder Morddrohungen gegen Andreas gegeben, Ulrike war tot – wir hatten gewußt, daß so ein Mord passieren könnte. Wir haben uns nie vorgestellt, daß wir im Knast sicher sind. Das war einer der Gründe, warum wir uns, um uns gegenseitig schützen zu können, nicht trennen lassen wollten. Aber zu wissen, daß sich so was ereignen kann, ist doch etwas ganz anderes, als es dann tatsächlich zu erleben. Da mußte ich alleine damit fertig werden. Das war ein totaler, ein betäubender Schmerz, der stärker war als die Angst, daß man es bei mir noch mal versuchen würde.

Dann hab ich versucht, so gut ich konnte, an Informationen heranzukommen. Das hat in dieser Zeit meinen Tagesablauf bestimmt. Es war enorm schwierig, weil ich keine Zeitungen hatte, die Akten nicht bekam und auch kein Besuch zu mir durfte. Die Anwälte kamen zwar, aber wir hatten nur Zeit, das Allernotwendigste und Allerdringlichste zu besprechen. Ich hatte ja auch nichts, um nachzugucken. Auf dem Hohen Asperg haben sie die Kontaktsperre für mich dann Ende Oktober aufgehoben. Aber mein Radio wurde mir nicht ausgehändigt, weil es mit Netzteil und Kabel versehen war und die Gefängnisleitung meinte, das wäre zu gefährlich, weil ich dieses Kabel benutzen könnte, um mich aufzuhängen. Unter dem Vorwand, daß ich mich umbringen wollte, ist mir alles entzogen worden. Ich hatte nichts mehr. Und damit hatte ich gerade in dieser Zeit, wo es noch am meisten Informationen gab und wo ich so dringend versucht habe, etwas zu erfahren, keinen Zugang zu Nachrichten. Ich blieb abgeschnitten von der Welt.

T: Hattest du auch keine Zeitungen? Mit denen kann man sich ja schlecht umbringen.

M: Aus den Zeitungen wurden alle Texte, die sich mit Stammheim oder mit der »Landshut«-Entführung im weitesten Sinne beschäftigten, rausgeschnitten. Das hab ich, etwa zwanzig Jahre später, als ich rausgekommen bin, in einer Kiste, aus der Habe* wiedergekriegt. Das heißt: Von den Zeitungen habe ich damals kaum mehr zu sehen bekommen als den Sportteil und ein paar Fetzen vom Feuilleton.

T: Hast du dir denn keine Texte oder Informationen über die Verteidigerpost zukommen lassen können?

M: Die Anwälte haben mir nichts geschickt, nein. Sie hatten Angst, daß das sofort wieder als Info-System illegalisiert wird. Das war angesichts des aufgeheizten Klimas auch eine berechtigte Befürchtung. Zwei Anwälte waren schon im Knast hier, und Klaus Croissant saß in Frankreich in Auslieferungshaft.

T: Wann hattest du dann wieder mit jemandem aus deiner Gruppe Kontakt?

M: Ganz lange nicht. Ich hatte große Sehnsucht, mit den anderen, aber besonders mit Nina (Ingrid Schubert) zusammen zu sein. Während ich auf dem Hohen Asperg lag, hörte ich eines Abends aus einem weit entfernten Radio einen Nachrichtenfetzen: Ingrid Schubert habe sich in Stadelheim erhängt. Ich war wie betäubt. Das war am 12. November. Sofort hieß es wieder Selbstmord, obwohl alle Fakten dagegen sprachen.
Ich hab dann viel später ihre Briefe aus den letzten Wochen gelesen** und wie sie beschreibt, daß man sie am Morgen des 18. Oktober überfallen und gewaltsam gynäkologisch untersucht habe. Und ihre Pläne für die allernächste Zukunft: sie wollte wieder mit uns zusammenkommen. Aus der öffentlichen Diskussion ist sie so gut wie rausgefallen, weil sie nicht in Stammheim gestorben ist und weil es trotz all der Auffälligkeiten niemanden gab, der ihren Tod weiteruntersucht hatte. Die Akten wurden '78 geschlossen.

T: In der ganzen Zeit warst du allein?

M: Ja, auf dem Hohen Asperg war gleichzeitig aber noch Günter (Sonnenberg) in einer anderen Abteilung, zu ihm konnte ich kei-

* In der Habe wird alles gesammelt, was Gefangenen in ihrer Haftzeit zugeht, ihnen aber nicht ausgehändigt wird.

** Die Briefe wurden im ID-Nachrichtendienst zur Verbreitung unterbliebener Nachrichten im Januar 1978 veröffentlicht.

nen Kontakt aufnehmen. Es gab nur Wärter um mich, eine oder zwei saßen ununterbrochen in meiner Zelle vor meinem Bett und haben mich beobachtet. Für das Klima ist bezeichnend, daß sie mich außerdem noch filzen wollten, bevor ein Anwalt kam. Ich erinnere mich genau, wie ich da mit einem Operationshemdchen mit Flügelschleifen hinten lag, und das sollte ich auch noch ausziehen und meine Haare betasten lassen, bevor ich im Rollstuhl zur Besuchszelle gefahren wurde. Da hab ich mich geweigert. Einmal hatte ich im Bett eine Skizze der Stammheimer Zellen gemacht, um dem Anwalt zu erklären, wer wann wohin verlegt worden ist. Da haben sie sofort ans Gericht gemeldet, ich würde Befreiungspläne aushecken ...

T: Und Besuch hattest du sonst keinen?

M: Nein, erst Ende des Jahres '77 kam meine Mutter. Sie war über die Situation sehr erschrocken. Die allermeisten Besuchsanträge wurden abgelehnt. Später hat mich Christian Geissler* besucht.

Als Anfang '78 das neue Gesetzespaket durchging, in dem die Trennscheibe bei Anwaltsbesuchen eingeführt wurde, haben wir lange keine Besuche mehr empfangen, um die Trennscheibe wenigstens bei überwachten Besuchen wegzukriegen: dafür gab es kein Gesetz, das haben die Knäste intern verfügt, bei allen Arten von Besuchen die Trennscheibe einzuführen.

T: In dem Interview, das wir im April 1992 in Lübeck gemacht haben, hast du erzählt, daß du dann eine Zeitlang in einer Zelle gefangen warst, in der es statt einer Tür nur Gitterstäbe gab. Wann war das?

M: Um den 20. November '77 rum bin ich nach Stammheim zurückverlegt worden. Dort landete ich in einer Zelle, die keine Tür hatte, sondern nur ein Gitter. Ich saß da wie im Tigerkäfig. Dann hab ich sofort, was sollte ich sonst machen, das Essen verweigert. Nach etlichen Tagen wurde schließlich eine Tür einge-

* Christian Geissler, Fernsehspiel-Autor und Schriftsteller, war in den siebziger Jahren in den »Komitees gegen Folter« aktiv. 1988 veröffentlichte er mit »Kamalatta« die wohl wichtigste literarische Auseinandersetzung mit dem bewaffneten Kampf in der BRD.

baut, die allerdings in der Mitte, wo sonst die Essensklappe ist, ein großes Loch hatte. Als die Wärter bemerkten, wie unbequem ihnen das ununterbrochene Davorstehen wurde, haben sie dem Knasttischler den Auftrag gegeben, ein etwa zwanzig Zentimeter hohes Podest zu bauen. Darauf saßen sie dann auf Stühlen und schauten durch das Loch, wie ich auf meiner Matratze lag. Und wenn ich aufgestanden bin, um aufs Klo zu gehen, mußten sie auch aufstehen und den Kopf ins Loch stecken.

Wenn umgekehrt ich durch das Loch raussehen wollte, zum Beispiel wenn andere zum Hofgang gebracht wurden, haben sie sich davorgestellt. Und als ihnen das zu mühsam wurde, haben sie so eine Art Maulkorb, also ein nach außen gestülptes Gitter anbringen lassen, vor das ein schwarzes Tuch gehängt war, das sie anheben konnten, aber ich nicht. Ich befand mich also ununterbrochen in Sichtweite und vor allem auch in Hörweite. Ich hatte kein Radio, also keine Möglichkeit, mich akustisch abzulenken, und mußte deswegen immer noch mithören, was die reden. Das empfand ich als zusätzliche Quälerei. So einem nichtssagenden Geplauder ausgesetzt zu sein, und das auch noch von Leuten, die dich unter Kontrolle halten sollen. So ging das lange Zeit, bis dann Gerichtsbeschlüsse die Überwachungsintervalle etwas geändert haben. Ich wurde nicht mehr permanent beobachtet, sondern »nur« noch alle drei Minuten. Dann nur noch alle fünf, schließlich alle zehn Minuten. Wenn ich duschen wollte, saßen sie aber immer noch daneben. Und wenn ich mir den Pony schneiden wollte, war das nur unter Aufsicht von drei Beamten zu bewerkstelligen, die Schulter an Schulter mit mir standen, um mir die Schere wegreißen zu können. In dieser Zeit hatte ich auch kein Messer in der Zelle, nicht mal eines aus Plastik. Mein Essen wurde vor der Tür zerkleinert, und ich konnte es dann mit einem Löffel zu mir nehmen, den ich dann wieder abgeben mußte. Die alltäglichen Dinge, die jeder Mensch, auch jeder Gefangene ganz selbstverständlich machen konnte, waren mir verboten.

Dazu kam, daß nachts permanent Licht brannte, die ersten Monate grelles Blaulicht und bis Mitte 1980 so 25-Watt-Birnen, zu hell zum Schlafen, zu dunkel zum Lesen. Zellenrazzien waren außerdem noch jeden Tag. Und bei jedem Verlassen der Zelle mußte ich mich vorher und hinterher nackt ausziehen, egal, wohin es ging, aufs Dach zum Hofgang, zum Arzt, zum Besuch.

T: Wann wurden deine Haftbedingungen wieder »normal«?
M: Normal nie. Ein bißchen normaler nach zwei Jahren. Da habe ich einen Plastikspachtel auf meine Zelle bekommen, den ich auch behalten durfte. Neben dem Löffel, den ich da auch schon in Dauerbesitz hatte, war das der einzige Gegenstand, mit dem ich etwas machen konnte. Du machst dir ja keine Vorstellung, was du täglich alles für kleine Gerätschaften brauchst. Jetzt merkte ich es, weil ich das alles nicht mehr hatte, sondern völlig auf meine Finger und Zähne angewiesen war. Ich habe zum Beispiel früher oft Artikel aus dem Feuilleton und dem Wirtschaftsteil der Zeitung ausgeschnitten – jetzt mußte ich die Seite fein säuberlich falten und falzen, dann sorgsam an ihr reißen, um den Artikel nicht zu beschädigen. Mach das mal bei zehn Texten am Tag. Das dauert und nervt.
Die Situation war aber auch sonst ziemlich gespenstisch. Ich hatte ja keinen Hofgang, durfte aber schließlich ein paar Schritte am Tag auf dem Dach machen. Und als ich dorthin geführt wurde, mußte ich an unserem alten Trakt vorbei, wo jetzt ein Haufen BGSler in Uniform mit Knobelbechern rein- und rausging und mit Sachenzusammenpacken beschäftigt war. Einmal sah ich welche, die packten Kartons und legten irgendwelche Hosen von Andreas in einen Karton, und ich mußte das mitansehen.

Aufklärungsversuche

T: Es hat in dieser Zeit verschiedene Versuche gegeben, die Umstände dieser Stammheimer Todesnacht aufzuklären. Bekanntgeworden sind vor allem Recherchen aus dem linken Spektrum, die von einer Gruppe um Gudrun Ensslins Schwester Christiane unternommen worden sind. In dieser

Gruppe war unter anderem auch Karl Heinz Roth* aktiv. Was hast du von dieser Recherchearbeit wahrgenommen?

M: In der Gruppe waren noch Leute aus dem Ruhrgebiet aktiv, mit denen ich vor allem, allerdings nur indirekt, Kontakt hatte. Sie haben mir über die Anwälte alle paar Monate Fragen gestellt, die ich, so gut ich konnte, beantwortet habe. Ich war sehr froh, daß diese Gruppe recherchierte, weil meine Möglichkeiten aufzuklären, was tatsächlich in dieser Nacht passiert war, ja sehr beschränkt waren. Die Leute aus dieser Initiative hatten auch Kontakt zu den Eltern von Gudrun. Außerdem hatten die Mutter von Andreas und die Verwandten von Jan, die in der DDR lebten, noch jemanden mit der Ermittlung der Todesumstände hier beauftragt. Ich selber hatte auch einen Antrag auf Akteneinsicht gestellt, der aber nach wenigen Monaten abgewiesen worden ist. Ich habe bis heute keine Akteneinsicht bekommen.

Der Bruch mit der linken Ermittlungsgruppe, der nach langer Zusammenarbeit erfolgte, war eigentlich ein Bruch mit Christiane Ensslin. Der Grund war ihre Mitarbeit an dem Film »Die bleierne Zeit«.** Den Film konnte ich im Knast zwar nur in Ausschnitten sehen, aber ich habe das Drehbuch gelesen und die Kritiken. Für mich war das eine Selbstdarstellungsorgie von Christiane Ensslin, der es nur darauf ankam, sich selbst als Opfer von Gudrun und uns, also der RAF, zu inszenieren. Diese Kritik gab es nicht nur von mir, sondern auch von Leuten aus der Recherchegruppe, und damit gab es auch keine Basis mehr für eine Zusammenarbeit. Ich mußte ja befürchten, daß Christiane Ensslin

* Der Hamburger Arzt und Historiker Karl Heinz Roth hatte selbst in Untersuchungshaft gesessen. Er war zusammen mit Roland Otto 1975 bei einer Verkehrskontrolle, in deren Folge sich eine Schießerei mit der Kölner Polizei entwickelte, schwer verletzt worden. Geschossen hatte der mit Roth und Otto im Wagen sitzende Werner Sauber, der Mitglied der Bewegung 2. Juni gewesen sein soll und bei dem Schußwechsel getötet wurde. Roth überlebte nur, weil er sich im Gefängnis selbst medizinisch versorgen konnte. In einem aufsehenerregenden Prozeß, dokumentiert in »Ein ganz gewöhnlicher Mordprozeß« (Berlin 1978), wurden er und Otto 1977 vom Mordvorwurf freigesprochen.

** »Die bleierne Zeit« von Margarethe von Trotta erzählt angeblich die Geschichte der Schwestern Ensslin.

die Ergebnisse dieser Untersuchungen über den Tod von Gudrun, Jan und Andreas nur zur Selbstdarstellung nutzen würde.

T: Was genau fandest du an diesem Film so problematisch?

M: Ich wußte ja von Gudrun einiges über das Verhältnis zu ihrer Schwester. Sie hatten heftige Auseinandersetzungen gehabt; und das, was ich dann im Drehbuch gelesen habe, das habe ich als massive Denunzierung von Gudrun und uns allen empfunden. Aber auch wie Andreas dargestellt wird, bedient nur die Klischees, mit denen in den siebziger Jahren gegen uns mobilisiert und gehetzt worden ist. Wir sind die Meute unpolitischer ungehobelter Rabauken, die mit Türen knallen, Schränke aufreißen, die Füße auf den Tisch legen, und sie selber ist die politisch denkende, feinsinnige und leidende Person, die sich aufopfert für ihre Schwester, deren Opfer sie eigentlich ist, im Leben und noch im Tod. Jahre später habe ich den Film dann ganz gesehen, und da fand ich ihn eher lächerlich. Aber damals, nach dem Deutschen Herbst, war mir nicht zum Lachen zumute. Jedenfalls konnte ich nicht mehr auf eine gute Arbeit vertrauen.

T: Nun waren in der Recherchegruppe doch noch andere Leute. Warum hast du nicht mit denen weitergemacht?

M: Es hat auch in der Recherchegruppe eine Auseinandersetzung gegeben, und du weißt ja, wie das in linken Zusammenhängen dann oft läuft: Schließlich ist alles auseinandergeflogen.

T: Einer, der damals dabei war, Karl Heinz Roth, hat 1989 in einem Interview mit »konkret« gesagt, daß die Recherche-Arbeit auch von Sympathisanten von euch behindert worden wäre…

M: Darüber weiß ich nichts, und das kann ich mir nur schwer vorstellen; denn die Arbeit lief ja ganz wesentlich auch über mich. Ich war ja in Stammheim gewesen und konnte über die meisten Entwicklungen und Einzelheiten dort Auskunft geben – und ich habe bis zu der Auseinandersetzung um die »Bleierne Zeit« geholfen. Ich weiß nicht, was da andere draußen hätten blockieren können.

T: Eine der wichtigen Fragen, um die es bei den Auseinandersetzungen um die Todesursachen immer wieder ging, war die nach der Kommunikation zwischen euch. Die Überlegung war, daß ihr, wenn es einen kollektiven Selbstmord gegeben hätte, unter den Bedingungen der Kontaktsperre eine Möglichkeit gehabt haben mußtet, euch darüber zu verständigen. Außerdem mußtet ihr eine Möglichkeit gehabt haben zu erfahren, daß die »Landshut« von der GSG 9 erstürmt worden, die Befreiungsaktion also endgültig gescheitert war. Karl Heinz Roth hat in dem erwähnten Interview gesagt, sie hätten bei ihren Recherchen herausgefunden, daß der BND das Kommunikationssystem, das zwischen den Zellen existierte, abgehört hat. Das würde bedeuten: Es hat ein Kommunikationssystem gegeben, über das ihr einen Selbstmord hättet verabreden können, der BND hätte diese Selbstmordverabredung aber auch auf jeden Fall mitgehört.

M: So stimmt das nicht. Daß wir zeitweilig ein Kommunikationssystem über die Leitungen des Anstaltsrundfunks hatten, habe ich ja schon erzählt. Es ist auch richtig, daß der BND uns darüber abgehört hat. Das ist in den letzten Tagen des Stammheimer Prozesses öffentlich thematisiert worden. In der Zeit der Kontaktsperre gab es dieses System aber viele Monate schon nicht mehr. Wir hatten uns gedacht: Was soll so eine aufwendige Geschichte, wenn wir eh abgehört werden.

T: Für euch machte die Kommunikation also nur Sinn, wenn sie abhörsicher war? Man könnte ja sagen, in so einer Zeit, wo es so schwierig ist, zu kommunizieren, wo einem dann nur noch bleibt, über den Flur zu rufen, der ja auch abgehört wird, da ist so ein System doch besser als nichts …

M: Später habe ich das auch so gesehen. Aber da hatten wir keine Möglichkeit mehr, irgendwas zu installieren. Und als wir es gekonnt hätten, da war uns nicht klar, wofür es möglicherweise noch mal gut sein könnte. Wobei man auch sehen muß: Da wir auf jeden Fall abgehört worden wären, hätte das System, wenn es denn irgendwelche Staatspläne gestört hatte, garantiert nicht lange funktioniert. Es hätte auf jeden Fall Möglichkeiten gegeben, es zu unterbrechen. Uns hätte also nur ein wirklich geheimes Medium genützt, auf das sie keinen Zugriff haben – und das hatten wir eben nicht.

T: Der Untersuchungsausschuß hat später in seinem Bericht festgestellt, daß eure Geräte manipuliert waren. Und Stefan Aust schreibt in seinem Buch »Der Baader-Meinhof-Komplex«: »Es waren mehr oder weniger primitive Lötstellen in den Geräten, aus denen klar ersichtlich war, daß die Anlagen nicht nur zum Musikempfang benutzt wurden, sondern auch für die Kommunikation der Gefangenen untereinander.« Und zwar soll Andreas Baader dafür an seiner Stelle die Rundfunkdrähte mit den Rasierstromleitungen verbunden haben. An dieses Netz sollt ihr dann die Verstärker und Lautsprecher als Mikrophon und Empfänger angeschlossen haben. In deiner Zelle wurden nach der Todesnacht auch 5,50 Meter Diodenkabel gefunden, bei Andreas wurden mehrere Meter und bei Gudrun Ensslin drei Meter Kabel gefunden.

M: Das ist alles sehr phantasievoll, macht aber keinen Sinn. Ich zum Beispiel hatte auf meiner Zelle gar keinen Verstärker. Außerdem: Wie hätten wir in Zellen mit Betonfußboden Kabel verlegen sollen? Und wohin? Und vor allem wofür? Wie unsinnig diese Szenarien sind, läßt sich an einem Beispiel ganz gut deutlich machen. Aust behauptet, wir hätten uns während der Kontaktsperre nur deswegen über Zurufe verständigt, damit die Zellentüren mit den »Kontaktsperrepolstern« schallisoliert werden und wir so die Möglichkeit einer geheimen Verständigung über unser angebliches Zellenrundfunksystem haben. Nur wußten wir zu diesem Zeitpunkt schon längst, daß wir über so ein Kommunikationssystem abgehört worden sind und abgehört werden konnten. Deswegen haben wir uns diese Mühe erspart.

An anderer Stelle schränkt Aust dann auch wieder ein. Er meint, daß wir doch nicht so ungeheuer raffiniert waren, sondern daß unsere Manipulationen so primitiv und offensichtlich waren, daß sie bei der Durchsuchung aufgefallen sein müssen und wir deswegen alles nur zurückbekommen hätten, damit wir abgehört werden können. So viel also zum »Kommunikationssystem«.*

Nachdem wir mitbekommen hatten, daß wir abgehört wurden, also noch vor der Kontaktsperre, haben wir unsere Kommunikation untereinander auch verändert. Wir haben wichtige Sachen auf Zettel geschrieben und dann vernichtet. Uns war es sehr wichtig, auch untereinander und nur untereinander was austauschen zu können. Das war ja auch mit das Schlimmste an dieser Kontaktsperre, gegen das wir uns am meisten gewehrt haben, daß neben der Kommunikation mit außen auch die untereinander unterbunden wurde – bis auf diese paar Fetzen, die wir uns zurufen konnten und die jeder gehört hat.

T: Ein weiteres Indiz, das gelegentlich erwähnt wird, um zu beweisen, daß ihr nicht nur untereinander Kontakt hattet, sondern sogar, vielleicht auch nur in der Vorbereitungsphase, mit dem Kommando kommunizieren konntet, war, daß es ein Code-Wort gegeben haben soll. Ihr solltet es nach eurer Befreiung sagen, damit das Kommando weiß, daß ihr in Sicherheit seid und Schleyer freiläßt.

M: Es hat überhaupt kein Code-Wort gegeben. Das Kommando hat telefonisch an Anwalt Payot durchgegeben, sobald wir sicher gelandet seien, sollte übers Fernsehen ein Satz von Andreas gesendet werden, »der eine Assoziation enthalten muss, die für einen aus dem Kommando identifizierbar ist.«** Dabei gingen sie davon aus, dass wir welche aus dem Kommando so gut kennen, dass uns etwas einfällt, das wirklich außer uns nur einzelne aus dem Kommando wissen können. So was braucht man nicht

* In Karl-Heinz Weidenhammers Buch »Selbstmord oder Mord«, in dem der Rechtsanwalt das Todesermittlungsverfahren dokumentiert, zitiert er überdies aus den Akten des Verfahrens, daß nach Sachverständigenauffassung mit dem Kommunikationssystem, selbst wenn es in dieser Anordnung betrieben worden wäre, eine Verständigung nur durch Klopfen oder Kratzen an der Hörmuschel hätte stattfinden können.

** Erklärung des Kommandos vom 10. September 1977. Einstellungsantrag im Prozess gegen B. Monhaupt und C. Klar, Teil B S. 12.

vorher zu besprechen, das fällt einem in dem Moment ein, in dem es gebraucht wird.

Der Begriff Code-Wort statt Assioziation ist eine gezielte Fälschung, er stammt aus dem Aktenvermerk eines BKA-Beamten über den Anruf bei Payot und gelangte so in die Regierungsdokumentation und die Medien, um die Kontaktsperre zu legitimieren. Ein Code-Wort auszumachen hätte auch keinen Sinn gemacht: Wenn du zusammen gekämpft hast, dann gibt es so viele Situationen, die nur du und noch jemand oder vielleicht gerade noch die Gruppe kennen ... Das sicherste Versteck, das niemand öffnen und wo niemand abhören kann, ist dein eigener Kopf.

> **T:** Neben der Frage, ob beziehungsweise wie ihr euch verständigen konntet, geht es immer wieder auch darum, was ihr in der Zeit der Kontaktsperre überhaupt von außen erfahren konntet. Du hast ja von deinem kleinen Ohrstöpsel erzählt. Im Untersuchungsausschuß wurde berichtet, auf Jan Carl Raspes Zelle wäre ein betriebsbereites batteriebetriebenes Transistorradio gefunden worden, in dem der UKW-Teil funktionstüchtig und auf SDR 1 eingestellt gewesen sein soll.* Außerdem wird ein Vermerk zitiert, demzufolge Andreas Baader darum gebeten haben soll, daß »die Radios leiser gestellt werden«, woraus der Untersuchungsausschuß dann wohl den Schluß gezogen hat, daß es doch eine Möglichkeit für euch gab, die Radios aus den Zellen unter euch zu hören.

M: Die Wärter haben versucht, eine Geräuschkulisse herzustellen: Schlagermusik. Und ich habe von dem, der unter mir gelegen hat, nichts gehört, und soviel ich weiß, die anderen auch nicht. Aber die wichtigen Sachen, die habe ich ja auch so mitbekommen und rübergerufen, also die kannten wir auf jeden Fall. Und Jan hatte ganz sicher kein Radio.

> **T:** Ein weiterer wichtiger Punkt war damals (und ist heute) die Frage, wie ihr euch im Trakt Waffen beschaffen konntet. Karl Heinz Roth sagt in dem Interview mit »konkret«, daß sich im Verlauf der Recherchearbeit herausgestellt habe, daß

* Allerdings wurde nicht festgehalten, wer diese Entdeckung gemacht hat.

Waffen in den Zellen waren, die aber mit dem Wissen staatlicher Einrichtungen, ohne daß genau bekanntgeworden sei, welche das waren, dort hineingekommen waren.

M: Wir hatten keine Waffen. Die Vorstellung, daß wir Waffen in den Zellen versteckt hätten, ist auch deswegen kurzsichtig, weil wir im Verlauf der Kontaktsperre mehrfach umziehen mußten – und vorher nicht wußten, wann und wohin.* Wenn wir Waffen gehabt hätten, wären wir bestimmt anders damit umgegangen, als sie gegen uns selber zu richten. Wir hätten uns geschützt oder auch versucht rauszukommen, aber uns bestimmt nicht jeder für sich umgebracht.

T: So gesehen würde ja das Szenario, das Bundeskanzler Helmut Schmidt nach dem Deutschen Herbst auf einer Veranstaltung entwickelt hat, Sinn haben: Andreas Baader hat versucht, jemanden vom Kanzleramt zu euch in den Knast zu holen, er hatte eine Waffe und hätte versuchen können, den als Geisel zu nehmen?

M: Hat er aber nicht! Wenn wir eine Selbstbefreiungsaktion aus dem Knast gemacht hätten, hätten wir das sicher anders eingefädelt. Solche Szenarien sind angesichts der realen Verhältnisse,

* Andreas Baader lag zuletzt in Zelle 719, Jan Carl Raspe in 716, Gudrun Ensslin in 720 und Irmgard Möller, die vom 5. bis zum 13. September auf Zelle 721 lebte, in 725. Zu Beginn der Kontaktsperre hatte Baader ebenfalls in Zelle 719 gelebt, war dann am 13. September in Zelle 715 verlegt worden. Dort wurde später ein Versteck gefunden, in dem eine Waffe Platz gehabt hätte, die Baader dann aber bei seiner Verlegung am 4. Oktober zurück in Zelle 719 mit sich hätte nehmen müssen. Angeblich soll er dafür und als künftiges Versteck seinen Plattenspieler benutzt haben. Der war am 6. September beschlagnahmt und am 20. September zurückgegeben worden. Jan Carl Raspe befand sich zu Beginn der Kontaktsperre in Zelle 718 und wurde am 4. Oktober in Zelle 716 verlegt, in der seit umfangreichen Baumaßnahmen im Frühjahr 1977 kein RAF-Gefangener mehr untergebracht gewesen war. Trotzdem soll den Ergebnissen des Untersuchungsausschusses zufolge sich hier ein Waffenversteck befunden haben, das auch trotz mehrfacher gründlicher Durchsuchungen der Zelle nicht gefunden worden war. Eine dritte Waffe wurde in Zelle 723 gefunden, in der vom 6. Juli bis 12. August 1977 Helmut Pohl gelegen hatte und danach niemand mehr. »Hat dieser Häftling, als er am 6. Juli gefesselt von Hamburg nach Stammheim verbracht wurde, körperliche und Einlieferungskontrollen überlistet und die Waffe eingeschmuggelt?« fragt Weidenhammer in »Selbstmord oder Mord«.

die wir dort erlebt haben, völlig unrealistisch. Wir sind ständig durchsucht worden, alles wurde überwacht. Und: Wir hatten eben keine Waffen. Wie auch? Außerdem hatte Andreas, wie sogar aus dem Protokoll, das in der Dokumentation der Bundesregierung abgedruckt ist, noch erkennbar ist, ein politisches Ziel, als er mit dem Kanzleramt reden wollte. Das war keine verkappte Aktion. Es ist zwar allgemein sehr beliebt, führt aber wenig weiter, immer um drei Ecken zu denken: Was könnten wir womit vielleicht auch noch beabsichtigt haben. Die Wirklichkeit, mit der wir 1977 konfrontiert waren, hat uns für solche Gedankenartistik wenig Gelegenheit gegeben. Wir lebten in einem Extremzustand, unter der totalen Kontaktsperre eben.

T: Daß ihr Waffen in Stammheim hattet, behauptet aber nicht nur der Untersuchungsausschuß des Baden-Württembergischen Landtags, es gibt sogar einen Zeugen, der sagt, er selber habe geholfen, die Pistolen zu euch reinzuschmuggeln. Und zu dieser Geschichte von Volker Speitel hat es später noch eine Variante von Peter Jürgen Boock gegeben, der behauptet hat, mehrere Waffen präpariert zu haben.*

M: Es ist ja immer schwer zu beweisen, daß etwas nicht stattgefunden hat. Zu Volker Speitel kann ich auch nicht viel sagen, weil ich selber mit ihm gar nichts zu tun hatte. Aber Hanna** kannte ihn, weil er ursprünglich bei der Stockholm-Aktion mitmachen wollte. Er hat sich aber ein paar Wochen davor abgesetzt und ist erst später wieder im Büro von Rechtsanwalt Klaus Croissant aufgetaucht. Die Waffen, also drei Pistolen und Sprengstoff, will er im Frühjahr 1977 präpariert haben. Angeblich soll Rechtsanwalt Arndt Müller die in einem Aktendeckel versteckt und dann während der Verhandlungen an Jan, Andreas und Gudrun weitergegeben haben, die sie dann aus dem Gerichtssaal in die Zellen schafften.

* Im Interview mit der »taz« am 16. Juni 1992.

** Hanna Krabbe, früher im Sozialistischen Patientenkollektiv (SPK), 1975 an der Besetzung der Deutschen Botschaft in Stockholm beteiligt und zu lebenslanger Haft verurteilt, war mehrere Jahre mit Irmgard Möller in Lübeck gefangen. Sie wurde 1996 als letzte der kleinen Gruppe entlassen.

Wer weiß, wie unsere Anwälte kontrolliert wurden, kann diese Version nicht glauben. Es gab schon von Anfang an die Propaganda, die Anwälte wären Kuriere, Boten und unsere Handlanger – deswegen wurden sie gründlich und penibel untersucht.* Jedes Blatt wurde von den Beamten angeschaut. Schon der Versuch, auf diesem Weg Waffen reinzuschmuggeln, wäre der helle Wahnsinn gewesen. Ein ganz überflüssiger zudem, denn aus Stammheim rauszukommen wäre angesichts des Festungscharakters dort auch mit drei Pistolen und etwas Sprengstoff kaum möglich gewesen, und wir setzten ja darauf, daß wir von der RAF von draußen befreit werden.

Die Geschichten von Speitel sind aber auch im Detail kein bißchen glaubwürdig. Zum Beispiel hat er erst ausgesagt, er habe die Waffen im März 1977 von Illegalen über einen Kurier bekommen. Später hat er behauptet, die Illegalen hätten ihm die Sachen selbst gegeben, auf jeden Fall könne er sich aber gar nicht mehr erinnern, wer denn der Kurier beziehungsweise wer denn die Illegalen gewesen seien. Als nächstes hat er dann behauptet, Sieglinde Hofmann hätte ihm eine Pistole gegeben, und ein halbes Jahr später erinnerte er sich ganz genau daran, daß sie ihm zwei Pistolen gegeben hätte. Da meinte er dann auch, das könnte eventuell auch Juni 1977 gewesen sein – dabei war Juni 1977 der Stammheimer Prozeß zu Ende, die Anwälte konnten die Waffen also, selbst wenn sie es gewollt hätten, zu dem Zeitpunkt gar nicht mehr auf diesem Weg reinbringen.

* Der niederländische Verteidiger Piet Bakker Schut beschreibt diese Prozedur in seiner Habilitationsschrift »Stammheim«: »Tasche mit Verteidigungsunterlagen hinstellen, alle Jacken- und Hosentaschen ausleeren, Jacke ausziehen und einem der beiden Beamten übergeben, Überprüfung der Jacke und des gesamten Körpers einschließlich des Geschlechtsbereichs, Überprüfung der ausgezogenen Schuhe mittels Metallsonde und durch Biegen, Überprüfung aller losen Gegenstände (z.B. bei Kugelschreibern durch Aufschrauben, Zigaretten durch Betasten), danach – oder zwischendurch – Überreichen der mitzunehmenden Papiere und Ordner an einen der Beamten, der die Ordner mit dem Rücken nach oben hält und sie von unten durchblättert, Prüfung der Ordner mit der Metallsonde. Zudem wurde der Inhalt normaler Ordner auch noch in dünne Gefangnisordner umgeheftet.«(Stammheim, S. 501)

Und die Lügenmärchen von Boock sind auch nicht besser. Mal abgesehen davon, daß bei Speitel Boock, der behauptet, die Waffen präpariert zu haben, nicht vorkommt und bei Boock Speitel nicht, der auch angibt, die Waffen für den Transport fertig gemacht zu haben.*

T: Es hat dann noch zwei »Insiderinnen« gegeben, die behauptet haben, in Stammheim hättet ihr tatsächlich Selbstmord begangen beziehungsweise versucht. Susanne Albrecht und Monika Helbing, die beide 1977 in der RAF aktiv waren und später zu den DDR-Aussteigern gehörten, haben nach ihrer Verhaftung ausgesagt, es habe damals unter den RAF-Kadern einen Plan gegeben »Suicide Action«, der beinhaltete, daß man sich in einer Situation, in der es gar keine andere Chance mehr gebe, umbringt. Beide berufen sich dabei auf Brigitte Mohnhaupt, die im Frühjahr 1977 entlassen worden war und dann wieder zu den »Illegalen« gegangen ist.

M: Die beiden haben das zu einem Zeitpunkt erfunden, als sie sich entschieden hatten, als Kronzeuginnen für die Bundesanwaltschaft aufzutreten, um Strafmilderung zu bekommen. Das sagt schon mal was über die Motive. Ansonsten kann ich nur sagen, daß für uns Selbstmord nicht in Frage kam. Es gab

* Eine weitere, weder mit der Speitel- noch mit der Boock-Version kompatible Variante stammt von Hans Joachim Klein, der zeitweilig RZ-Mitglied war und nach dem Überfall auf ein Treffen der OPEC-Ölminister in Wien 1975 spektakulär ausstieg, indem er in einem Brief an den »Spiegel« vor zwei angeblich geplanten Anschlägen der RZ auf die Vorsteher der Jüdischen Gemeinden in West-Berlin und Frankfurt/Main warnte. An ihm und seinem Buch »Rückkehr in die Menschlichkeit« entzündete sich die erste große »Aussteiger«-Diskussion in der westdeutschen Linken. Anfang Oktober 1978 erzählte er im Interview mit der französischen Zeitung »Liberation«: »Sobald ich erfahren habe, daß die GSG 9 ihre Aktion in Mogadischu erfolgreich durchgeführt hatte, dachte ich, daß irgend etwas in Stammheim passieren würde. Eine selbstmörderische Aktion oder ein Selbstmord. Glaub nicht, daß ich ein Wahrsager bin. Ich wußte, daß sie seit 1975 Waffen im Knast hatten. Schon zur Zeit des Prozesses in Stammheim wußte ich, daß sie eine Handgranate ins Gericht werfen wollten. Sie hatten einen Weg gefunden, um sie hereinzubekommen, aber sie haben nicht gesagt, welchen. Alles, was ich weiß, ist, daß es nicht durch die Anwälte geschah.«

bei uns auch keine Diskussionen darüber und schon lange keinen Plan.

T: Du hast ja vorhin erzählt, daß die Situation 1977 bei euch so war, daß ihr euch eigentlich nicht mehr vorstellen konntet, noch lange Jahre im Knast zuzubringen. Das spricht für eine gewisse Verzweiflung an den Verhältnissen. Eine Zermürbung. Da kann ich mir vorstellen, daß jemand sagt: Lieber tot sein als noch zehn Jahre hier drin. Karl Heinz Roth hat in dem »konkret«-Interview zum Beispiel gesagt, daß es in einer völlig aussichtslosen Situation auch eine revolutionäre Tat sein kann, sich umzubringen ...

M: Karl Heinz Roth hat andere Erfahrungen mit Isolationshaft, als wir sie hatten. Ich erinnere mich an einen Text von ihm, den er nach seiner Entlassung geschrieben hat, da beschreibt er die Haftsituation als völlig erdrückend und überwältigend. Das ist sie zwar auch, aber für uns gab es immer noch ein Widerstandspotential dagegen. Anders als er waren wir auch nicht allein im Knast, sondern als Gruppe und haben uns auch als Gruppe dagegen gewehrt. Das ist ein wichtiger Unterschied.

Dazu kommt noch etwas anderes. Wir haben in dieser Zeit in jeder Faser gespürt, daß sie uns vernichten wollen. Das war schon in den Wochen und Monaten vor der Schleyer-Entführung immer wieder Thema gewesen: »Todesstrafe für Terroristen«. Die Jahre der Isolation, die Behandlung, die wir in den Hungerstreiks erlebt haben, und zuletzt auch die Kontaktsperre haben gezeigt: Sie wollen uns tot. Wenn du das merkst, dann wächst in dir ein ungeheurer Wille, ihnen gerade diesen Gefallen nicht zu tun, weiterzuleben, dich nicht vernichten zu lassen. Das war für uns ein ganz wichtiges Moment. Wir wußten, daß wir auch als Gefangene ein politischer Faktor sind. Unser Leiden, die Qualen, denen sie uns ausgesetzt haben, haben auch unseren Willen gestärkt, weiterzumachen und eben nicht aufzugeben.

T: Deswegen, sagt die Bundesregierung, habt ihr das so perfide gemacht, daß der Selbstmord aussah wie ein

Mord und damit noch ein letztes agitatives Moment enthielt.*

M: Das hätte unserer Moral widersprochen. Das ist wirklich eine wahnwitzige Theorie. Außerdem ist da noch die Frage des Motivs. Wir wollten nicht sterben, wir wollten dasein. Und wir wußten andererseits, daß der Apparat die Vorstellung hatte, mit uns, vor allem mit Andreas und Gudrun, die ganze RAF auslöschen zu können, sich die ganze Guerilla mit einem Schlag vom Hals zu schaffen.

T: Für euch war also schon das schiere Überleben ein kleiner Sieg?

M: Ja, sicher. In dem Moment, wo du ausgerottet werden sollst, du aber weiterlebst, hast du was erreicht und hältst auch daran fest. Was wir tatsächlich vorhatten, war, noch mal einen Hungerstreik machen, um die Entscheidung in diesen Wochen zu beschleunigen. Darum ging es auch, als wir in diesen Tagen darüber redeten, der Regierung »die Entscheidung über uns« aus der Hand zu nehmen – das hieß keineswegs, wie das BKA und der Krisenstab später begierig interpretiert haben, daß wir damit einen Selbstmord ankündigen wollten. Warum hätten wir den auch ankündigen sollen? Um ihnen eine Vorfreude zu machen? Wir wußten ja, daß sie uns lieber tot als lebendig sehen. Für uns war dagegen klar, daß, solange wir drin sind und leben, draußen auch welche sind, die uns befreien wollen.

T: Nun könnte man sagen, daß euch klar war, daß das Schei-

* Andreas Baader hatte am 7. Oktober 1977 einen kurzen Brief an das OLG Stuttgart verfaßt: »Aus dem Zusammenhang aller Maßnahmen seit sechs Wochen und ein paar Bemerkungen der Beamten läßt sich der Schluß ziehen, daß die Administration oder der Staatsschutz, der – wie ein Beamter sagt – jetzt permanent im siebten Stock ist, die Hoffnung haben, hier einen oder mehrere Selbstmorde zu provozieren, sie jedenfalls plausibel erscheinen zu lassen. Ich stelle dazu fest: Keiner von uns – das war in den paar Worten, die wir vor zwei Wochen an der Tür wechseln konnten, und der Diskussion seit Jahren klar – hat die Absicht, sich umzubringen. Sollten wir – wieder ein Beamter – hier ›tot aufgefunden werden‹, sind wir in der guten Tradition justizieller und politischer Maßnahmen dieses Verfahrens getötet worden.« Auch dieser Brief wird von offizieller Seite bemerkenswerterweise als Teil der Selbstmordvorbereitungen bewertet...

tern der Schleyer-Entführung auch hieß, daß es keine anderen Befreiungsversuche mehr geben kann, daß das also eine letzte Chance war rauszukommen.

M: So haben wir das aber nicht gesehen. Wir dachten: Wenn das nicht gelingt, wird es einen neuen Anlauf geben. Wir hatten schon einen Atem, der weiter reichte als bis übermorgen. Wir hatten doch auch ein politisches Ziel, sonst hätten wir die Jahre unter diesen Bedingungen im Knast nicht ausgehalten. Und dieses Ziel, das war nicht plötzlich mit dem Scheitern einer Befreiungsaktion verschwunden. Wir hatten also auch eine Verantwortung – und wir wollten als Gruppe zusammen sein. Schon deswegen war es unvorstellbar, daß sich drei oder vier umbringen.

Andreas hatte mit dem Kanzleramt reden wollen, um sicher zu sein, daß die sich über die Folgen einer Eskalation auch für sie selbst im klaren waren. Eine Brutalisierung der Auseinandersetzung war für beide Seiten gefährlich: für uns, weil sie die Spur unserer Politik ins Unkenntliche verzerrt hätte, und für sie, weil sie als Regierungspartei früher oder später weggefegt werden würden. Andreas sprach über eine mögliche Gefahr – wie es dargestellt ist, soll es Andreas auch noch denunzieren.

T: Hast du dir in den Jahren danach ein Szenario überlegt, was in dieser Nacht tatsächlich passiert sein konnte?

M: Ich war und bin überzeugt davon, daß es eine Geheimdienstaktion war. Der BND konnte in Stammheim ein- und ausgehen und hatte nachweislich auch Abhöreinrichtungen bei uns installiert. Und es war bekannt, daß das Knastpersonal selbst für so was nicht vertrauenswürdig genug erschien. Da hat immer mal einer geplaudert und der »Bunten«, »Quick« oder dem »Stern« irgendwelche läppischen Geschichten über uns erzählt. Also wenn was gemacht werden sollte, mußte das an denen vorbeigehen. In dem Zusammenhang ist vielleicht auch noch wichtig, daß das Bewachungspersonal während der Kontaktsperre ausgetauscht wurde – allerdings nicht alle. Die Überwachungskameras im Flur funktionierten auch nicht in dieser Nacht.

T: Gehst du davon aus, daß die Bundesregierung in so eine

Mordaktion involviert war, oder könnte das auch eine selbständig durchgeführte Geheimdienstoperation gewesen sein?

M: Ich denke, die Bundesregierung war involviert. Und ich gehe davon aus, daß das auch innerhalb der Nato irgendwie abgesprochen war. Es gab damals auch einen Krisenstab in den USA, der ständig Verbindung mit Bonn hielt. Und die USA hatten ein massives Interesse daran, daß es uns nicht mehr gibt. Gerade von der CIA ist die Methode bekannt, Morde als Selbstmorde darzustellen.

T: In der Diskussion über Stammheim gibt es ja, zumindest in der Linken, die Tendenz, die Antwort auf die Frage »Mord oder Selbstmord?« nicht mehr für so wichtig zu halten. Auf jeden Fall sei der Tod von Jan Carl Raspe, Gudrun Ensslin oder Andreas Baader vom Staat zu verantworten. Entweder hat er die Gefangenen durch die Haftbedingungen in den Tod getrieben oder direkt umgebracht.

M: Die Haftbedingungen waren furchtbar, und in den Hungerstreiks sind Gefangene durch gezielte Unterernährung umgebracht worden: Holger Meins zum Beispiel. Aber es ist trotzdem ein Unterschied, ob sich jemand selbst erschießt oder erhängt oder mit dem Messer in die Brust sticht oder ob das andere machen. Hier geht es um die Fakten. Wir wollten uns nicht umbringen, wir wollten leben.

T: War für dich die Situation nach der Todesnacht, durch den Tod von Raspe, Ensslin und Baader, eine andere als vorher?

M: Ja, auf jeden Fall. Ich war plötzlich alleine – und ich war schwer verletzt worden und hatte nur knapp überlebt. Das waren grundsätzlich andere Verhältnisse als vorher. Auf der anderen Seite waren Holger und Ulrike schon vorher im Knast gestorben – und wir wußten seit langem, daß der Apparat uns lieber tot als lebendig sehen wollte. Die Haftbedingungen waren daraufhin ausgerichtet, daß wir entweder gebrochen werden, nicht mehr das denken, was wir denken wollen, daß wir unsere Identität verlieren oder eben sterben.

T: Für dich war die Nacht vom 17. auf den 18. Oktober 1977 also schon ein Einschnitt, hat aber keine grundsätzliche Veränderung mit sich gebracht?

M: Die Verhältnisse, wie sie waren, wurden in dieser Nacht auf den Punkt gebracht.

T: Hast du damit gerechnet, daß es irgendwie weitergeht? Oder daß sie noch mal versuchen würden, dich zu töten?

M: Ich konnte das jedenfalls nicht ausschließen. Die Art, wie ich behandelt wurde, zielte darauf, mich fertig zu machen, daß ich meinen Verstand verliere. Diese dauernde Überwachung, die totale Kontrolle. Es wäre ihnen sicher am liebsten gewesen, irgendwann eine Verrückte vorführen zu können. Denn das sollte ja bewiesen werden: Nur Irre gehen in die RAF und nehmen den bewaffneten Kampf gegen das System auf. Oder ich sollte dazu gebracht werden zu behaupten, es sei Selbstmord gewesen. Da war dann vielleicht auch wichtiger, als daß ich tatsächlich irgendwo als Leiche liege. Das habe ich mir damals zumindest gedacht. Deswegen bin ich auch nicht jedesmal zusammengezuckt, wenn eine Tür geöffnet wurde oder wenn ich Geräusche auf dem Gang gehört habe. Aber daß man mich nicht leben lassen will, das war mir schon bewußt. Diese angebliche Gefahr, daß ich Selbstmord begehen könnte, hat die Justiz auch als Generalvollmacht benutzt, mir alles zu verbieten. Ich durfte nichts auf der Zelle haben, keine anderen Gefangenen treffen, das Licht nicht ausmachen – weil das alles die Gefahr erhöhen würde, daß ich mich töte. Das war unvorstellbar – und das ging über Jahre, bis ich dann 1980 nach Lübeck gekommen bin.

T: Hast du dich da nicht ziemlich hilflos gefühlt?

M: Einerseits ja. Andererseits entwickelst du auch eine unheimliche Zähigkeit. Ich habe gedacht, ich will mich auf keinen Fall unterwerfen. So kriegt ihr mich nicht.

T: Wie ist es für dich heute, wenn du über Stammheim redest? Ist das ein Stück Geschichte oder etwas, was noch gegenwärtig ist?

M: Es ist beides. Viele Details sind mir nicht mehr ganz so präsent wie in den Jahren der Gefangenschaft. Ich denke nicht unentwegt daran. Aber es ist doch die einschneidendste Erfahrung, die ich in meinem ganzen Leben gemacht habe. Und je mehr ich mich jetzt wieder damit beschäftige, desto mehr Details fallen mir wieder ein.

T: Hat dich das verändert?

M: Das denke ich sicher. Vor allem hat mich verändert, daß ich nicht trauern konnte. Deswegen habe ich auch das Gefühl, daß ich mit diesem Komplex noch nicht richtig abgeschlossen habe. Ich kann zum Beispiel Bilder von denen, die tot sind, nicht einfach in Ruhe anschauen und mich an etwas Gemeinsames erinnern. Ähnlich geht es mir mit Sachen, die ihnen gehört haben. Wenn jemand draußen miterlebt, daß ein Freund oder eine Freundin stirbt, ein Mensch, der ihnen ungeheuer viel bedeutet, dann können sie in den letzten Stunden bei ihm sein oder bei ihr. Sie können sich den Leichnam anschauen, sie bereiten die Beerdigung vor, stehen am Sarg – oder sie machen es auch nicht, weil sie sich dagegen entscheiden. Aber sie können sich verhalten, sich etwas überlegen. Diese Gelegenheit hatte ich nicht.

T: Hast du sie noch mal tot gesehen?

M: Nein. Nur auf den Fotos im »Stern«, das war furchtbar, weil sie damit vorgeführt wurden.

T: Und jetzt, seitdem du draußen bist – warst du da mal am Grab?

M: Nein.

T: Warum nicht? Das wäre doch vielleicht eine Möglichkeit, damit abzuschließen oder jetzt zu trauern?

M: Nein. Das ist auch keine Frage des Ortes, also für mich jedenfalls nicht. Ich habe auch das Gefühl, daß ich noch Zeit dafür brauche.

T: Ist dieses Gefühl, da noch etwas abschließen zu müssen, mit dem Tod nicht fertig zu sein, seitdem du draußen bist, stärker als zu der Zeit, in der du noch drinnen warst?

M: Ja, aber es ist anders, weil ich mich hier mit vielen anderen Eindrücken und Problemen beschäftigen muß als drinnen. Es ist so, daß ich jeden Tag aus ganz unterschiedlichen Anlässen an sie denke.

T: Wie hast du überhaupt die Auseinandersetzung draußen um diese Todesnacht in Stammheim wahrgenommen? Das Aufkommen immer neuer Geschichten, die Mythologisierung, die damit auch betrieben worden ist?

M: Das muß man unterscheiden. Es gab einmal das Bedürfnis aufzuklären, was passiert ist. Da war ich unbedingt dafür. Das war mir wichtig und willkommen. Dann gab es die Blockade zu sehen, was war, denn wenn es Mord gewesen war, dann hätte man ja Konsequenzen ziehen müssen und hätte nicht mehr weiterleben können wie bisher. Das war hier am verbreitetsten überhaupt – bis hin zu Karl Heinz Roth.

Dieses Nicht-wissen-Wollen hat es hier vor fünfzig Jahren auch schon gegeben. Im Ausland gab es diese Denksperre nicht.

Und dann gab es – vom Staat bis zum »langen Marsch« – die Parole: »Wer an den Selbstmorden zweifelt, nützt der Stadtguerilla« – so einfach.

Was heute wieder an »neuen« alten Geschichten rumgeistert, hat mit Wahrheit wenig, mit Regression und Resignation eine ganze Menge zu tun. Der Hang, sich als Opfer zu sehen, das Gefühl der eigenen Niederlage in Wut und Projektionen auf die RAF und insbesondere auf die Gefangenen umzuleiten, in der trügerischen Hoffnung, sein eigenes Gleichgewicht auf diese Weise wiederzufinden, ist weit verbreitet, gerade jetzt. Andere inszenieren nur noch ihren Opportunismus.

Die Verurteilung zu lebenslanger Haft

T: Für dich stand nach Stammheim aber noch etwas anderes, Konkreteres an: Du hattest noch deinen Prozeß zu führen.

M: Ja, es gab diesen neuen Haftbefehl von 1976. Mir wurde vor allem zur Last gelegt, an dem Anschlag auf das US-Headquarter beteiligt gewesen zu sein. Ohne diesen neuen Haftbefehl wäre ich gar nicht nach Stammheim gekommen, sondern entlassen worden. Jetzt, nach der Schleyer-Entführung, Mogadischu und

dem Mord an Gudrun, Jan, Andreas und Nina und dem Mordversuch an mir, sah die Lage anders aus als noch im Sommer 1977, als das Verfahren eigentlich beginnen sollte. Damals hätte ich vielleicht eine kleine Chance gehabt – jetzt war klar, daß das Verfahren nur mit lebenslänglich enden konnte. Der Prozeß hatte gegenüber anderen eine Besonderheit: Er wurde vor dem Landgericht Heidelberg im Stammheimer Prozeßbunker geführt, weil die Regelung, die in RAF-Verfahren automatisch das Oberlandesgericht als erste Instanz vorsah, erst nach der Fertigstellung der Anklage gegen mich beschlossen wurde.*
Das Klima war dort aber nicht besser. Der Vorsitzende Richter hatte zum Beispiel vorher abgelehnt, das Verfahren gegen einen Folterer zu eröffnen, der im Zweiten Weltkrieg serbische oder jugoslawische Partisanen gefoltert und ermordet hatte. Gegen mich wurde dafür unheimlich verbissen verhandelt – und ich hatte zudem keine Wahl-, sondern nur Zwangsverteidiger, die sich allerdings viel Mühe gegeben haben.

T: Wie kam das?

M: Im März 1978 war der erste Anlauf. Der Prozeß ist geplatzt, weil nicht nur ich mich nackt ausziehen sollte, sondern durch sitzungspolizeiliche Verfügung auch meine Anwälte. Das haben sie nicht mit sich machen lassen.**

* Die erstinstanzliche Zuständigkeit der Oberlandesgerichte für § 129a-Verfahren, die eine Vereinheitlichung der Strafverfolgung sicherstellen sollte, wurde im August 1976 durch die Änderung des § 120 Gerichtsverfassungsgesetz sichergestellt.

** Das Verfahren gegen Irmgard Möller begann am 6. März 1978 und wurde am 20. März 1978, nach drei Verhandlungstagen, ausgesetzt. Gleichzeitig wurden ihre Wahlverteidiger vom Gericht entpflichtet.
Irmgard Möller selbst wurde zwangsvorgeführt, wobei sie vorher mit Gewalt von männlichem Wachpersonal ausgezogen und durchsucht wurde. Am 16. März erlitt sie aufgrund der Mißhandlungen einen Kreislaufkollaps und mußte in ein Krankenhaus gebracht werden. Ein ärztlicher Gutachter stellte innere Verletzungen fest und warnte vor der Gefahr einer lebensbedrohlichen Embolie. Irmgard Möller wurde für verhandlungsunfähig erklärt. Trotzdem lud das Gericht sie am 20. März vor und ordnete Zwangsmaßnahmen gegen sie an, so daß sie an einen Rollstuhl gefesselt dem Gericht vorgeführt wurde.

Dann haben sich die Anwaltskammern mit den Anwälten solidarisiert, die diese Durchsuchungen verweigert hatten. Und beim zweiten Anlauf kurz darauf wurden dann zwei neue Verteidiger, mit denen ich überhaupt nie etwas zu tun hatte und die das Gericht ausgesucht hatte, beauftragt, mich zu vertreten. Die haben zwar immer wieder versucht, mit mir ins Gespräch zu kommen und eine Verteidigungsstrategie zu entwickeln, zumal sie auch bestimmte Anträge nicht ohne meine Zustimmung stellen konnten. Ich habe mich dem aber verweigert. Ich kannte sie nicht, ich hatte sie nicht ausgesucht – es waren eben nicht meine Verteidiger. Sie haben dann allerdings aus eigenem Antrieb alles mögliche versucht, um eine Verurteilung zu erschweren. Zum Beispiel haben sie den BKA-Präsidenten Horst Herold laden lassen, um rauszukriegen, wie die Deals zwischen Gerd Muller und dem BKA gelaufen waren und wo Müller sich aufhielt. Herold hat behauptet, er wisse es nicht.

T: Wie war denn die Beweislage gegen dich?

M: Es gab keine Beweise gegen mich, außer den Aussagen von Gerd Müller. Er wurde für glaubwürdig erklärt und ich nach einem Jahr Prozeß zu lebenslang und fünfzehn Jahren verurteilt.

T: Meinst du, das Urteil war eine Folge von Stammheim?

M: Daß ich angeklagt wurde, nicht, denn das war schon vor Stammheim geschehen. Das Urteil selbst, daß es so glatt durchging, das ist ohne Stammheim nicht zu erklären.

T: Wie war dieses Verfahren für dich? War es ein Schock für dich, jetzt mit diesem Verdikt »lebenslang« im Knast zu leben?

M: Ich habe an dem Verfahren praktisch nicht teilgenommen. Ich bin zweimal hingegangen, um eine Erklärung abzugeben; den Rest der Zeit war ich ausgeschlossen. Was hätte ich auch dort machen sollen, ohne meine Vertrauensanwälte, ohne Akten, angesichts der Haftbedingungen, die mir keinen Raum gegeben hatten, meine Verteidigung vorzubereiten? Das neue Verfahren war in weiten Teilen zudem eine Neuauflage des Stammheim-Verfahrens. Die Anklage und die Beweismittel waren dieselben, Müller hatte ja auch dort ausgesagt.

Ich wollte auch die Anträge zum Vietnamkrieg und zur Rolle der US-Army nicht noch mal stellen, nachdem sie schon im großen Stammheim-Prozeß ignoriert worden waren. Vor allem wollte ich aber nach dem Tod von Jan, Gudrun, Andreas und Nina und nach meinen schweren Verletzungen dort nicht zu dem Prozeß gehen und Rechtsstaat spielen. Das war eine perverse Vorstellung. Insofern war es auch egal, worum es in dem Verfahren genau ging. Im übrigen liefen in dieser Zeit einige andere RAF-Verfahren: gegen Christine Kuby,* gegen Angelika Speitel – und alle endeten blitzschnell mit lebenslang.

T: Hast du damals gedacht, jetzt sei das Ende der RAF-Politik erreicht? Ihr wart ja nicht gerade erfolgreich ...

M: Nein, das habe ich nicht gedacht. Ich hatte die Hoffnung, daß es uns Gefangenen gelingen würde, uns zueinander durchzukämpfen, und daß es draußen eine Kontinuität geben würde.

T: Der Deutsche Herbst war vorbei, einige deiner besten Freundinnen und Freunde, mit denen du zusammen in der RAF gekämpft hattest, waren tot. Der spektakulärste Versuch, euch rauszuholen, war gescheitert. Du warst zu lebenslanger Haft verurteilt – und du hast noch Hoffnungen gehabt?

M: Es war so. Natürlich nicht auf heute oder morgen bezogen, sondern auf einen längerfristigen Zeitraum. Ich wußte, daß es nach 1977 die RAF noch gab, daß sie eben nicht zerschlagen war. Unsere Haftsituation nach 1977 war, bei allen Unterschieden, extrem. Jeder einzelne Gefangene von uns mußte Ende der Siebziger erst für sich – und 1978 und 1979 auch zusammen – für die minimalsten Überlebensbedingungen kämpfen.

* Christine Kuby wurde 1978 verhaftet und wegen Mordversuch zu lebenslanger Haft verurteilt, weil sie einen Polizisten angeschossen hatte, Angelika Speitel wurde 1978 in Dortmund festgenommen. Bei ihr waren Michael Knoll, der von Polizeikugeln getötet wurde, und der später in der DDR untergetauchte Werner Lotze, der einen Polizisten erschoß, aber selbst entkommen konnte. Lotze profilierte sich nach seiner Festnahme nach der Wiedervereinigung als Kronzeuge, bekam deswegen nur eine zeitige Freiheitsstrafe und ist mittlerweile entlassen worden.

Es hat Jahre gebraucht, bis wir von draußen hörten, was es auch dort für ein Einschnitt gewesen war.

T: Hast du dich da nicht mal gefragt, ob dieser bewaffnete Kampf nicht in eine Sackgasse geführt hatte, ob dieser Versuch die vielen Toten und Gefangenen wert war? Ob man vieles nicht hätte anders machen können?

M: Ob es das wert war, hab ich mich nicht gefragt. Daß man manches hätte anders machen können, das stimmt natürlich.

Nachlese

T: War für dich der Deutsche Herbst zu irgendeinem Punkt damals ein Einschnitt, der deutlich gemacht hat: Wir sind gescheitert; der bewaffnete Kampf hat keine Perspektive mehr?

M: Das hab ich keinen Moment gedacht, daß der bewaffnete Kampf jetzt zu Ende sein könnte. Für mich war allerdings klar, daß jetzt neu überlegt werden muß, daß es nicht einfach weitergehen kann.

T: Hattest du irgendwann den Gedanken, diesen Befreiungsversuch von 1977, so wie er gelaufen ist, hätte die RAF besser nicht gemacht?

M: Das hab ich nicht gedacht. Nein.

T: Nein? Trotz des Mißerfolgs und der Toten?

M: So kannst du nicht darüber diskutieren! Hinterher weiß man natürlich alles besser und kennt die Fehler. Du kannst nicht immer auf das »hinterher« warten. Deswegen habe ich mir dieses Jahr, so hart es war, auch nicht weggewünscht. Danach war es nötig, Konsequenzen zu ziehen.

T: Aber man kann doch sagen, daß es eine Entwicklung gab hin zum Deutschen Herbst und dann in diesen Wochen selber, die man nicht erst hinterher erkennen konnte. Es war zum Beispiel sichtbar, daß mit dem Anschlag auf Siegfried Buback oder dem Versuch, Jürgen Ponto zu entführen, und besonders kraß mit der Entführung der »Landshut« nicht mehr gesellschaftliche Widersprüche zugespitzt wurden, sondern daß sich darin jeweils eine falsche Einschätzung der Verhältnisse und auch des Machtpotentials spiegelte.

M: Damals fand ich das nicht so eindeutig. Anfangs haben wir und wahrscheinlich viele andere auch schon gedacht, daß die Entführung von Schleyer was bewirken könne. Ich finde es im übrigen schlimm, wenn Fehler wiederholt werden, aber wenn man sie zum erstenmal macht, habe ich ein anderes Verhältnis dazu.

T: Was waren in deinen Augen die Fehler von 1977?

M: Ein ganz gravierender Fehler war, daß der politische Charakter dessen, was die RAF-Kommandos gemacht haben, überhaupt nicht deutlich wurde, daß sie auch selbst damit nicht gearbeitet haben. Besonders deutlich war das bei der Schleyer-Entführung. Da hat die RAF den Präsidenten des Arbeitgeberverbandes und des Bundesverbandes der Deutschen Industrie entführt, einen Mann, der in der NSDAP war und das Goldene Ehrenabzeichen der »Alten Kämpfer« getragen hat, der SS-Offizier war und ab 1941 als Leiter des Präsidialbüros im Zentralverband der Industrie für Böhmen und Mähren für die Plünderung der tschechischen Industrie verantwortlich war. Schleyer hat die Kontinuität von NS-Deutschland und Bundesrepublik verkörpert wie kaum ein anderer, und er war der Mann, der besonders engagiert gegen die gewerkschaftliche Mitbestimmung gehetzt hatte. Aber damit hat die RAF nicht gearbeitet. Sie hat auf einem ungeheuer hohen politischen Niveau gekämpft und wollte viel erreichen, aber es hat eine gewaltige Lücke geklafft, weil sie nicht politisch damit umgegangen ist, was sie gemacht und was sie ausgelöst hat.

T: Was wäre »politischer« gewesen?

M: Sie hätte klarer machen müssen, warum sie gerade Schleyer entführt hat, daß sie es nicht nur wegen seiner Ämter, sondern wegen seiner ganzen Geschichte und gegenwärtigen Politik getan hat. Und vor allem hätte sie deutlich machen müssen, warum gerade 1977 und warum in dieser Zeit gerade er ausgewählt worden war. Das hätte vielleicht klarer gemacht, wer gegen wen stand. Daß es auch um die Kontinuität des Faschismus ging, in einer Phase, in der Deutschland wieder zum Sprung ansetzte und europäische Hegemonialmacht werden wollte. Erinnere dich nur mal, wie die Bundesrepublik damals gegen Portugal vorgegangen ist.* Und weil versäumt worden ist, diese politische Dimension offensiv zu thematisieren, ist es auch für viele sehr schwer, sich jetzt richtig vorzustellen, warum diese Phase so abgelaufen ist. Heute trägt das alles nur noch das Etikett: Die RAF hat jemanden, der einen hohen Posten innehatte, entführt, um die Gefangenen rauszuholen. Punktum. So als ob es egal gewesen wäre, ob der Bundesbahn-Chef, irgendein Banker oder eben Schleyer entführt worden ist. Die politische Stärke, die die RAF durch die Auswahl von Schleyer und durch den Zeitpunkt hatte, hat das Kommando nicht ausgefüllt.

T: Kannst du dir vorstellen, wieso das Entführungskommando diesen Fehler gemacht hat?

M: Ich denke, sie haben die ganze politische Dimension der Konfrontation selbst unterschätzt. Möglicherweise hatten sie sich nicht auf so eine lange Phase der Unsicherheit, der Verhandlungen und der öffentlichen Stimmungsmache eingestellt. Wahrscheinlich hatten sie vermutet, daß nach der Entführung recht schnell Erfolge eintreten. Und als das nicht passierte, waren sie wahrscheinlich so damit beschäftigt, die Logistik zu organisieren und sich auszudenken, wie es weitergehen kann, daß sie diese politischen Fragen vernachlässigt haben. Sie waren wahrscheinlich zu sehr darauf fixiert, alles für den Fall gut zu organisieren, daß es klappt, wie sie es sich vorgestellt haben. Und für den Fall, daß es anders läuft, gab es anscheinend kein Szenario.

T: Würdest du auch die Tötung von Hanns Martin Schleyer als Fehler ansehen?

M: Nein. Das hast du ja auch in dem NDR-Fernsehinterview

* 1977 drängte Portugal, das sich 1974 vom Faschismus befreit hatte, in die EG. Die Aufnahme dort war aber heftig umstritten. Insbesondere die Bundesrepublik setzte die sozialistische Minderheitenregierung unter Mario Soares mit der Forderung unter Druck, erst eine funktionsfähige Marktwirtschaft zu installieren und die radikale Linke, die für Enteignungen und eine weitreichende Bodenreform eintrat, auszugrenzen.

schon gefragt. Wenn man nicht bereit ist, jemanden wie Schleyer zu töten, darf man ihn gar nicht erst entführen.

T: Es gibt aber doch einen Unterschied zwischen dem Versuch, mit einer Geiselnahme Gefangene freizupressen – was nur funktioniert, wenn man droht, die Geisel zu töten –, und der tatsächlichen Tötung der Geisel für den Fall, daß die Gegenseite nicht auf die Forderungen eingeht. In dem Moment, in dem das Kommando Schleyer erschossen hat, war er ja nicht mehr der mächtige Mann, sondern er war nur noch eine wehrlose Person, die von der Bundesregierung aufgegebenen worden war. Der Krisenstab kalkulierte den Tod von Schleyer ja selbst ein.

M: Für den Moment ist das richtig. Nur, wenn Schleyer freigelassen worden wäre, hätte er bald den einen oder anderen Vorstandsposten zurückbekommen. Das unterscheidet ihn sicher auch von Aldo Moro,* den man, wenn er freigelassen worden wäre, niemals in ein Amt mehr hätte zurückkehren lassen, sondern in die Psychiatrie gesteckt hätte.

T: Die Frage ist doch aber, was das politische Signal einer Geiselerschießung ist.

M: Daß man es ernst meint.

T: Aber warum mußte die RAF das demonstrieren? Nach dem Scheitern der Schleyer-Entführung war doch klar, daß es zu einer weiteren Entführung nicht kommen würde, die durch das Wissen »Die meinen es ernst« hätte beeinflußt werden können.

M: Das finde ich so pauschal nicht richtig. Die Bundesregierung hatte darauf gesetzt, mit ihrer Ablehnung der Forderungen und

* Aldo Moro, Präsident der italienischen Democrazia Cristiana, einer der Väter des »historischen Kompromisses« mit den italienischen Kommunisten, wurde am 16. März 1978 von den Brigate Rosse entführt. In den 55 Tagen bis zu Moros Tod am 9. Mai wurde von seiten der UNO und des Vatikans zugunsten der Brigate Rosse interveniert. Die Linie der Nichtverhandlung von DC und PCI wurde von sozialistischen Politikern und DC-Dissidenten kritisiert. In mehreren Briefen kritisierte Moro die »harte Linie« der Regierung scharf. Die Angehörigen Moros brachen öffentlich mit der DC.

dem Mord an den Gefangenen die ganze Phase des bewaffneten Kampfes zu beenden.

T: Aber Schleyer war doch entführt worden, weil man sich sicher war: Wenn die Gefangenen gegen jemanden ausgetauscht werden, dann gegen ihn, den mächtigsten Industrievertreter, der enge persönliche Drähte in die Regierung und zur Opposition hat. Nun wurde aber nicht ausgetauscht, sondern der harte Kurs gefahren. Daraus ergibt sich doch logisch, daß Entführungen auch künftig das selbstgesetzte Ziel, Befreiung der Gefangenen, nicht erreichen würden.

M: Mit dieser Aktion ist nicht das ganze Konzept gescheitert. Das war auch dadurch abgeschwächt, daß durch das Scheitern der Ponto-Entführung ein wichtiger Teil der Aktion gefehlt hat. Worauf es ankommt, ist, daß in meinen Augen mit dem Scheitern der Schleyer-Entführung das Projekt »Gefangenenbefreiung« nicht ein für allemal vom Tisch war. Es ist nicht gelungen, den Raum politisch auszufüllen.

Es war ja auch so, daß nach 1977 eine regelrechte Kill-Fahndung eingesetzt hat. Innerhalb kurzer Zeit wurden Willy Peter Stoll, Elisabeth van Dyck und Michael Knoll bei ihrer Verhaftung erschossen, wobei Willy und Elisabeth überhaupt keine Chance hatten, zur Waffe zu greifen. Und auch Rolf Heißler hat seine Festnahme nur durch Zufall überlebt, weil er reflexhaft den Zeitungsstapel in seiner Hand hochgerissen und damit die Kugel, die ihn in den Kopf traf, abdämpfen konnte. Der Apparat hat großen Wert darauf gelegt, keine Gefangenen mehr zu machen – sie hatten also durchaus Angst vor weiteren Befreiungsversuchen.

T: Kommen wir noch mal zur Tötung von Schleyer. Eine Geisel, einen Menschen, der einem ausgeliefert ist, zu töten, ist eine brutale Aktion.

M: Aber Schleyer war nicht einfach »ein Mensch, der einem ausgeliefert ist«, sondern zu dem Zeitpunkt der mächtigste Wirtschaftsführer. Er war ehemaliger SS-Offizier, er war an den Verbrechen der Nazis beteiligt, er war ein Vorkämpfer gegen

Mitbestimmung und alle Formen von Demokratisierung in der Bundesrepublik – und daran hat die Tatsache, daß er im Moment seines Todes keine Macht mehr hatte, erst mal nichts geändert. Brutal waren seine Geschichte und seine Politik. Die Bundesregierung hat sich gegen Schleyer und für die Strategie des US-Kapitals entschieden.

T: Du hast vorhin gesagt, das schlimmste seien Fehler, aus denen man nichts lernt. Haben RAF und Gefangene aus ihren Fehlern im Deutschen Herbst gelernt?

M: Ja und nein. Ein großes Problem von uns war, daß wir nicht über das reden konnten, was bei der Schleyer-Entführung falsch gemacht worden ist. Wir Gefangenen konnten nicht untereinander reden, und mit den Illegalen gab es schon gleich dreimal keine Diskussionsmöglichkeit. Ich weiß bis heute nicht genau, was sie eigentlich insgesamt diskutiert haben.

T: Die RAF hat im Frühjahr 1982 das Mai-Papier veröffentlicht,* das einerseits ein paar, wie ich finde, eher oberflächliche Bemerkungen zu 1977 enthält, dann aber vor allem einen neuen Abschnitt antiimperialistischer Politik einleiten will: das sogenannte Frontkonzept.** Kanntet ihr das Mai-Papier damals im Knast, habt ihr darüber diskutiert?

M: Wir kannten das Papier und haben bei jeder Gelegenheit, so bruchstückhaft auch immer, darüber geredet. Mit der Idee des Frontkonzepts, daß es jetzt eine Front geben sollte, deren Abschnitte neu definiert und deren Dreh- und Angelpunkte auch

* Abgedruckt in: Oliver Tolmein, Vom Deutschen Herbst zum 11. September. Die RAF, der Terrorismus und der Staat, Hamburg 2002.

** Das Frontkonzept hat die antiimperialistische Politik der achtziger Jahre in der Legalität und in der Illegalität geprägt. Die »antiimperialistische Front« sollte durch das »zusammen kämpfen« unterschiedlicher militanter Gruppierungen gegen unterschiedliche Projekte der »reaktionären Offensive« hergestellt werden. Mit den Worten des Mai-Papiers: »Gegen diesen Horizont entsteht die antiimperialistische Front im Zentrum. Ihre Wirkung ist allein an der Verhinderung oder Nicht-Verhinderung einzelner, aktueller imperialistischer Projekte nicht zu messen, was sie erreicht, erreicht sie immer als Kampfabschnitt der internationalen Front für sie und erst aus dieser Totalität der Konfrontation Imperialismus-Befreiung kann das Kräfteverhältnis geschaffen werden, das die soziale Revolution hier möglich macht.«

die Kämpfe in Westeuropa sein sollten, waren wir einverstanden. Die Grundidee war auch, politischer zu handeln, politische Projekte sich entwickeln zu lassen, politische Beziehungen aufzubauen. Die erste Phase vom Aufbau der Guerilla war vorbei, es ging um die Vertiefung. Uns erschien die Zeit dafür auch reif. Sogar von drinnen aus konnten wir sehen, daß es ab 1980 wieder Bewegung gab. Dieses totale Atemanhalten, der Stillstand und die Erstarrung, die in den Jahren 1977 bis 1980 die Situation der radikalen Linken geprägt hatten, waren weg. Jetzt gab es auch wieder Demonstrationen: für Hausbesetzungen, gegen die Nato, gegen AKW. Es gab neue Aktionsformen, und manches schien in Bewegung zu kommen. Das hat uns sehr überzeugt.

T: Nun war diese Erstarrung, die es nach 1977 gegeben hatte, Folge einer Reihe von Aktionen der RAF. War es da wirklich so überzeugend, 1980/81, kaum daß sich in der legalen Linken wieder etwas tat, gleich das nächste Guerilla-Konzept drüberzustülpen, »zusammen kämpfen«, und den Frontaufbau zu propagieren?

M: Es sollte nichts übergestülpt werden. Im Gegenteil. Die Idee war, daß nicht mehr, wie es bis dahin in unserer Vorstellung war, nur die Guerilla das Zentrum bildete, an dem sich alles orientieren sollte. Künftig sollten die anderen Widerstandsformen, die Aktivitäten anderer Gruppen ihr eigenes Gewicht haben und damit zusammenwirken. Das war durchaus eine Konsequenz aus den Erfahrungen von 77. Wie das dann in die Realität umgesetzt wurde, ist eine andere Frage. Du mußt auch sehen, daß kurz danach die meisten von denen, die das Konzept entwickelt und also versucht hatten, neue Lernprozesse anzufangen, verhaftet wurden.

T: Du meinst, daß diese Verhaftungen Folgen hatten dafür, wie das Mai-Papier dann tatsächlich umgesetzt wurde?

M: Ja sicher. Die Verhaftungen 1982 und 1984* waren ein schwe-

* 1982 und 1984 wurden Brigitte Mohnhaupt, Adelheid Schulz, Christian Klar, Helmut Pohl, Christa Eckes, Stefan Frey, Ingrid Jakobsmeyer, Barbara Ernst und Ernst-Volker Staub verhaftet.

rer Schlag für die Illegalen. Die, die dann noch da waren oder dann dazugekommen sind, hatten einen anderen Hintergrund. Sie kamen, soweit ich weiß, eben aus den Bewegungen der achtziger Jahre.

T: Aber auch das Papier selbst liest sich sehr merkwürdig. Zum Beispiel heißt es dort: »Die Offensive wurde zu unserer härtesten Niederlage«, und gleich danach: »Daß wir durch die Wirkung, die die Konfrontation entwickelt hat, stärker als vorher daraus hervorgekommen sind, zeigt, daß Fehler und Niederlagen nicht das Entscheidende waren.« Alles falsch, aber eigentlich war's ein toller Erfolg...

M: Die Passage hat mich auch gestört. Das entsprach auch nicht der realen Situation. Aber die Gruppe hat damals wohl ungeheuer viel diskutiert und mit anderen Leuten gesprochen, auch auf internationaler Ebene. Ich kann mir diese positive Beschreibung der eigenen Lage nur dadurch erklären, daß sie aus diesen Gesprächen ein verzerrtes, viel zu positives Bild von der realen Lage gewonnen haben. Das klingt wirklich etwas triumphalistisch, aber im Kern ist auch etwas Wahres.

T: Die Ereignisse 1977 haben ja auch ungeachtet der im November 1982 erfolgten Verhaftungen dazu geführt, daß sich die RAF personell erheblich verändert hat. Einige Leute wollten raus und sind in die DDR ins Exil gegangen. Auch von daher fand ich es etwas unverständlich, daß dieser Abschnitt 1977 insgesamt positiv bewertet wurde. Wußtet ihr im Gefängnis eigentlich, daß Leute die RAF verlassen hatten?

M: Nein. Wir konnten uns schon vorstellen, daß 1977 viele Neue dazugekommen, aber nicht, daß sie wieder weggegangen waren.

T: Neben der Neuausrichtung im illegalen Lager hatte 1977 auch im legalen außerparlamentarischen Bereich enorme Folgen. Zum Beispiel wurde 1979, auch als Reaktion auf die Nachrichtensperre während der Schleyer-Entführung, die »taz« gegründet. Und es war sicher kein Zufall, daß in der Nullnummer ein beherrschendes Thema der bewaffnete Kampf war und daß er am besten über eine Amnestiekampagne zu beenden wäre. Ende der siebziger Jahre wurden außerdem überall in der Bundesrepublik Grüne und Bunte Listen gegründet. Wie habt ihr diese Entwicklung wahrgenommen?

M: Wir fanden die Gründung der Grünen negativ. Wir haben gespürt, daß das auf einen Anpassungsprozeß hinausläuft, auf den Willen zur Macht, statt auf Entwicklung von Widerspruch und Widerstand, also auf Schwächung der Bewegung.

T: Das sind recht allgemeine Einwände. Es gab aber über die Amnestiekampagne auch eine ganz direkte Verbindung zwischen euch und dieser neuen Oppositionskultur.*

M: Verbindung ist das falsche Wort. Diese Amnestiekampagne haben wir als einen feindseligen Akt gegen uns wahrgenommen.

T: Warum? Immerhin zielte die Kampagne ja darauf, daß ihr rauskommt, und das mußte euch doch in eurer Situation damals als erstrebenswertes Ziel erscheinen.

M: Aber wir wollten doch nicht raus um jeden Preis. Wir wollten vor allem Kontinuität, uns kam es darauf an, daß der Kampf weitergeht, vielleicht auf einer anderen Ebene – aber doch eben weiter. Und die Amnestiekampagne wollte genau das Gegenteil: Ende, Schlußstrich, Integration ins System. Es ging darum, nach der Phase der harten Konfrontation 1977 ein Versöhnungsangebot an den Staat zu machen, eine Befriedungsstrategie durchzusetzen, und wir sollten das Mittel dazu sein: unser Abschwören auf Praxis und Geschichte des bewaffneten Kampfes gegen unsere Freilassung. Das war prima ausgedacht, weil es nebenbei noch das schlechte Gewissen, daß man selbst sich angepaßt hatte, miterledigt hätte. Daraus wäre kein Aufbruch geworden, nichts, was noch irgend etwas mit radikaler Politik zu tun gehabt

* Amnestie war das Thema der zweiten Nullnummer der »taz«. Im Leitartikel hieß es zur Stoßrichtung dieses Projekts: »Amnestie wendet sich gleichermaßen gegen eine staatliche Machtlogik, die über Leichen zu gehen bereit ist, wie auch gegen die Propagandisten des militärischen revolutionären Kampfes. Eine Amnestie könnte den Horizont für neue Gedanken öffnen.« Amnestiert werden sollten folglich auch nur die, die bereit gewesen wären, das Scheitern des Projekts »bewaffneter Kampf« einzugestehen.

hätte. Es wäre eine Kapitulation, eine bedingungslose Unterwerfung und Anerkennung des Systems, wie es ist, gewesen – und dazu waren wir nicht bereit.

T: Hat es denn von euch Initiativen gegeben, sich mit dieser Amnestieforderung auseinanderzusetzen oder mit ihren Verfechtern und Verfechterinnen Kontakt aufzunehmen?

M: Nein. Es gab dort nichts, woran wir hätten anknüpfen können. Wir waren auch nicht gefragt worden. Es ging also nicht um uns. Und wir hatten damals das Problem, überhaupt ausreichend etwas zu erfahren. Die Artikel bekamen wir nicht rein, die wurden vorher von der Zensur rausgeschnitten. Die Besuche, wenn wir sie überhaupt hatten, fanden unter recht extremen Bedingungen statt, boten auch keine Gelegenheit, offen über das Projekt zu reden. Man hat mal eine halbe Seite vom »ak« ergattert und konnte sich dann alles mögliche zusammenreimen. Man konnte den Eindruck gewinnen, daß wir aus diesen Auseinandersetzungen rausgehalten werden sollten. Und das ist gelungen.

T: War das nicht vielmehr die Fortsetzung der sprachlosen Auseinandersetzung zwischen Guerilla und Teilen der legalen Linken, in der jetzt mal die legale Linke Fakten geschaffen und die Initiative ergriffen hatte?

M: »Initiative ergriffen« klingt etwas hochtrabend. Da haben ein paar Leute was dahergeschrieben – unverbindlich und ohne das geringste Interesse daran zu haben, daß sich davon irgend etwas durchsetzt. Und daß mit uns nicht darüber geredet wurde, finde ich nach wie vor ungeheuerlich und bezeichnend. Amnestie fordern, ohne auch nur einmal zu fragen, was denn die wollen, um deren Straffreiheit beziehungsweise Haftentlassung es dabei gegangen wäre. So eine Kampagne über die Köpfe derer, die es anging, hinweg zu machen ist etwas, worauf Gefangene, und wir auch, besonders empfindlich reagieren.

Wir befanden uns ohnehin in einer Situation, in der wir nur schwer mit etwas durchdringen und unsere Positionen absprechen und verbreiten konnten. Wir bekamen in der Zeit nur alle halbe Jahr mal mit, was draußen diskutiert wurde. Unsere Briefe und Besucher wurden kriminalisiert wie selten zuvor. Darein die Amnestiekampagne...

T: Hättet ihr euch denn vorstellen können, mit den Leuten, die für Amnestie eintreten, ein gemeinsames Projekt zu diskutieren, eine Perspektive zu suchen?

M: So einen Gedanken hat es nicht ernsthaft gegeben.

T: Auch bei euch nicht?

M: Nein. Die Frage ist auch falsch, weil sie unterstellt, es hätte im Prinzip Gemeinsamkeiten gegeben und die seien nur durch ein ungeschicktes Vorgehen nicht zum Tragen gekommen. Aber die Amnestiebefürworter sind nicht ungeschickt gewesen, sie wollten nichts mit uns zu tun haben. Es ging ihnen allein um ihre Politik. Und wir hatten andere Probleme, als uns mit denen auseinanderzusetzen. Wir wollten dringend unter uns etwas klären und diskutieren.

T: Ihr konntet nicht untereinander reden. Der politische Druck gegen euch wurde erhöht. Hatte das zur Folge, daß ihr das weitermachen mußtet, worüber es bei euch einen Minimalkonsens gab?

M: Das klingt so, als ob uns diese Situation in die Stagnation geführt hätte. Das war aber nicht so. Wir haben in dieser Zeit, Anfang der achtziger Jahre, einige neue Projekte in Gang gebracht. Vor allem ging es uns darum, auf der Ebene der UNO und der internationalen Menschenrechte Protest gegen unsere Haftbedingungen zu mobilisieren. Unsere Anwälte und Angehörigen haben in dieser Zeit eine Vielzahl von Gesprächen geführt, damit unsere Haftbedingungen als Verstoß gegen die Menschenrechtskonvention gerügt würden.

T: Hattet ihr angesichts der Entwicklung in der legalen Linken damals – erst die Erstarrung, dann ein massenhaftes Engagement in parlamentarisch orientierten Gruppen, wie den Alternativen und Bunten Listen oder der Grünen Partei – den Eindruck, daß das eine Konsequenz eurer Politik war? Daß die Attentate und Entführungen der RAF in der Linken eine Entwicklung weg von militanter Politik ausgelöst hatten?

M: Es gab in dieser Zeit auch andere Entwicklungen, die militante Hausbesetzerbewegung, die bundesweit mehrere hundert Häuser besetzt hat, zum Beispiel. Und das waren wesentlich jüngere Leute, die nicht schon in den Siebzigern in irgendwelchen K-Gruppen gesessen und sich über uns geärgert hatten. Die Hausbesetzer waren für uns eine ganz wichtige Bewegung, die wir sehr genau verfolgt haben, weil die auch wirklich anders leben wollten und nicht nur eine Politik der Resolutionen, Statements und Erklärungen anpeilten. Die Basis von Engagement, daß es Energien gab und Lebensfreude, war für uns das wichtigste. Das war die Basis, auf der wir auch unsere Politik entwickelt hatten. Und das so was aufkommen konnte, das hat uns Mut gemacht.

T: Aber das beantwortet nicht die Frage. Was ist mit den Teilen der Linken geschehen, die mit euch ein ganzes Stück gemeinsamen Wegs hatten, die ja etwas älter waren als die Hausbesetzer, die mehr Erfahrungen hatten und für die 1977 insofern eine Wegscheide war, als sie danach Abschied von der Systemopposition und der militanten Politik genommen haben, weil sie meinten, das führe in die Sackgasse. Hattet ihr das Gefühl, daß ihr als RAF auch für diese Entwicklung Verantwortung getragen habt, indem ihr die Bedingungen geschaffen habt, die zu so einer Eskalation wie 1977 führte?

M: Der Abschied von militanter linker Politik war deren freie Entscheidung – so haben wir das gesehen. Sie haben sich ja nicht von unseren Zielen verabschiedet, diese Ziele hatten sie selber gehabt. Und dafür sind nicht wir verantwortlich, sondern sie.

T: Aber ihr habt eine Eskalation in Gang gesetzt, die die Bedingungen militanter Politik erheblich verändert hatte: Es hatte viele Tote gegeben, die Polizei war aufgerüstet, das gesellschaftliche Klima aggressiver geworden.

M: Das lag aber nicht nur an uns. Dennoch sind wir natürlich verantwortlich für Bedingungen, die wir verändern. Aber trotzdem bleiben anderen Leuten viele Möglichkeiten, unterschiedlich zu handeln, unterschiedlich mit diesen Bedingungen umzugehen. Und deswegen kannst du die Verantwortung für eine Kehrtwendung zum Parlamentarismus nicht uns anlasten.

T: Du hast vorhin gesagt, es kommt immer darauf an, den richtigen Zeitpunkt für eine Aktion zu finden, sich über ihre Ziele genau im klaren zu sein. Und ich würde sagen, daß 1977 die Schärfe der Konfrontation, die durch die RAF herbeigeführt wurde, zu einem falschen Zeitpunkt erfolgte und auch nicht so bestimmt war, daß sie ...

M: ... allen anderen genügend Raum gelassen hätte. Aber das bedeutet nicht, daß wir deswegen an allem schuld sind, was passiert ist. So klingt das nämlich, wenn du nach »Verantwortung« fragst.

T: Die Frage nach der Schuld finde ich hier uninteressant. Die nach den Ursachen nicht. Und ich denke, die RAF hat mit ihrer revolutionären Politik vielen anderen den Weg in den Reformismus leicht gemacht.

M: Sicher haben wir Bedingungen, unter denen die Linke in der BRD agiert, mitbestimmt. Aber es stimmt nicht, daß wir die Bedingungen für revolutionäre Politik kaputtgemacht hätten, weil wir die Repression auf den Plan gerufen und die Aufbruchstimmung erstickt hätten. So wurde auch in den Siebzigern gerne geredet – aber mit den wirklichen Verhältnissen hat das wenig zu tun. Auch ohne uns hätten zum Beispiel die K-Gruppen keine 1a-Revolutionsgeschichte geschrieben. Daß die Polizei massiv zuschlägt, hat nicht mit uns zu tun, sondern damit, daß dieser Staat seine Macht erhält – und jedesmal, wenn außerparlamentarische Gruppen zu erfolgreich sind und sein Machtmonopol angreifen, reagiert er mit Repression. Daß gegen die Anti-AKW-Bewegung oder die Hausbesetzer immer wieder mit einem ganzen Heer von Polizei vorgegangen worden ist, lag nicht an uns, sondern daran, daß sie einen empfindlichen Punkt getroffen haben.

T: Die Aktivitäten der Hausbesetzer habt ihr damals sehr positiv bewertet, weil es dabei um ganzheitliche Vorstellungen von Leben und Kämpfen ging. Hast du die Hausbesetzerbewegung insofern als Fortführung von Ansätzen aus den sechziger Jahren gesehen? Hattet ihr den Eindruck, die knüpfen an etwas an, was für euch auch sehr wichtig war?

M: Nein. Sie haben sich auch nicht auf uns oder auf die Apo bezogen. Die haben aus sich heraus gehandelt. Und das hat uns gut gefallen. Es war eben ein neuer Anlauf. Sie selber haben sich zu diesen Fragen auch nicht geäußert.

T: Aber wir hatten eigentlich über das Mai-Papier geredet. Darin wird zwar auch viel über Veränderungen und Aufbruch geschrieben, aber alles bleibt nebulös. Das, was du erzählst, klingt aber so, als ob euch im Knast gerade die konkreten Entwicklungen ermutigt hätten …

M: Im Mai-Papier war der Schwerpunkt auf die Analyse der internationalen Verhältnisse gelegt worden, auf das, was sich damals global verändert und verschoben hat. Das war auch wichtig. Aber es war nur ein Ausschnitt. Ich finde es sowieso falsch, sich so auf Papiere zu fixieren. Wenn du »Stadtguerilla und Klassenkampf« oder auch das Mai-Papier hernimmst und daran herum-interpretierst, als handele es sich um ein Goethe-Gedicht, dann lernst du daraus nichts über die Politik der Guerilla. Papiere sind immer Notlösungen. Du mußt was erklären, willst was vermitteln, hast keine Gelegenheit, direkt mit den Leuten so und so zu diskutieren – also schreibst du ein Papier. Aber das ist dann eben nur ein Ausschnitt aus einer Diskussion und keine festgelegte Wahrheit. Und so ist es auch mit dem Mai-Papier.

T: Trotzdem fällt auf, daß das Mai-Papier gerade diesen Ausschnitt liefert: Globalanalysen, die viel über den Kampf der Guerilla gegen den Staat sagen, aber wenig über die Entwicklung in der Gesellschaft. Und diese Frontstellung »Guerilla und Staat« ist in meinen Augen ein Grund dafür, warum gesellschaftliche Entwicklungen im Denken und in der Politik der RAF so wenig Niederschlag gefunden haben.

M: Sicherlich werden viele Aspekte durch die Art der Aktionen, die die RAF gemacht hat, ausgeblendet. Und insgesamt hat die weitere Entwicklung in den Achtzigern zu dieser Verengung geführt.

T: Wie bewußt war euch dieses Dilemma in den siebziger Jahren?

M: Wir hatten uns damals damit auseinandergesetzt, waren aber überzeugt, daß der Fundus an Erfahrungen, den wir aus dem Leben in der Legalität mitgebracht hatten, lange reichen würde, um der Gefahr, nicht mehr mitzubekommen, was ist, zu entgehen. Wir waren dann, wegen der schnellen Verhaftungen auch nicht jahrelang in der Illegalität, so daß sich dieses Problem praktisch auch so nicht gestellt hat und wir deswegen noch keine neuen Lösungswege gesucht hatten.
Aber ich denke, das Problem ist noch ein anderes: Als Guerilla kannst du nicht alle Probleme auf einmal lösen.

Neukonstituierung und der Kampf um Zusammenlegung

1979 nahmen die USA und die Volksrepublik China diplomatische Beziehungen auf.

Der Schah von Persien verließ sein Land. Die fundamentalistische Opposition unter dem aus dem Exil heimgekehrten Ayatollah Chomeini übernahm die Macht und gründete einen Revolutionsrat. Die Revolution im Iran war aber nicht nur deshalb ein tiefer Einschnitt, weil sie die Grundlage für einen islamischen Staat legte. Der Iran hat auch Zugriff auf reiche Erdölvorkommen. Bundesdeutsche Linke wie der Sponti Joschka Fischer konnten sich für den Erfolg der »revolutionären Massenbewegung ohne Waffen« anfangs begeistern, weil, so ihre Hoffnung, von den Mullahs statt des verhaßten Marxismus eine Alternative zum westlichen Fortschrittsmodell entwickelt würde. 1980 kam es zwischen dem Iran und dem Irak zum 1. Golfkrieg.

1979 siegte die sandinistische Revolution in Nicaragua. Am 24. Dezember 1979 intervenierten sowjetische Truppen in Afghanistan, um den ehemaligen Sozialisten Hafiz Allah Amin, der ein zunehmend terroristisches Regime etablierte und Kontakte zu den USA und nach Pakistan knüpfte, zu entmachten und eine sozialistische Regierung unter Babrak Kamal zu stützen.

In Europa standen die Zeichen auf Eskalation. Die Nato beschloß 1979 die sogenannte Nachrüstung, die Stationierung atomarer Marschflugkörper und Mittelstreckenraketen. Die BRD und die USA schlossen das für den Kriegsfall gedachte »Wartime Host Nation Support«-Abkommen, das später für Interventionen der USA und der Nato im Nahen und Mittleren Osten Bedeutung bekam. Der Boykott der Olympischen Spiele, die 1980 in der UdSSR stattfanden, zeigte ebenso wie Äußerungen des 1980 gewählten US-Präsidenten Ronald Reagan, der die Sowjetunion als »Reich des Bösen« bezeichnete, daß das politische Klima hitziger wurde. Weite Teile der Linken und die bürgerliche Opposition befürchteten, daß es innerhalb kurzer Zeit zu einem Dritten Weltkrieg kommen könnte. »Es ist 5 vor 12« wurde zu einer der beliebtesten Parolen der Friedensbewegung, die enormen Zulauf hatte. Anders als die Anti-AKW-Bewegung in ihrer Anfangsphase war die Friedensbewegung aber eine »Angstbewegung«. Offene Konfrontationen mit der Polizei wie die am 6. Mai 1980 anläßlich eines öffentlichen Rekrutengelöbnisses im Bremer Weserstadion blieben die Ausnahme.

Es wurde aber nicht nur für den Frieden blockiert, Anfang der achtziger Jahre wurde auch gegen den Bau der Startbahn-18-West demonstriert, und eine ganze Region kämpfte gegen die Errichtung der Wiederaufbereitungsanlage in Wackersdorf. In den größeren und manchen kleineren Städten wurden Hunderte von leerstehenden Häusern besetzt.

Es waren nicht mehr die K-Gruppen oder festgefügte linke Gruppen, die die Protestszene beherrschten, sondern lose Zusammenschlüsse und Plena, die in den kommenden Jahren die außerparlamentarische Szene prägten.

Im Frühjahr 1980 schlossen sich Teile der Bewegung 2. Juni der RAF an. Am 18. April 1981 begann der achte kollektive Hungerstreik, in dessen Verlauf Sigurd Debus unterernährt wurde und starb. Am 31. August 1981 verübte das Kommando Sigurd Debus einen Anschlag auf das Hauptquartier der US-Luftstreitkräfte in Europa in Ramstein. Zwei Wochen später überlebte der US-General Frederik Kroesen einen Anschlag des Kommandos Gudrun Ensslin. 1982 meldete sich die RAF mit dem Mai-Papier in die Diskussion zurück. Ermutigt von den scheinbar allgegenwärtigen militanten Aktionen, propagierte sie die Bildung einer antiimperialistischen Front in Westeuropa. Im Dezember 1984 begann ein weiterer kollektiver Hungerstreik. Kurz danach griff die RAF die Shape-School der Nato in Bad Tölz an. Am 1. Februar 1985 wurde der MTU-Manager Ernst Zimmermann von der RAF getötet. Kurz danach beendeten die Gefangenen den Hungerstreik auf Aufforderung der Illegalen. Am 8. August 1985 verübte das Kommando George Jackson einen Anschlag auf die Rhein-Main-Air-Base. Im Vorfeld wurde der US-Soldat Edward Pimental ermor-

det, dessen ID-Karte das RAF-Kommando benötigte. Im Juli 1986 fielen das Siemens-Vorstandsmitglied Kurt Beckurts und sein Fahrer Eckhard Groppler einem Anschlag der RAF zum Opfer, am 10. Oktober 1986 erschoß die RAF den Leiter der Politischen Abteilung im Auswärtigen Amt, Gerold von Braunmühl. Am 30. November 1989 wurde der Vorstandssprecher der Deutschen Bank Alfred Herrhausen bei einem Sprengstoffanschlag getötet.
Die RAF hatte ihre personelle Zusammensetzung in dieser Zeit komplett verändert. Nach den Verhaftungswellen 1982 und 1984 mußte sich eine ganz neue Gruppe konstituieren. Weder die Anschläge der militanten Gruppen noch der breit angelegte Widerstand der neuen sozialen Bewegungen vermittelte aber gesellschaftliche Aufbruchstimmung. Die innenpolitische Entwicklung in der BRD war in jeder Hinsicht restaurativ. Die Arbeitslosigkeit stieg rapide an, in der Ausländer- und Asylpolitik brach sich eine rechtspopulistische Stimmungsmache Bahn; eine rechtsterroristische Szene entwickelte sich.
Am 1. Oktober 1982 wurde Helmut Kohl durch ein gegen Helmut Schmidt gerichtetes konstruktives Mißtrauensvotum zum Bundeskanzler gewählt. Die Bundestagswahlen vom 6. März 1983 bestätigten die neue Koalition, die einen »Wertewandel« einleiten wollte. Am 5. Mai 1985 ehrten die beiden rechtskonservativen Staatschefs Kohl und Reagan deutsche Soldaten auf dem Friedhof in Bitburg, auf dem auch SS-Leute begraben liegen. Die Relativierung deutscher Verbrechen während des Nationalsozialismus und ein zunehmend selbstbewußtes Auftreten der Bundesdeutschen wurden auch in einem Interview deutlich, das Bundeskanzler Kohl 1987 »Newsweek« gab. Darin setzte er den sowjetischen Staatschef Gorbatschow mit Goebbels gleich. Die DDR verglich er später mit einem Konzentrationslager. In der BRD entbrannte in dieser Phase der Historiker-Streit: die Debatte um das Ausmaß, die Besonderheit und die Ursache der deutschen Verbrechen in der Zeit des Nationalsozialismus. Die liberale Historikerfraktion, die sich gegen eine Relativierung des Nationalsozialismus stark machte, ging aus dieser Kontroverse, wie sich nach 1989/90 zeigte, nur scheinbar als Sieger hervor.

Während offizielle Staatspolitik und gesellschaftliches Klima eine rechte Dynamik gewannen, an der auch der Einzug der Grünen in den Bundestag nichts änderte, geriet die außerparlamentarische Linke in eine Phase der Stagnation. Der Bombenangriff der USA auf Libyen am 15. April 1986 und die Reaktorkatastrophe in Tschernobyl am 26. April 1986 mobilisierten zwar noch mal kurzzeitig die Friedens- und die Anti-AKW-Bewegung – aber dabei blieb es. Auch das »Neue Denken«, das der 1985 ins Amt gerufene neue sowjetische Staats- und Parteichef Michail Gorbatschow propagierte, führte in der radikalen Linken der BRD nur kurzzeitig zum Aufflackern einer neuen Strategiediskussion. Die Perspektiven linksradikaler Politik verschwammen angesichts des weltweiten Scheiterns der revolutionären Konzepte, der weitgehenden Integration der bundesdeutschen linken Strömungen in den Grünen und der stets aufs neue beklagten Ein-Punkt-Konzepte der neuen sozialen Bewegungen zusehends. Trotzdem gelang eine breite Mobilisierung gegen die Tagung des Internationalen Währungsfonds 1988 in West-Berlin. Für kurze Zeit stand Internationalismus, vor allem die Solidarisierung mit den Kämpfen in Lateinamerika, noch einmal im Mittelpunkt des politischen oppositionellen Engagements. Auch diese Kämpfe hatten sich allerdings verändert. In Uruguay war 1985 mit dem Übergang von der Militär- zur Zivilregierung eine Amnestie für die Tupamaros durchgesetzt worden. Die einstige Guerilla-Organisation hatte sich als legale politische Gruppe neu gegründet. Der Druck der USA auf die linken Guerilla-Gruppen in anderen lateinamerikanischen Staaten und auf die regierenden Sandinistas in Nicaragua wurde verstärkt.

Die neue Phase nach 1984

Oliver Tolmein: Wie habt ihr im Knast, nach der Veröffentlichung des Mai-Papiers von 1982, die Entwicklung draußen, die schließlich in eine Neukonstituierung der RAF gemündet ist, wahrgenommen?

Irmgard Möller: Wir haben gespürt, daß es draußen einen richtigen Aufschwung gibt. Die Sprache der Flugblätter, die Aktivitäten vor Ort, die Briefe, die wir drinnen bekommen haben – das alles klang nach Aufbruch. Es gab 1983 eine Kampagne, die Grußaktion, die von Leuten draußen initiiert worden war, die uns in diesen Aufbruch einbeziehen wollten. Die haben uns also von ihrer Arbeit berichtet, von den Projekten, die sie gerade entwickelten. Sie haben uns mit Infomaterialien und Büchern versorgt und sich dafür eingesetzt, daß andere das auch tun, so daß wir innerhalb kürzester Zeit enorme Mengen an Post bekommen haben. Viel davon wurde zwar von der Knastzensur angehalten, aber das mußte uns wenigstens mitgeteilt werden, so daß wir trotzdem wußten: Da bewegt sich etwas. Das war auch noch mal anders als die Hausbesetzungen, weil wir diesmal nicht nur beobachten konnten, daß sich etwas tat, wir waren auch selbst einbezogen. Allerdings konnten wir drinnen schlecht einschätzen, wie substantiell dieses neue Engagement war und welche Perspektiven das hatte. Aber es vermittelte auf jeden Fall ein Gefühl von neuer Lebendigkeit – und das war für uns viel.

T: Wie wirkt so eine Postkarten- und Briefaktion konkret. Habt ihr euch gefreut und gesagt: »Schön, daß es das gibt«, oder konntet ihr euch auch mit den Positionen der Leute, die euch geschrieben haben, auseinandersetzen?

M: Es ist viel mehr als nur eine moralische Unterstützung – obwohl die natürlich auch wichtig ist, gerade in der Isolationshaft. Wir haben durch die Berichte über einzelne Aktionen, die Bündnisse, die geschlossen wurden oder auch nicht, die Gedanken, die manche über die RAF aufgeschrieben haben, einen Einblick in das bekommen, was draußen los ist. Und das ist für politische Gefangene lebenswichtig.

Uns hat auch alles interessiert, jeder Ansatz, den Leute draußen finden, um sich im Widerstand zu organisieren – ganz unabhängig davon, wie sie zur RAF stehen. Wir wollten wissen: Was sind ihre Widersprüche zu uns? Worüber mobilisieren sie sich? Wie lernen sie? Was für Schritte und Erfahrungen machen sie dabei? Schwierig war, dazu vom Knast aus was zu sagen – was die Menschen, die uns geschrieben haben, aber oft erwarteten. Ich zum Beispiel habe da schon seit über zehn Jahren gesessen, das führt dazu, daß die Realität draußen einem schon recht fremd wird. Da neigt man dazu, Sachen überzubewerten oder zu große Hoffnung reinzusetzen. Aber dieses Gefühl, nicht mehr total abgeschnitten zu sein, das hat bei mir damals viel verändert. Es mobilisiert auch bei einem selbst neue Kräfte und macht einen wieder lebendiger.

T: Aber ist das nicht ein merkwürdiges Verhältnis? Da schreiben euch Leute, die euch nicht kennen und von denen ihr auch nicht mehr wißt als den Namen, der unter dem kurzen Brief steht.

M: Das stimmt schon. Zumal wir auch kaum eine Chance hatten, sie kennenzulernen. Wir durften nur einen Besuch im Monat hinter der Trennscheibe empfangen. Ich habe es dann ein paarmal versucht und Leute bei mir Besuche machen lassen. Da sitzt dann plötzlich jemand, den man noch nie gesehen hat. Und der oder die sind meistens noch ganz befangen, weil sie den ganzen Knastrepressionsapparat kurz zuvor in Aktion erlebt haben: Papiere abgeben, durch die enge Schleuse gehen, sich durchsuchen lassen – und dann ist da die Trennscheibe, in der sich alles spiegelt, die Akustik ist verzerrt, man kann sich kaum sehen, schwer hören und gar nicht anfassen, und außerdem sitzt direkt neben den Besuchern noch ein Bulle vom LKA, der alles mitschreibt, und auf meiner Seite jemand vom Knast. Da braucht es schon gehörig viel Zeit, um die Befangenheit erst mal wegzubekommen. Und dann bleiben noch ein paar Minuten, in denen man richtig reden kann. Aber trotzdem bleibt bei beiden was hängen, und wenn es nur eine leise Ahnung ist. Für uns als Gefangene war das auch wichtig, damit wir nicht zu abstrakten Gespenstern wurden.

T: Hat diese Grußaktion langfristige Folgen gehabt?

M: Ich hab gemerkt, daß Besuche unter diesen Bedingungen nicht reichen, um eine feste Beziehung zu ermöglichen. Und ich konnte in der Zeit auch keine Briefe schreiben, das habe ich noch nie gern getan. Also ist auf Dauer nicht viel geblieben – aber in der Zeit selbst war das eine ganz wichtige Initiative für uns.

T: Hast du in der Zeit sonst noch Besuch von Leuten gehabt?

M: Ja, ich wurde seit Anfang 1982 regelmäßig von einer Frau aus Hamburg besucht. Wir mochten uns sehr gern, und ich habe mich immer riesig gefreut, wenn ich sie gesehen habe. Diese große gegenseitige Sympathie bildete eine tragfähige Basis. Und dieser kontinuierliche Kontakt war mir dann auch wichtiger, als kurzfristig neue Besucher zu haben, weil ich wußte, daß da nichts Tiefergehendes entstehen kann.

T: Und wie waren eure Kommunikationsmöglichkeiten untereinander?

M: Schlecht wie immer. Es gab Wege, aber die Zensur war rigide. 1983 war das Jahr, in dem ein neues großes Paragraph-129a-Ermittlungsverfahren wegen Aufbau eines »illegalen Infosystems« gegen uns eingeleitet wurde. Wir aus Lübeck durften anderen Gefangenen aus der RAF überhaupt nicht schreiben, weil wir, das sagte ein Gerichtsbeschluß, das nur als Mittel für verbotenen Nachrichtenaustausch nutzen würden. Wir waren strikt abgeschnitten. Das hat sich erst 1989 verändert. Verändert heißt aber nicht, daß die Situation jetzt gut wäre. Die, die heute gefangen sind, haben im Prinzip immer noch die gleichen Probleme. Also das sind alles keine Fragen, über die man reden könnte, als handele es sich dabei um Vergangenheit.

T: Welche der Entwicklungen draußen hat euch am meisten beschäftigt?

M: Ein ganz wichtiger Bereich war die Lateinamerika-Solidaritätsarbeit, die damals engagiert betrieben wurde. Es gab diese Kampagne »Waffen für El Salvador« in der »taz«.* Da haben viele

* Die Kampagne wurde am 3. November 1980 von einer »Mehrheit der tageszeitung« gestartet. Im ersten Jahr konnte die »taz« den Comandantes der FMLN über zwei Millionen Mark für Waffen überreichen. In den folgenden Jahren wurde die Kampagne projektintern heftig angefeindet – vor allem nachdem Comandante Ana Maria von einer konkurrierenden Gruppe in der Guerilla ermordet worden war. Im Januar 1992 wurde die Kampagne, nachdem fast fünf Millionen Mark gesammelt worden waren, beendet. In dem abschließenden Artikel hieß es: »Nach dem Friedensabkommen, das Regierung und Befreiungsbewegung FMLN von El Salvador am Donnerstag in Mexiko unterzeichneten, über-

Leute sich damit auseinandergesetzt, warum eine Guerilla eben bewaffnet kämpfen muß und daß eine Revolution nicht gewaltfrei zu machen ist. Es wurden damals die Brigaden für Nicaragua aufgestellt, wo die Sandinisten das Somoza-Regime gestürzt hatten und nun Unterstützung brauchten. Das hat uns sehr beschäftigt.

Und dann gab es in dieser Zeit eine Vielzahl militanter Aktionen in der BRD: Anschläge auf Baufirmen, die an der Startbahn-West oder an AKW-Projekten arbeiteten, auf Nato-Einrichtungen, gegen Banken oder türkische Konsulate. Und in vielen Erklärungen, soweit wir sie damals zu lesen bekamen, gab es Passagen, die sich mit der RAF auseinandersetzten – die uns also mit einem gewissen Selbstbewußtsein kritisiert und dabei eigene Kriterien für militante Politik entwickelt haben. Das fand ich gut.

T: Das überrascht mich. Ich hatte damals nichts mit euch zu tun, aber mit antiimperialistischen Gruppen, die mit euch sympathisierten, und da wurde jedwede Kritik an der RAF und den Gefangenen ziemlich ungnädig aufgenommen ...

M: Ja, das haben wir drinnen auch mitbekommen. Und es war sicher ein schwerer Fehler, daß wir dazu nichts gesagt haben. Uns war es damals vor allem wichtig, unseren Feinden keine Munition zu liefern. Wir haben befürchtet, wenn wir uns in diese Auseinandersetzungen einmischen, dann arbeiten wir denen in die Hände. Damit haben wir uns die Hände selbst gebunden.

gab ein Vertreter der taz am Wochenende der Guerilla des mittelamerikanischen Landes 88 000 Mark. Es waren die letzten Gelder, die auf einem Konto noch eingetroffen waren. Der Kampf mit den Waffen ist endlich und glücklicherweise zu Ende ... Ob die in der BRD gesammelten Millionen zum Überleben der Befreiungsbewegungen und zum Zustandekommen der Friedensvereinbarungen beigetragen oder ob sie zu zusätzlichem Blutvergießen geführt haben; ob und inwieweit die Gelder dem Volk in El Salvador genützt oder geschadet haben – darüber wird weiter gestritten werden.«

Der Hungerstreik 1984/85

T: Ihr seid im Dezember 1984 in den Hungerstreik getreten. In eurer Erklärung damals habt ihr geschrieben: »Wir fordern die Anwendung der Mindestgarantien der Genfer Konvention. Gegen die Institutionalisierung von Folter und Kriminalisierung in den Nato-Demokratien ist das die politische Forderung, für die Kriegsgefangene gemeinsam kämpfen. Unser Kampf schließt sich den Kämpfen der Kriegsgefangenen in Frankreich, Irland, der Türkei, Spanien, Italien und im besetzten Palästina an und eröffnet neue. Und er ist integriert in die Aufgabe, die sich der ganzen revolutionären Linken hier stellt: Entweder sie kämpft sich in der Praxis des Widerstands zum authentischen revolutionären Prozeß in Westeuropa vor, indem sie Subjekt des Kampfs um Befreiung ist, oder sie kann nur als marginale Opposition die Verbrechen des Imperialismus und den Weg in den durchstrukturierten faschistischen Staatsschutzstaat kommentieren.«
Damit habt ihr die Auseinandersetzung um eure Haftbedingungen und euren Kampf für Zusammenlegung draußen polarisiert und eine Unterstützung eurer Forderungen sehr eng mit einer Zustimmung zu eurer Politik verknüpft.

M: Wir waren nicht der Meinung, daß man die Politik der RAF richtig finden muß, um unsere Forderungen zu unterstützen. Aber die Forderungen sollte man natürlich schon sinnvoll finden. Es gab damals zum Beispiel auch manche, die dafür waren, daß wir in den Normalvollzug sollten, zu den anderen Gefangenen – da waren wir strikt dagegen, und ich finde schon, daß es selbstverständlich ist, daß die Gefangenen bestimmen, was sie durchsetzen wollen, und nicht irgendwelche Leute draußen, nur weil sie etwas anderes besser finden.

T: Der Streitpunkt draußen war weniger die Frage »Normalvollzug oder Zusammenlegung«, sondern die nach dem Kriegsgefangenenstatus, den ihr eingefordert habt. Das setzte voraus anzuerkennen, daß ihr eine Kriegspartei seid und in der BRD zu diesem Zeitpunkt Krieg geführt wurde – und das fanden ziemlich viele in der radikalen Linken eine maßlose Selbstüberschätzung von euch.

M: So war es aber nicht. Im Gegenteil. 1977 war die Genfer Konvention, die ein Abkommen über die Behandlung von Kriegsgefangenen enthielt, ergänzt worden: Der Begriff des »internationalen Krieges« wurde ausgedehnt, damit künftig auch Befreiungskämpfe eingeschlossen waren und die Guerilla-Kämpfer einen bestimmten Schutz genießen sollten. Diese Entwicklung war angestoßen und durchgesetzt worden von mehreren nationalen Befreiungsbewegungen, die in ihren Ländern gesiegt hatten und die jetzt auch in den internationalen Gremien über Sitz und Stimme verfügten. Und wir wußten, daß diese ehemaligen Guerilla-Gruppen bei diesen Veränderungen der Genfer Konvention auch speziell bewaffnet kämpfende Gruppen wie uns im Auge hatten, die sie unterstützen wollten. Und weil wir uns im Zusammenhang mit all diesen kämpfenden Bewegungen verstanden haben, fanden wir das auch ganz einleuchtend, zumal es eine Möglichkeit zu sein schien, wie wir verhindern konnten, in dem Rechtsstaat BRD, der ständig Gesetze zu unseren Ungunsten änderte, bald völlig rechtlos dazustehen.

T: Aber ihr wart nicht mal ansatzweise eine nationale Befreiungsbewegung.

M: Nein! Das haben wir auch nicht gesagt. Aber wir waren die Guerilla hier.

T: Eine Guerilla ohne Bürgerkrieg.

M: Darum ging es doch gar nicht. Es gab hier Bestimmungen im Völkerrecht, die für Kriegsgefangene garantieren sollten, was wir brauchten: den Schutz unserer körperlichen Unversehrtheit, keine Isolationsfolter, Kommunikationsmöglichkeiten. Das BRD-Recht hat uns das nicht mehr zugestanden. Also wollten wir nach internationalem Recht behandelt werden, zumal wir eine bewaffnet kämpfende Gruppe waren. Es ging also nicht um ein Schattenboxen oder eine abstrakte Anerkennung von uns als Kriegspartei, sondern ganz praktisch um einen Weg, unsere Lage materiell zu verbessern.

T: Der Ansatzpunkt war aber trotzdem untauglich. In den Auseinandersetzungen und Diskussionen in der Linken draußen spielte zu diesem Zeitpunkt die Frage »Wie bewertet man eigentlich die RAF?« eine zentrale Rolle. Und für die meisten wart ihr eben keine Befreiungsbewegung auf etwas anderem Terrain, sondern eine Gruppe, die Anschläge macht, die sie nicht gut fanden. Trotzdem wollten sie euch in eurem Kampf um andere Haftbedingungen unterstützen. Nur durch dieses Verlangen, euch als »Kriegsgefangene« anzuerkennen, haben sich die Gewichte verschoben. Der Status und die Bedeutung der RAF rückten in den Mittelpunkt, und die Haftbedingungen schienen plötzlich nur noch eine taktische Frage zu sein, durch deren Thematisierung man eine Aufwertung der RAF zur Bürgerkriegspartei erreichen wollte. Außen kam es also ganz anders an, als ihr es euch vielleicht gedacht habt.

M: Aber in welchem Rahmen wolltet ihr denn unsere Haftbedingungen verändern? Worauf wolltet ihr Bezug nehmen, um die Zusammenlegung zu erreichen, wenn nicht auf internationales Recht?

T: Auf die Grundrechte in der BRD, die, zumindest im Prinzip, auch für Gefangene zu gelten haben. Das Problem dabei scheint mir das gleiche zu sein wie bei dem Ruf nach der Genfer Konvention. Du mußt fordern, daß ein Recht angewendet wird, an dem die Regierung und die Justiz in dieser Situation kein Interesse haben, ob du das jetzt aus dem Völkerrecht ableitest, aus dem Grundgesetz oder dem Strafvollzugsgesetz.

M: Das ist mir zu pragmatisch. Auch unsere Haftbedingungen waren kein Ergebnis nur der Überlegungen der BRD-Regierung. Mitte der siebziger Jahre. Als die Europäisierungspolitik im Westen anlief, war eine der ersten Maßnahmen die Einigung auf eine europäische Antiterrorkonvention. Und auch in den politischen Gremien der Nato wurde diskutiert, was man gegen die Guerilla machen sollte – und die Vorschläge wurden dann jeweils im nationalen Rahmen als Gesetz verabschiedet. Es gab also eine überstaatliche Dimension des Kampfes gegen uns. Außerdem galt sofort die Nato-Doktrin, den Gefangenen niemals auch nur den Anschein der Berechtigung einer politischen Motivation zuzubilligen.

T: Selbst wenn es so war, die Tatsache, daß internationale Gremien den Kampf gegen euch und andere westeuropäische Guerilla-Gruppen koordiniert und abgestimmt haben, ändert doch nichts daran, daß ihr keinen Bürgerkrieg in Westeuropa beziehungsweise in der BRD entfesselt habt, wo ihr auf der einen Seite steht und der Staat auf der anderen und die restliche außerparlamentarische Opposition leider keine Rolle spielt, weil sie das hohe Niveau der Auseinandersetzung noch nicht erklommen hat, sondern auf der legalen Ebene verharrt.

Für mich spiegelt diese Forderung der RAF nach dem Kriegsgefangenenstatus das Politikverständnis von euch wider: Hier sind wir, und da ist der Staat. Tatsächlich ging es aber um eine innergesellschaftliche Auseinandersetzung mit sehr viel mehr wichtigen Beteiligten mit äußerst unterschiedlichen Positionen, in der eine Hierarchisierung nach dem Motto »Da sind die Kriegsparteien, und da sind irgendwelche anderen« nicht angebracht war.

M: Aber es war eben für uns nicht nur eine innergesellschaftliche Auseinandersetzung. Sicher, wir haben in der Bundesrepublik gekämpft – und das war auch wichtig. Aber wenn wir gedacht hätten, nur hier steht unser Gegner, nur hier sind unsere Kräfte, dann wäre es völlig vermessen gewesen, überhaupt jemals anzufangen. Wir haben uns immer als Teil einer internationalen Kraft gesehen. Und das galt auch 1984/85 – das Frontkonzept hat daran nichts geändert. Dieser Zusammenhang mit den weltweiten Befreiungskämpfen war die Basis der RAF.

T: Diesen Zusammenhang haben wir gesehen, aber so nie akzeptiert: Nicaragua, El Salvador, Palästina, Irland, BRD – das war für uns nicht ein Kampf. Und deswegen können wir uns wohl auch nicht einig darüber werden, wie sinnvoll diese Forderung nach dem Kriegsgefangenenstatus damals war.

M: Ich will aber noch mal was dazu sagen, daß wir oft, auch von linken Gruppen, kritisiert wurden, weil wir nicht die Forderung nach Integration in den Normalvollzug gestellt haben. An dieser Debatte, die eine nicht unwichtige Rolle gespielt hat, fanden wir ärgerlich, daß die meisten, die uns da in ihre Richtung zerren wollten, offensichtlich keine Ahnung hatten, was Normalvollzug bedeutet. Das war nicht nur für uns, sondern auch für andere Gefangene kein attraktives Ziel. Wir wollten ja keine Luxusbehandlung gegenüber den anderen Gefangenen, wie immer gern behauptet wurde, sondern wir wollten Bedingungen, die es uns ermöglichen, als politische Menschen zu überleben. Und dafür mußten wir zusammen sein, miteinander reden können und nicht einzeln in diese Knastmühle aus Entmündigung, Arbeitszwang und repressiven Strukturen eingezwängt sein. Zumal sich die Verhältnisse im Knast, die Gefangenen und die Strukturen unter den Gefangenen auch über die Jahre verändert hatten.

T: Inwiefern?

M: Als Andreas und Gudrun nach dem Frankfurter Brandstifterprozeß 1968/69 gefangen waren, saßen sie im Normalvollzug und haben da auch was auf die Beine stellen können. Damals gab es im Knast ein Grundverständnis, dieses System abzulehnen, man stellte sich nicht gut mit den Wärtern, sondern war mit den anderen Gefangenen solidarisch. Das war in den Siebzigern auch noch so – deswegen wurden wir ja auch isoliert. Der andere Grund für die Isolation war der Vernichtungswille des Staates uns gegenüber. Auch das wird heute vergessen. Nicht wir haben besondere Haftbedingungen für uns gefordert, der Staat hat uns von Anfang an Sonderhaftbedingungen aufgezwungen.

In den achtziger und neunziger Jahren hat sich die Situation im Strafvollzug aber erheblich verändert. Durch Einzelvollzugspläne und den sogenannten Behandlungsvollzug werden die Gefangenen permanent unter Druck gesetzt, sich unsolidarisch zu verhalten, um ihre eigene Situation ein bißchen zu verbessern. Für jede Anpassung gibt's Belohnungen, für jede Form von Widerstand Strafen. Wer Ausgang will oder Einkaufsmöglichkeiten oder Aussicht auf irgendwelche anderen Hafterleichterungen, muß kooperieren und, oft genug, denunzieren. Ich habe das allerdings selbst nie erlebt, sondern nur von anderen gehört, aber deren Erfahrungen waren recht kraß...

T: Nun gibt es ja auch RAF-Mitglieder, die gefangen worden sind, Stefan Wisniewski* zum Beispiel, der gerade in dieser Frage frühzeitig einen ganz anderen Weg gegangen ist. Man konnte die Verhältnisse im Normalvollzug offensichtlich auch anders sehen.

M: Ja, Stefan hat offensichtlich gute Erfahrungen gemacht und hat sich dann dafür entschieden, mit anderen Gefangenen in der Auseinandersetzung zu bleiben. Er ist aber auch ganz lange unter Isolationshaftbedingungen gefangen gehalten worden und hat Verfahren bekommen, weil er Gefangene zu Revolten angestachelt haben soll. Gerade weil sie bei Stefan gesehen haben, daß er Normalvollzugsbedingungen wollte, haben sie ihm das auch unmöglich gemacht. Übrigens ohne daß das viele von denen interessiert hätte, die sich draußen dafür engagiert haben, daß wir statt Zusammenlegung Integration in den Normalvollzug fordern.

T: Wie lief der Hungerstreik 1984/85 ab?

M: Es gab in den Medien eine massive Kampagne gegen uns, so daß frühzeitig klar wurde, daß es wenig Bereitschaft gab, unseren Forderungen nachzukommen. Charakteristisch für die Situation war, daß sich die öffentliche Diskussion über die Frage, ob wir zwangsernährt werden sollen oder nicht, immer mehr in den Vordergrund geschoben hat. Wir haben im Radio die Debatte verfolgt, es gab damals auch einen Vorstoß für ein neues Gesetz, das dann im Februar 1985 verabschiedet wurde. Die Debatte war

* Stefan Wisniewski wurde am 11. Juni 1978 in Paris-Orly verhaftet. Wegen angeblicher Beteiligung an der Ermordung Hanns Martin Schleyers wurde er im Dezember 1981 zu lebenslanger Haft verurteilt. Das OLG Düsseldorf stützte sich dabei auf die Aussagen zweier Kronzeugen – Volker Speitel und Hans-Joachim Dellwo –, die allerdings gar nicht im Gerichtssaal ausgesagt hatten. Speitel war unter Ausschluß der Verteidigung Wisniewskis von einem Botschaftsbeamten in London vernommen worden, bei Dellwo stützte sich das Gericht auf seine früheren Aussagen vor der Polizei und der Bundesanwaltschaft. Außerdem wurden belastende Aussagen Peter Jürgen Boocks, die dieser allerdings im Verfahren nicht mehr wiederholte, gegen Wisniewski verwandt.

ziemlich seltsam, weil wir hören mußten, wie plötzlich Bundestagsabgeordnete von der CDU Bedenken äußerten: Zwangsernährung sei doch Folter. Das stimmte zwar, aber sie wollten damit ja nur eine noch perfidere Lösung vorantreiben. Wir sollten erst zwangsernährt werden, wenn wir ins Koma gefallen waren, also uns nicht mehr wehren konnten.

Knut Folkerts war der erste, der das erleben mußte. Tagelang saßen Sanitäter vor seiner Zelle, und als er dann bewußtlos war, wurde er mit Notarztwagen und Polizeikonvoi in die Klinik gebracht, dort haben sie ihn an Infusionen angeschlossen, und als er wieder aufwachte, klärte ihn der behandelnde Arzt über das Pingpongspiel, wie er es nannte, auf, das jetzt folgen würde: »Sie lehnen die Behandlung ab, werden bewußtlos, und wir holen Sie zurück, Sie lehnen wieder ab, und dann beginnt das Ganze von vorn. Das machen wir so lange, bis Sie aufgeben.«

Nach außen wurde außerdem behauptet, Knut hätte den Hungerstreik abgebrochen und wäre auf eigenen Wunsch in die Klinik verlegt worden. Dort war gleichzeitig eine Kontaktsperre über ihn verhängt worden. Nicht mal seine Anwältin durfte mehr zu ihm. Sie hat dann versucht, über ein Eilverfahren eine Besuchsgenehmigung zu bekommen, aber der Richter hat diesen Eilantrag einfach nicht entschieden. Die Prozedur muß eine furchtbare Quälerei für Knut gewesen sein. Die haben sich natürlich nicht überlegt, wie sie unseren Forderungen nachkommen können, sondern wie sie uns am besten fertig machen können.

T: Hattet ihr euch, bevor ihr den Streik angefangen habt, auf so eine Entwicklung vorbereitet?

M: Wir waren uns einig gewesen, daß wir uns gegen Zwangsernährung wehren würden. Aber daß es so laufen würde, hatten wir uns nicht ausgemalt. Wir haben diesen Hungerstreik auch alle zusammen angefangen, und so wurde es am Schluß ziemlich eng. Christian Klar wäre fast auch noch ins Koma gefallen. Und auch andere von uns waren sehr geschwächt und am Ende ihrer Reserven. Aber wir wollten unbedingt alle durchhalten, bis wir unsere Forderungen durchgesetzt haben.

T: Hast du dir auch überlegt, daß du in so einem Hungerstreik sterben kannst? Denkt man vorher oder während des Streiks darüber nach?

M: Ja sicher. Man fängt überhaupt nur an, wenn man entschlossen ist, das mit den anderen zusammen auch wirklich durchzustehen. Sonst läßt man es von vornherein bleiben ... Und wir haben auch nur angefangen, wenn klar war, daß es alle, jede und jeder für sich, wirklich wollen.

T: Das klingt sehr basisdemokratisch. Es kann doch aber auch ein enormer Gruppenzwang entstehen.

M: Das ist eine absurde Vorstellung. Wir waren in einer unerträglichen Lage. Und das hat auch jeder von uns so wahrgenommen. Es gab niemanden, der oder die gesagt hätte: Ich halte das noch ein paar Jahre aus, laßt uns lieber noch ein bißchen warten. Gruppenzwang ... das ist ein furchtbares Wort, eine ganz verquälte Konstruktion, weil man sich nicht vorstellen will, daß Leute kollektiv handeln, weil ihnen das wichtig ist, weil es zu ihrem Kampf dazugehört. Andersrum war die Konstruktion vom »Gruppenzwang« Operator in der Öffentlichkeit, unsere Forderungen abzulehnen, denn dann würden einzelne am Abschwören gehindert.

T: Wie läuft ein Tag im Hungerstreik ab? Was hast du vierundzwanzig Stunden lang gemacht?

M: Man hat viel mehr Zeit als sonst. Ich habe das Gefühl gehabt, unendlich viel Zeit zur Verfügung zu haben. Da merkt man dann erst, wieviel Zeit dabei draufgeht, Essen zu holen, zu essen, abzuspülen, das Essen wieder rauszugeben ...

T: Hat es viel Mühe und Energie gekostet durchzuhalten? Oder konntest du dich auf andere Sachen konzentrieren, lesen, schreiben, Musik hören?

M: In der ersten Zeit, die der Körper braucht, um sich umzustellen, fühlt man sich anders, als wenn man schon wochenlang gehungert hat. Die Umstellung ist anstrengend. Und dann gibt es eine Phase, in der man ungeheure Energien hat, in der man sehr gut lesen und sehr gut denken kann. Das hört aber auch wieder auf, und man wird ganz müde und schlapp. Das kann ich nicht pauschal beantworten, zumal es auch sehr davon abhängt, wieviel Reserven Gefangene noch haben, wenn sie anfangen. Viele von uns waren durch die lange Haftzeit und die vorangegangenen Streiks schon sehr schwach, als es losging.

T: Und wie ist es, wenn man beginnt, sich irgendwann schlecht und schlapp zu fühlen? Kommt dann die Angst hoch, nicht durchzuhalten?

M: Ich habe diese Angst so nicht gehabt. Ich war dann mit alltäglichen Problemen beschäftigt. Wenn man lange gehungert hat, mag man nämlich nicht mehr trinken, weil einem sofort schlecht davon wird und man die Flüssigkeit auch schwer bei sich behalten kann. Ich habe also hauptsächlich überlegt, wie ich das schaffe: zu trinken, obwohl es Überwindung kostet und ich fast kotzen muß. Ich wollte auch nicht so viel schlafen und mich viel bewegen, weil man dann besser durchhält. Ich habe mich darauf konzentriert, wie ich es am besten schaffe.

T: Gab es einen Punkt, ab dem euch klar war, daß ihr euer Ziel nicht erreichen würdet?

M: Das war bei den Streiks verschieden. 1985 hat uns die RAF draußen aufgefordert abzubrechen. Es hatte während des Streiks schon den Anschlag auf die Shape-School* gegeben; am 1. Februar, an dem Tag, als wir abgebrochen haben, wurde der Präsident des Bundesverbandes der deutschen Luft- und Raumfahrtindustrie, der Siemensmanager Ernst Zimmermann, erschossen. 1989 haben wir das Ende des Hungerstreiks selber bestimmt. Da hatten wir überlegt: Was passiert, wenn welche von uns sterben und wir weitermachen – haben wir dann Chancen durchzukommen? Und weil wir nicht davon ausgegangen sind, daß wir es schaffen, haben wir dann aufgehört.

T: Setzt man sich mit dem Tod auseinander während eines Hungerstreiks? Denkt man, das ist eben etwas, was man in Kauf nehmen muß? Oder denkt man, das kann auch nicht schlimmer sein als die Haftbedingungen?

* Am 18. Dezember 1984 hatte das Kommando Jan Raspe einen mit Sprengstoff beladenen Wagen in der Nähe der Shape-School, in der Offiziere für Nato-Stäbe ausgebildet werden, abgestellt. Die Bombe konnte vor der Detonation entschärft werden.

M: Ich kann dir nicht sagen, was »man« denkt. Ich war bereit zu sterben, weil ich auf jeden Fall etwas an unseren Bedingungen ändern wollte und weil ich dachte, gut, wenn ich sterbe, dann hilft das vielleicht, daß es für die anderen besser wird. Darauf habe ich mich konzentriert. Das war also keine resignierte, verzweifelte Einstellung, ich hatte ein positives Ziel. Ich habe mir vorgestellt, wie das sein wird, mit den anderen zusammenzusein, zu reden, sich umarmen zu können, ich hatte ungeheure Lust, die zu sehen. Deswegen war es auch ziemlich verheerend, den Streik abzubrechen, zu wissen: Wir schaffen es nicht. Das war viel schlimmer als die Angst vor dem Tod, zu wissen, jetzt bleibt alles beim alten für längere Zeit...

T: Daß du mit einem positiven Ziel vor Augen angetreten bist und daß dir das auch die Kraft gegeben hat, den Hungerstreik durchzustehen, kann ich mir vorstellen. Aber es fällt mir schwer zu glauben, daß es zwischendurch nicht auch Phasen gegeben hat, in denen es anders war, verzweifelter, in denen du Angst hattest.

M: Angst, nicht durchzukommen, ja!

T: Angst, nicht durchzukommen, aber auch Angst zu sterben.

M: Sicher hatte ich auch Angst zu sterben, aber die anderen Gefühle waren viel stärker. Doch das kann sich jemand, der nicht im Knast war, vielleicht wirklich schwer vorstellen, wie wichtig es werden kann, mit anderen Menschen zusammenzusein. Ich wollte nicht jahrelang unter diesen Bedingungen nur zu dritt bleiben – ich wollte mit Brigitte (Mohnhaupt) und mit Adelheid (Schulz) und all den anderen zusammensein.

T: Als du über Stammheim erzählt hast, hast du gesagt, ihr hättet euch nicht vorstellen können, noch jahrelang drin zu sein. Wie war das 1984? Hattet ihr euch da schon damit abgefunden, noch zehn Jahre oder länger sitzen zu müssen?

M: Da habe ich mir überhaupt keine Gedanken mehr darüber gemacht, wie lange die Knastzeit noch dauern kann.

T: Wie habt ihr denn mitgekriegt, 1984/85, daß ihr von draußen aufgefordert worden seid aufzuhören?

M: Es gab eine Erklärung der RAF, die in den Zeitungen abgedruckt war.* Und als wir dann gesagt haben, wir erwägen aufzuhören, durften wir untereinander telefonieren. Wir haben uns dann von einem Knast zum anderen angerufen – und haben uns verständigt aufzuhören.

T: Das ist eine ziemlich groteske Vorstellung.

M: (lacht) So war das aber.

T: Wen hast du angerufen?

M: Ich habe mit Brigitte telefoniert. Das war im Büro des Direktors, und da hing ein Lautsprecher an der Wand. Und um mich herum saßen Wärter und Bullen.

T: Wie lange hat das Telefongespräch gedauert?

M: Vielleicht zehn Minuten. Brigitte hatte versucht, mit Knut, der immer noch in der Klinik lag, zu telefonieren und mit Christian, der auf dem Hohen Asberg lag. So traurig es war abzubrechen, diese Telefonate haben viel Freude gemacht, endlich wenigstens mal mit denen reden, die man schon so lange nicht mehr gesehen hat.

T: Und was war das Ergebnis des Streiks 1984/85?

M: Wir hatten diesmal anders als im Hungerstreik 1981 nichts durchsetzen können.

T: Was hattet ihr 1981 erreicht?

M: 1981 war ein sehr harter Streik, der von Februar bis April

* In der Erklärung hieß es u.a.: »An die gefangenen Revolutionäre: Wir bitten euch, den Streik aufzuhören, was er an Mobilisierung erreichen konnte, hat er erreicht. Die Erfahrung ist, daß die antiimperialistische Front in ihrer Entwicklung bis heute nicht das politische, praktische und organisatorische Niveau entfaltet hat, das notwendig ist, dem offenen Vernichtungsinteresse des Staates die Grenze zu setzen.« Die Gefangenen schrieben dann in ihrer Abbrucherklärung: »Wir haben unseren Hungerstreik am 1.2. abgebrochen, weil die Entwicklung inzwischen über die Ebene eines Kampfs von Gefangenen um ihre Lebensbedingungen raus war: Der qualitative Sprung der revolutionären Kämpfe in den Nato-Staaten in die westeuropäische Dimension hat den Streik überholt. Die Politik der Metropolenguerilla hat jetzt einen Durchbruch erreicht, um den der Kampf die letzten fünf Jahre ging.«

1981 dauerte. Damals ist Sigurd Debus* ermordet worden. Er wurde während der Zwangsernährung systematisch unterernährt und hat statt der lebenswichtigen 1700 nur 1500 Kalorien bekommen. Dann fehlten noch Vitamine, die beigemischt werden müssen, und außerdem hatte er aus völlig ungeklärten Gründen Hirnblutungen. Aber als Ergebnis dieses Streiks hat es wenigstens zwei kleine Gruppen gegeben, die zusammengelegt wurden: Lutz (Taufer), Knut (Folkerts) und Karl Heinz (Dellwo) in Celle; Hanna (Krabbe) kam zu Christine (Kuby) und mir nach Lübeck.

T: Hatte euch das nicht nachdenklich gemacht, daß trotz der Aufbruchstimmung draußen 1984/85 für euch im Knast nichts zu erreichen war? Habt ihr da nicht gedacht, daß eure Einschätzung von dem, was sich da entwickelt, doch falsch sein könnte? Es fällt ja auch auf, daß die Erklärung der RAF deutlich kritischer war als eure eigene Erklärung zum Hungerstreik.

M: Für uns hat das vor allem gezeigt, wie wichtig es für sie ist, uns nicht leben zu lassen. Das stand im Mittelpunkt unserer Überlegungen und wie wir dieses festgefressene Kräfteverhältnis ändern können.

T: Habt ihr die Situation als Niederlage empfunden?

M: So haben wir nicht gedacht. Wir hätten auch kaum solange durchgehalten, wenn es immer darum gegangen wäre, ob das jetzt ein Sieg oder eine Niederlage war. Uns kam es darauf an, einen Weg zu suchen, wie wir das nächste Mal erfolgreicher sein könnten. In dieser Zeit sind dann die internationalen Verteidi-

* Debus war kein Mitglied der RAF. Er war wegen dreier Banküberfälle verurteilt worden. Aber es hatte eine spektakuläre Geheimdienstaktion gegeben, die ihn in enge Verbindung mit der RAF brachte. In Kooperation mit der GSG 9 und mit Wissen der niedersächsischen Landes- und der Bundesregierung sprengte der Verfassungsschutz am 25. Juli 1978 ein Loch in die Außenmauer der JVA Celle, in der Debus gefangen war. Der Anschlag wurde öffentlich der RAF zugeschrieben, die angeblich Debus' Befreiung geplant haben sollte. Mit der Aktion sollte einem V-Mann der Weg in die RAF geebnet werden – ein Plan, der mißlang. Außerdem diente die Befreiungsaktion der öffentlichen Stimmungsmache gegen die Gefangenen und die RAF.

gerkomitees gegründet worden, in denen sich Anwälte aus den USA, aus Palästina und aus verschiedenen anderen Regionen der Welt getroffen und koordiniert haben, um die Situation der politischen Gefangenen zu verbessern. Wir hatten dann auch Kontakt zu US-amerikanischen Gefangenen, und außerdem hat es engere Verbindungen zu anderen Gefangenen in Westeuropa gegeben. Das war in der Zeit ein wichtiger Ansatzpunkt, den wir ausbauen wollten. Wir saßen also nicht deprimiert in unseren Zellen und haben gedacht: Herrje – das schaffen wir nie.

T: Aber hattet ihr nicht den Eindruck, daß ihr mit einem Instrument wie dem Hungerstreik, mit dem ihr euer Leben aufs Spiel setzt, gar nichts mehr bewirken könnt, wenn der Staat nicht bereit ist, euren Forderungen nachzukommen?

M: Wir hatten kein anderes Mittel. Ohne die Möglichkeit zu streiken, hätten wir uns selber der Ohnmacht preisgegeben. Deswegen gab es diesen Gedanken nicht. Was willst du sonst machen, wenn du isoliert bist als Gefangener?

T: Wie waren eure Haftbedingungen in Lübeck zu dieser Zeit?

M: Wir waren zu dritt im Hochsicherheitstrakt, der zehn Zellen hatte, und wir durften niemanden sonst sehen. Dann ist 1988 eine Gefangene nach Lübeck verlegt worden, die wegen einer Veranstaltung für Zusammenlegung eine Gefängnisstrafe gekriegt hat. Unterstützung einer »terroristischen Vereinigung« soll das gewesen sein, weil die Bundesanwaltschaft immer behauptet hat, wir seien im Knast weiterhin die RAF. Die Frau kam aus der Pfalz und wollte zu uns verlegt werden. Aber das wurde nicht genehmigt. Immerhin durften wir dann abwechselnd zweimal in der Woche eine Stunde rüber in den normalen Bau, wo die anderen Frauen lebten. Wir wurden jedesmal penibel untersucht und unter strenger Bewachung rübergebracht. Es war, als ob wir eine magische Grenze überschreiten und in ein geheimnisvolles Land kommen, das dicht bei uns lag, das wir aber bis dahin noch nie betreten hatten. Später wechselte die Landesregierung in Kiel, und dann wurden wir von dem neuen SPD-Minister gefragt, was wir noch an kleinen Veränderungen wollten. Plötzlich wurde uns dann erlaubt, selber Licht an- und auszumachen. Was für eine Errungenschaft. Aber das war wichtig für uns. Wir konnten dann lesen, wann wir wollten.

T: Und wie verlief euer Zusammentreffen mit den Frauen in dem anderen Bau? Hat das Auswirkungen für euch gehabt?

M: Die anderen Frauen wurden, wenn wir deren Gebäude betraten, allesamt weggeschlossen. Wir durften nur mit der einen politischen Gefangenen Kontakt aufnehmen. Und während wir bei ihr in der Zelle saßen, paßten vor der Tür drei Wächter auf, daß niemand stehen bleibt oder uns was zuruft. Wir wurden strikt abgeschirmt. Das galt als ungeheuer mutiges Experiment, dessen Ausgang ängstlich beobachtet wurde. Die befürchteten, daß da irgendwas Ungeheuerliches passieren könnte. Das sagt über das Klima dort eigentlich alles.
Erst Anfang 1989 bekamen wir dann die Erlaubnis, einmal am Tag an der Freistunde der anderen Gefangenen teilzunehmen. Das haben wir dann auch gemacht, und es war eine irre Erfahrung. Ich weiß noch genau, daß die alle so lange enge Uniformmäntel anhatten und nur ganz kleine Schritte machten, das aber selber gar nicht mehr merkten. Das waren wir nicht gewohnt, weil wir beim Hofgang ordentlich große Schritte gemacht haben und nicht getrippelt sind. Auf die wirkten wir wie welche von einem anderen Stern. Bis dahin hatte uns noch nie jemand gesehen, es gab nur Gerüchte und Gerede. Und plötzlich standen wir da, und hinter uns, hinter dem Zaun, guckten die Oberwärter und die Obersicherheitsinspektoren. Ein paar von den Frauen haben dann gleich angefangen, mit uns zu reden. Und am nächsten Tag haben sie uns erzählt, daß sie sofort danach an ihren Arbeitsstellen unter Druck gesetzt worden sind, genau zu berichten, was sie mit uns gesprochen haben. Mit einigen haben wir trotzdem freundschaftliche Kontakte aufgebaut. Aber die meisten waren total eingeschüchtert.

T: Hat denn der Kontakt von denen mit euch auch bei euch etwas verändert, zum Beispiel daß ihr dadurch einen anderen Blick auf die Wirklichkeit draußen bekommen hättet?

M: Die Frauen und ihre Erfahrungen waren nicht gerade repräsentativ

sentativ für draußen. Die, mit denen wir zu tun hatten, weil sie am frechsten waren, waren vor allem Junkies. Die haben uns schon erzählt, was sie draußen erleben und wie brutalisiert die Verhältnisse in bestimmten Bereichen der Gesellschaft inzwischen geworden waren. Das waren Berichte aus einer fremden Welt. Junkies hatte es Anfang der Siebziger noch kaum gegeben. Aber viele Sachen, die uns wichtig gewesen wären und die wir wissen wollten, konnten wir von ihnen auch nicht erfahren. Viele Gespräche drehten sich auch um die Situation im Knast und warum wir uns wehrten und sie meistens nicht. Die Standardantwort war: »Bei uns gibt es keine Solidarität, bei euch schon.« Sie fühlten sich dem Knastapparat jeweils als einzelne ausgeliefert.

Das Verhältnis zur RAF

T: Wie war in dieser Zeit euer Verhältnis zu RAF? Das war ja seit den Verhaftungen 1984 eine ganz neue Gruppe, von der ihr niemanden mehr kanntet.

M: Das stimmt.

T: Aber die Aktionen, die es in dieser Zeit gegeben hat, die haben, zumindest was die Ziele angeht, an euren Anschlägen in den frühen siebziger Jahren angeknüpft. Es ging hauptsächlich gegen US-Einrichtungen. Du hattest aber vorhin erzählt, daß ihr es richtig fandet, daß 1977 andere Ziele gesucht wurden: nicht mehr Militär, sondern Wirtschaftsführer. Habt ihr die neue Phase also als Rückschritt angesehen?

M: Es war nur scheinbar ein Schritt zurück zum Anfang, würde ich mal sagen.

T: Und tatsächlich?

M: Ich möchte jetzt die Veränderungen in Europa und in der Nato hier nicht im Detail aufrollen, zumal wir die Ziele ja nicht ausgesucht haben. Aber es war doch klar, daß es Anfang der Achtziger eine Phase der Militarisierung und der Aufrüstung in der Nato gab. Und gleichzeitig wurde auch die US-Intervention in Lateinamerika, vor allem in El Salvador, immer massiver. Es gab also gute Gründe, sich für Anschläge wieder solche Ziele auszusuchen.

T: Im Zusammenhang mit den Anschlägen auf die US-Einrichtungen wurde auch der US-Soldat Edward Pimental ermordet. Die RAF hatte ihn aus einer Disco gelockt und dann von hinten erschossen, weil sie eine ID-Karte brauchte, um einen mit Sprengstoff beladenen Wagen auf die US-Air-Base im Rhein-Main-Gebiet zu fahren.* Pimentals Leiche wurde erst nach dem Anschlag gefunden, und es gab dann in der Linken, und selbst vom Bundeskriminalamt und der Bundesanwaltschaft, eine Zeitlang Spekulationen, daß wahrscheinlich nicht die RAF ihn erschossen hätte, sondern Neonazis,** die zu dieser Zeit auch Angriffe auf das US-Militär im Rhein-Main-Gebiet gemacht hatten.*** Habt ihr für möglich gehalten, daß die RAF Pimental erschossen hat?

M: Nein. Das war für uns ausgeschlossen. Und als das Schreiben vom Kommando George Jackson bekannt wurde, in dem sie sich dazu bekannt haben, dachten wir erst, das sei eine Fälschung. Wir haben uns im Lübecker Knast aus dem Fenster zugerufen: »Das ist eine Counter-Aktion«. Und als sich dann herausstellte, daß es keine Geheimdienstaktion war, konnten wir das erst gar

* Zu dem Air-Base-Anschlag bekannte sich am 8. August 1985 ein Kommando George Jackson von RAF und Action Directe.

** Vor allem in der zweiten Jahreshälfte 1982 hatten neonazistische Gruppen im Rhein-Main-Gebiet Anschläge in den US-Soldaten-Siedlungen verübt.

*** Die RZ hatten noch in dem 1983 veröffentlichten Papier »Beethoven gegen MacDonald's« dagegen polemisiert, daß zum Beispiel in der »taz«, aber auch in der »radikal« kritisiert wurde, antiimperialistische und deutschnationale, antiamerikanische Aktionen seien sich zum Verwechseln ähnlich geworden: »Es ist böswillig zu unterstellen, daß die gegen das US-Militär ... oder gegen US-Multis gerichteten Anschläge der Revolutionären Zellen, der RAF und zahlreicher autonomer Gruppen auf einer vergleichbaren Linie des Antiamerikanismus operiert oder diesen begünstigt hatten. Fast ohne Ausnahme waren diese Aktionen antiimperialistisch bestimmt und bargen damit in sich die Chance, die Risse und Widersprüche innerhalb der amerikanischen Armee zu vertiefen. Wir haben Offizierskasinos angegriffen und keine Mannschaftsmessen.«

nicht fassen. Das hat uns zutiefst erschreckt. Aber wir haben keine öffentliche Erklärung abgegeben, sondern haben intern diskutiert, wie unmöglich das ist und warum wir das völlig inakzeptabel finden. Als es dann im September 1985 ein Interview gab und später noch eine Erklärung, in der die RAF die Erschießung selbst als Fehler bezeichnet hat, waren wir ziemlich erleichtert, daß sie inzwischen selber anders drüber dachten, auch wenn ihre Texte uns nicht wirklich konsequent erschienen.

T: Aber wenn das in euren Augen einen Bruch mit dem darstellte, was RAF war und gemacht hat, hättet ihr doch auf jeden Fall öffentlich was sagen müssen. Es bestand doch die Gefahr, daß so was noch mal passierte, daß die RAF sich in eine Richtung weiterentwickelte, die ihr ganz falsch fandet.

M: Wir waren damals froh, daß es draußen viel Kritik an der Aktion gab, auch von anderen militanten Gruppen. Wir selber wollten nichts sagen, weil wir dachten, das würde so wirken, als fielen wir ihnen in den Rücken. Das hätte als Aufkündigung der Solidarität verstanden werden können, und das wollten wir auf keinen Fall. Das war eine, wie ich heute denke, ziemlich verrückte Überlegung, und ich würde das nie wieder so machen. Aber damals schien es uns nicht anders zu gehen.

T: Was war für euch an diesem Mord ein Bruch mit den Prinzipien des bewaffneten Kampfes, wie ihr ihn geführt habt?

M: Hier wurde ein einfacher GI funktionalisiert, er wurde einfach umgelegt, nur weil man eine ID-Karte brauchte. Das war willkürlich und beliebig und verwischte auch die Grenze, die deutlich machte, gegen wen wir kämpfen und gegen wen nicht. Es war eine brutale Vorgehensweise.

T: Funktionalisierung von Menschen hat es doch aber bei anderen Anschlägen auch gegeben. Die RAF hat nie davor zurückgeschreckt, Fahrer und Begleitschutz von Leuten zu töten, die sie entführen wollte. Bei der Schleyer-Entführung war der Tod des Fahrers und des Begleitschutzes, also von vier Menschen, einkalkuliert.

M: Aber das ist doch was ganz anderes. Die wurden nicht vom

Kommando funktionalisiert, sondern wenn überhaupt vom Staat. Sie sollten ihr Leben für Schleyer riskieren, das war ihr Job. Funktionalisieren ist für mich, wenn du jemanden tötest, der mit einer Aktion eigentlich überhaupt nichts zu tun hat, nur weil er zufällig in einer Kneipe sitzt und du von irgend jemandem eine Karte brauchst.

T: Wenn du einen Fahrer erschießt, nur weil du seinen Chef entführen willst...

M: Der ist doch nicht zufällig und willkürlich einen Tag vorher ausgesucht worden. Der sitzt mit im Wagen und weiß, was er für ein Risiko eingeht, wenn er diesen Job macht. Kannst du da keinen Unterschied sehen?

T: Keinen grundsätzlichen. Zumal dem Chef, also Schleyer, eine Überlebenschance blieb, und der Fahrer auf jeden Fall getötet wurde. Die RAF hat später auch erklärt, der GI habe schließlich gewußt, in welcher Armee er Dienst tut...

M: Ja, sicher. Aber sie haben ihn nicht angegriffen, weil er in der Armee Dienst tut, sondern weil sie seine Karte brauchten. Diese Erklärungen von der RAF waren haarsträubend.

T: Hattet ihr als Gefangene die Möglichkeit, euch über diese Aktion zu verständigen?

M: Ja, wir haben dann zu anderen Gefangenen Kontakt aufgenommen, und es gab keinen, der das richtig fand. Allen standen die Haare zu Berge.

T: Hat sich damals schon abgezeichnet, daß es grundsätzlich verschiedene Positionen zum bewaffneten Kampf gibt?

M: So kraß sicher nicht. Die Situation war eher unentschieden. Es konnte in mehrere Richtungen weitergehen. 1986 gab es zum Beispiel den Antiimperialistischen Kongreß in Frankfurt.* Wir haben Diskussionspapiere von dort bekommen, und uns ist auch

* Der Kongreß »Antiimperialistischer und antikapitalistischer Widerstand in Westeuropa« fand vom 31. Januar bis zum 4. Februar 1986 in Frankfurt statt. Es gab etliche Versuche, den Kongreß zu verbieten bzw. mit der Polizei zu sprengen, die letzten Endes scheiterten, weil der Verwaltungsgerichtshof in Kassel das Treffen, zu dem etwa 700 Menschen kamen, genehmigte.

erzählt worden, wie er abgelaufen ist. Das fanden wir eine gute Entwicklung.

T: Inwiefern?

M: Der Kongreß war internationalistisch ausgerichtet und akzentuierte damit einen Aspekt aus dem Mai-Papier, der uns in der Zeit davor zu kurz gekommen war: daß es nicht nur eine Front im Innern geben sollte, sondern auch eine auf westeuropäischer Ebene. Und das eben nicht nur dort, wo es auch eine Guerilla gibt, sondern in ganz Westeuropa. Wir hatten die Hoffnung, daß sich da etwas bündelt und sich Ergebnisse dieses Kongresses dann auch in der Praxis niederschlagen.

T: Aber der antiimperialistische Kongreß war doch kein Treffen, wo Bewegungen und Aktionen zusammengeführt wurden, sondern eine, wie ich fand, ziemlich dogmatische und exklusive antiimperialistische Veranstaltung, die wenig Außenwirkung entfaltet hat (außer der Empörung in der bürgerlichen Öffentlichkeit, daß es so ein Treffen überhaupt geben kann). Das war keine pluralistische Veranstaltung verschiedener linker Fraktionen. Ich wäre da gar nicht reingekommen.

M: So haben wir das drinnen nicht wahrgenommen. Das war ja eines unserer großen Probleme, eines der Probleme, die alle politischen Gefangenen haben, die lange einsitzen: Wir waren darauf angewiesen, den paar Informationen zu vertrauen, die wir bekommen haben, um uns daraus ein Bild zusammenzusetzen. Wir konnten keine eigenen Eindrücke sammeln und uns kein eigenes Bild machen.

T: Woher hattet ihr denn eure Informationen über den Kongreß, und wie habt ihr die Texte bekommen?

M: Über Besucher und die Post, bei der ein paar Sachen durchgerutscht sind.

T: Und ihr wart der Meinung, daß die Anschläge, die dann folgten – das waren die Morde an dem Vorsitzenden des Arbeitskreises Kernenergie beim BDI, Karl Heinz Beckurts, und an dem Leiter der Politischen Abteilung im Auswärtigen Amt Gerold von Braunmühl, später dann an dem Sprecher der Deutschen Bank Alfred Herrhausen –, mit dem nichts zu tun hatten, was dort an politischen Ansätzen vorhanden war?

M: So pauschal kannst du es nicht sagen. Aber die Erschießung von Gerold von Braunmühl war falsch. Sie hat nicht nach vorne gewirkt, sondern wie eine Bestrafungsaktion: Du mußt sterben, weil du hoher Beamter bist. Damit hat die RAF nicht in irgendwelche politischen Auseinandersetzungen eingegriffen, die Begründung war unheimlich abstrakt und bemüht. Es ist immer ein Alarmzeichen dafür, daß grundsätzlich was fehlt, wenn Erklärungen nicht mehr deutlich machen, daß Menschen was wollen und ein konkretes Ziel haben, sondern nur noch sehr allgemeine Aussagen über Strukturen und Strategien machen. Jemanden aus dem Staatsapparat zu erschießen, um einen Anlaß zu haben zu erklären, wie man den Staatsapparat sieht – das hat mit Guerilla-Politik nicht viel zu tun. Die Analyse hätten sie genausogut oder genausoschlecht machen können, ohne von Braunmühl zu erschießen. Das hatte nicht wirklich etwas miteinander zu tun. Das war dann später bei dem Anschlag auf Herrhausen etwas anderes...

T: Warum?

M: Das Attentat fand in einer Zeit statt, in der das Kapital, nach der Auflösung der DDR, in Riesenschritten, ohne daß es jemand so richtig wahrgenommen hätte, dabei war, sich alles einzuverleiben. Gleichzeitig fanden auf internationaler Ebene Umschuldungsverhandlungen statt, die die Länder des Trikonts für alle Ewigkeit abhängig halten sollten. Und trotzdem war unübersehbar, daß sich daran nichts mehr entwickelt, daß Mittel und Ziel auseinanderklaffen.

T: Du hast vorhin den Begriff »Bestrafungsaktionen« gebraucht. Bestrafungsaktionen hatte es seitens der RAF schon vorher gegeben: gegen den BGH-Ermittlungsrichter Buddenberg oder auch gegen den Generalbundesanwalt Siegfried Buback. Wieso hattest du an den neuen Bestrafungsaktionen Kritik?

M: Es geht nicht um jede einzelne Aktion, sondern um den Zusammenhang, die politische Orientierung des bewaffneten

Kampfes. Und wenn die sich in Attentaten erschöpft, die nur noch den Charakter von Bestrafungsaktionen haben, dann gibt es keinen Weg mehr, der ins Offene führt. Das konnte niemand mehr mit Befreiung assoziieren.

Das Dilemma von uns im Knast war, daß wir auch nicht sagen konnten: Da geht's lang, das müßt ihr machen. Wir wollten keine offene Kritik üben, weil wir befürchteten, daß dann alles zusammenbricht, und wir wollten auf jeden Fall Kontinuität. Ein folgenloses Ende der RAF hätten wir schlimm gefunden. Als sich dann '89/'90 der sozialistische Staatenblock auflöste und Deutschland sich wiedervereinigte, eskalierte diese Krise in unseren Augen. Es war unübersehbar geworden, daß es so nicht weitergehen konnte, aber wir hatten auch keine konkrete Idee, was statt dessen sein sollte. Da hat sich unsere Situation, denke ich, wenig von der der Linken draußen unterschieden – sie war nur extremer, weil wir im Knast saßen und noch nicht mal richtig mitbekommen konnten, was lief, und keine Möglichkeit zu Diskussionen hatten.

T: Ab wann gab es bei euch eine Ahnung, daß das Konzept des bewaffneten Kampfes, wie es die RAF vertreten hat, möglicherweise am Ende ist?

M: Zum erstenmal war der Gedanke nach der Erschießung von Gerold von Braunmühl da, also 1986. Aber da ist er nur kurz aufgeflackert und wieder verschwunden.

T: Haben die öffentlichen Reaktionen vor allem der Brüder auf den Mord an von Braunmühl für euch eine Rolle gespielt?*

* Die »taz« veröffentlichte am 7. November 1986 einen Brief, in dem sich die Brüder des Ermordeten mit der Erklärung des Kommandos Ingrid Schubert auseinandersetzten. Er enthielt einen Appell an die RAF: »Hört auf. Kommt zurück. Habt den Mut, euer geistiges Mordwerkzeug zu überprüfen. Es hält der Prüfung nicht stand.« In einem zweiten Brief vom 22. Dezember 1986 setzten sich die Brüder mit Reaktionen vor allem aus dem autonomen und antiimperialistischen Spektrum auf ihren Brief auseinander. Während diese Initiative im linksliberalen Spektrum auf starke positive Resonanz stieß, kritisierte zum Beispiel die »FAZ« den Vorstoß, weil der Brief »den Anschein erweckt, die Mörderbande habe hohe politisch-moralische Maßstäbe gesetzt«.

M: Ich habe am Anfang gedacht, die Brüder gibt es nicht, und die Briefe sind ein Verfassungsschutzprodukt. Das war so unwirklich, plötzlich in der »taz« zu lesen, wie Angehörige einen Dialog führen wollen.

T: Und was hast du gedacht, warum der Verfassungsschutz so was machen sollte?

M: Um moralisch Stimmung gegen die RAF zu machen. Das paßte einfach zu gut, um wahr zu sein, daß plötzlich eine Familie auf den Plan tritt und Diskussionen anfangen will. – Und das nach einem Anschlag, der eine Person aus dem Apparat getötet hat, die noch nie hervorgetreten ist und dieser Anschlag von daher ohnehin sehr problematisch war.

T: Und als klar war, daß die Brüder echt sind – hat deren Initiative etwas bei euch ausgelöst?

M: Es war eine echte Familie, und ich fand es nachvollziehbar, daß sie Fragen hatten und eine Meinung. Gleichzeitig war aber auch deutlich, daß die Briefaktion und wie das dann weiterbetrieben wurde, mit Teilen des Apparats abgesprochen war. Wir als Gefangene sind nicht auf die Idee gekommen, mit denen jetzt ein Gespräch anzufangen, wenn du das meinst. Was hätten wir auch miteinander reden sollen?

T: Über die RAF zum Beispiel... Auch wenn man sagt, daß die Gefangenen nicht die RAF sind, war doch klar, daß es einen engen Zusammenhang zwischen euch und den Kommandos gab.

M: Aber ich kann mich doch nicht im Knast hinsetzen und dann mit Angehörigen über die Politik des Kommandos reden. Ganz egal, wie ich dazu stehe, das hätte ich in keinem Fall gemacht.

T: Weil du das als unsolidarisch empfunden hättest?

M: Nein, ich hätte das überhaupt nicht als meine Sache begriffen. Auch eine politische Kritik, die damals sinnvollerweise von uns hätte kommen müssen, wäre doch einen anderen Weg gegangen. Die hätten wir doch nicht im Gespräch mit den Braunmühl-Brüdern entwickeln können.

T: Wenn du an die Situation damals zurückdenkst, was

hätte es möglich gemacht, daß sich eure ersten Zweifel 1986 vertiefen?

M: Eine Voraussetzung wäre gewesen, daß endlich erfüllt wird, was wir die ganze Zeit hindurch verlangt haben: daß wir miteinander reden können. Wir waren ein Kollektiv – und da mußt du reden und dich austauschen können, wenn sich was entwickeln soll. In der Vereinzelung geht das nicht. Die einzelnen Gedanken, die leiser oder lauter von den einzelnen Gefangenen geäußert oder auch nur im Kopf gewälzt worden sind, hätten wir zusammentragen müssen. Du mußt dir vorstellen, daß es für uns dabei um viel ging: um unsere Geschichte und unser Selbstverständnis. Das wirft man nicht mal schnell mit ein paar kaum entwickelten Überlegungen über Bord. Statt dessen haben wir unsere Kraft gebraucht, um uns gegen die alltäglichen Repressalien zu wehren. Im nachhinein kann man leicht sagen, dies und das hätte sich geradezu aufgedrängt – aber damals sah das anders aus. Und unter unseren Bedingungen konnten wir uns wirklich kaum bewegen: physisch nicht und gedanklich war es noch schwieriger. Überleg mal, mit wie vielen Leuten du wie lange redest, wenn du eine entscheidende Sache vorbereitest. Das konnten wir nicht.

T: Wenn ihr damals zusammengekommen wärt, hätte das Ergebnis auch sein können, daß es keine Kritik an der Entwicklung der RAF gegeben hätte?

M: Zum einen hätte zusammenkommen nicht heißen dürfen: Trefft euch mal drei Stunden lang und liefert danach bitte eine Kritik an der RAF ab. Ich meine damit schon, daß es eine dauerhafte Zusammenlegung hätte geben müssen, die uns die Möglichkeit eröffnet hätte, so zu reden und zu diskutieren, wie wir das wollten. Das hätte dann allerdings ziemlich sicher zu einer politischen Initiative von uns geführt, denn das Unbehagen darüber, was draußen passiert, war in irgendeiner Form bei vielen von uns vorhanden.

T: In Lübeck wart ihr ja zu dritt. Habt ihr denn da nicht grundsätzlicher überlegen können? Oder waren diese Zweifel etwas, was jede und jeder für sich hatte, aber nicht zum allgemeinen Thema machen wollte?

M: Doch, wir haben darüber geredet. Aber wir hatten auch immer das schier unüberwindliche Problem, nicht genau zu wissen, wie es draußen ist, was genau geschehen ist. Und es war auch schwierig zu formulieren, worum es uns ging. Was man sagen konnte, wirkte immer abstrakt und blieb unbefriedigend, auch für uns selbst.

T: Lag es daran, daß ihr alle mit der Welt draußen kaum noch konkrete Erfahrungen verbinden konntet?

M: Das war ein wichtiger Grund. Die abstrakten Überlegungen von uns hätten jedenfalls niemandem geholfen. Du kannst nicht sagen, die Guerilla muß an sich dies oder darf im Prinzip jenes nicht. Das ist lächerlich.

T: Hattet ihr den Eindruck, daß die RAF draußen vieles auch besser beurteilen konnte, weil sie näher dran war als ihr im Knast?

M: Das hat auch eine Rolle gespielt, gerade für uns in Lübeck, denn wir gehörten zu denen, die schon am längsten gefangen waren. Es war bei uns immer so, daß die draußen ihre Sachen selber bestimmen und nicht die Gefangenen. Das hat ein großes Vertrauen vorausgesetzt, aber anders ging es sowieso nicht. Und wir waren trotz allem auch zuversichtlich, daß die Illegalen schon merken, daß so was wie die Schüsse auf Pimental oder Braunmühl sich nicht wiederholen durfte.

T: Der Punkt, an dem zum erstenmal auch nach außen hin offensichtlich wurde, daß sich etwas ändert, war der Hungerstreik von 1989, der einen ganz anderen Charakter und andere Ziele hatte als der Streik 1984/85. 1989 wurden zum erstenmal auch andere als die antiimperialistischen Gruppen von vornherein in die Unterstützungsarbeit einbezogen. Wie kam es zu diesen Veränderungen?

M: Eine herausragende Rolle hat im Vorfeld die Kampagne vom Initiativkreis für den Erhalt der Hafenstraße in Hamburg* ge-

* Der Initiativkreis hatte sich gebildet, um Unterstützung für den Erhalt der besetzten Häuser in der Hafenstraße zu mobilisieren. Es war ein Zusammenschluß von Einzelpersonen und Gruppen aus dem linksgrünen, gewerkschaftlichen, undogmatischen, feministischen und kommunistischen Spektrum.

spielt. Die Inikreis-Leute haben es mit Unterschriftenlisten und Aktionen geschafft, ein viel breiteres Spektrum für die Situation von uns Gefangenen zu interessieren, als das bis dahin gelungen ist. Sie konnten das, weil sie selbst aus verschiedenen Gruppen kamen und unideologisch vorgegangen sind. Sie haben auch geschafft, diese Spaltung in »für Normalvollzug – für Zusammenlegung« zu überwinden. Die Inikreis-Kampagne war also etwas ganz Neues. Es war auch das erstemal seit langem, daß sich wieder Leute engagiert haben, ohne daß es einen Hungerstreik gegeben hat.

International war auch ganz wichtig, daß durch die Gorbatschow-Politik etwas in Bewegung gekommen war. Wohin sie führt, schien uns damals zumindest offen zu sein. Es gab Anzeichen für einen Zusammenbruch, aber auch viele hoffnungsvolle Zeichen. Insgesamt wohnte dieser Entwicklung so eine Art katastrophisches Gleichgewicht inne. Und das hat immerhin nach dieser langen Periode der Stagnation die Möglichkeit verschafft durchzuatmen.

Und wir wollten unsere Politik sowieso verändern. In dieser Phase haben wir uns bemüht, neue Diskussionen in Gang zu bekommen, wir wollten neue Besucher und Besucherinnen haben.

T: Was haben die dazu gesagt, die euch bis dahin besucht hatten? Haben die das als Mißtrauenserklärung empfunden?

M: Manche ja, andere nein. Manche haben uns vorgeworfen, wir machten jetzt eine Hundertachtzig-Grad-Wendung. Aber die, die mich besucht haben, konnten gut verstehen, daß wir auch andere Leute sehen wollten, interessiert an einem anderen Gedankenaustausch waren. In dieser Zeit haben wir gefordert, daß Besuchsgruppen zu uns dürfen und nicht immer nur einzelne. Wir wollten auch, daß wir mit denen länger reden können als nur diese lächerliche eine Stunde mit Bewachung hinter der Trennscheibe.

Bei uns in Lübeck und in Celle hat das Ende '89 auch geklappt – woanders nicht. Diese Unterschiedlichkeit, daß bei den einen die Forderungen erfüllt wurden, bei anderen nicht, war verheerend. Der Apparat wollte uns durch gezielte Ungleichbehandlung auseinanderkriegen, Spannungen erzeugen, ein Ungleichgewicht schaffen.

T: Die Initiativen für Gesprächskreise, die es 1988 gab, waren recht unterschiedlich motiviert. Manche wollten offene Diskussionen, andere hatten mehr im Sinn, euch zu missionieren.*

M: Wir sind trotzdem darauf eingegangen – allerdings nur unter der Bedingung, daß alle Gefangenen daran teilnehmen können und die Ungleichbehandlung von uns nicht mit einem solchen Projekt fortgeschrieben wird. Außerdem sollte das Ergebnis nicht schon vorgegeben sein. In dem Moment, in dem wir das formuliert haben, haben die Initiatoren, die sich darauf eingestellt hatten, ihr Projekt mit einer kleinen Initiative in Nordrhein-Westfalen durchziehen zu können, einen Rückzieher gemacht. Es war also nicht ernst gemeint. Andererseits war es ja nicht nur Ausdruck ihrer Niedertracht, daß sie so ein Projekt initiieren wollten, sondern das brachte ein bestimmtes gesellschaftliches Klima zum Ausdruck. Es waren ja auch etliche Musiker, Künstler, Politiker und Intellektuelle bereit, so ein Projekt zu unterstützen.

T: Hattet ihr direkte Gespräche mit den Initiatoren?

M: Das meiste lief schriftlich. Aber es gab ein Treffen zwischen Helmut Pohl und Hans Magnus Enzensberger.**

* Die grüne Bundestagsabgeordnete und Theologin Antje Vollmer hatte zusammen mit Martin Walser und dem Theologen Ernst Käsemann einen Dialogvorschlag vorgelegt, in dem von Entspannung und Versöhnung die Rede war und worin es hieß: »Andere politische Fragen, wie die weltweit drohende Umweltkatastrophe und die Notwendigkeit der atomaren Abrüstung, erfordern andere politische Antworten. Auch von denen, die glauben, ihre Gesellschaften bekämpfen zu müssen. In dem Konflikt zwischen Befürwortern und Gegnern dieser Gesellschaft darf es nicht mehr um das Rechthaben gehen. Uns scheint, die Zeit sei reif für die friedliche Lösung.«

** Enzensberger schrieb danach an seine Mitstreiter: »Der Sinn des Ganzen soll in erster Linie eine Art Realitätsüberprüfung sein. Denn im Laufe der Jahre ist wahrscheinlich das Bild, das sich die Außenwelt von den Gefangenen macht, ebenso unzureichend geworden, wie umgekehrt das Bild der Gefangenen von der Gesellschaft draußen ein Defizit aufweist. Man müßte also zuerst einen Kontakt ›ohne Tagesordnung‹ aufnehmen. Wieweit es dann zu einer politischen

T: Wieso habt ihr euch in dieser Situation, in der ohnehin einiges in Bewegung gekommen war, entschieden, doch zu so einem alten und problematischen Mittel wie dem Hungerstreik zu greifen?

M: Es war nicht nur was in Bewegung gekommen, sondern auch was gescheitert: die Versuche, einen großen Gesprächskreis hinzubekommen. So war eine Situation entstanden, in der sich uns die Frage stellte: Wie machen wir jetzt weiter? Bringt es noch was, zu reden und zu fordern? Oder sollte mehr passieren? Und was? Wir dachten, es sei ein guter Ansatzpunkt da, jetzt müßte aber noch viel mehr gemacht werden. Deswegen haben wir uns entschieden, in den Hungerstreik zu gehen. Wir haben aber auch gesagt: Das ist jetzt der elfte kollektive Hungerstreik – es soll auch unser letzter sein, wir wollen das nicht immer wieder, immer weiter wiederholen.

T: Der Hungerstreik war auch anders konzipiert als eure früheren Hungerstreiks – ihr hattet versucht, ihn möglichst lange durchhalten zu können.

M: Wir sind davon ausgegangen, daß es eine längere Zeit brauchen wird, bis wir mit unseren Forderungen durchdringen können. Es war auch das erstemal, daß wir deutlich gemacht haben, daß die Zusammenlegung für uns eine Vorstufe zur Freilassung sein soll. Um Zeit zu gewinnen, konnten wir nicht alle gleichzeitig anfangen – dann ist viel zu schnell eine Situation da, in der jemand stirbt und alles eskaliert, was wir diesmal aber gerade nicht wollten. Also haben wir ein Zeichen gesetzt, indem wir die

Diskussion kommen kann, müßte diese Kontaktaufnahme ergeben. Zu vermeiden sind 1. ein Medienspektakel, 2. die politische Instrumentalisierung des Gesprächs, 3. eine ›Konferenzsituation‹, bei der sich beide Seiten gewissermaßen am grünen Tisch gegenübersitzen. Zur Wiederherstellung des Realitätskontakts gehört nach Ansicht der Gefangenen, daß sie sich auch untereinander sehen können. Das war in vielen Fällen über einen Zeitraum von zehn Jahren nicht der Fall. Die Gefangenen schlagen daher vor: ein erstes Treffen aller Gefangenen (aus dem engsten Kreis), das sind etwa zwanzig, mit der ›Außengruppe‹. Dabei sollte es sich nicht um eine einzige ›Sitzung‹ handeln, da sich eine brauchbare Gesprächssituation erst bei mehreren Begegnungen herstellen läßt. Es wäre daher eine zweitägige Begegnung zu organisieren, mit Pausen zwischen den Gesprächen ...«

ersten zwei Wochen alle zusammen angefangen haben, und dann haben wir eine Kette gebildet. Ein paar haben weitergemacht, die anderen haben unterbrochen und sind dann erst später wieder dazugekommen. Es gab also einerseits eine Zuspitzung, andererseits haben wir aber Zeit gewonnen.

T: Und wie kam es, daß ihr in diesem Hungerstreik die Forderung nach dem Kriegsgefangenenstatus nicht mehr erhoben habt?

M: Es kam uns auf etwas anderes an. Wir wollten vor allem Kommunikationsmöglichkeiten bekommen. Wir wollten neue Kontakte – das, was uns in den Jahren davor so sehr gefehlt hat: einen Austausch über die Situation drinnen und draußen, der eine Basis legt für neue Entwicklungen.

T: Hattet ihr große Hoffnungen?

M: Ja. Uns ist erst sehr spät, kurz vor dem Abbruch des Hungerstreiks, deutlich geworden, daß wir wieder nicht durchdringen werden. Anfang Mai 1989 hat Wolfgang Schäuble gesagt, daß sich die Regierung keinen Millimeter bewegen wird. Kurz vorher war der damalige Justizminister Klaus Kinkel noch in den Knästen gewesen und hat Gespräche geführt. Wir waren trotzdem der Meinung, etwas erreicht zu haben, weil es wieder Diskussionen in der Öffentlichkeit gab, und das Thema »Besuchsgruppen« war auch nicht vom Tisch. Innerhalb des Rates der Evangelischen Kirche gab es Initiativen, sich für ein Kommunikationsprojekt zur Verfügung zu stellen. Aber diese Ansätze sind im Verlauf des Sommers 1989 im Sande verlaufen, weil die Regierung alles abgelehnt hat.

Für einzelne Gefangene gab es Veränderungen, aber keineswegs für alle. In Köln-Ossendorf wurde eine neue Kleingruppe gebildet, Christa (Eckes), Heidi (Schulz), Sieglinde (Hofmann) und Ingrid (Jakobsmeier) wurden zusammengelegt. Rolf Clemens Wagner kam zu Helmut Pohl nach Schwalmstadt und Christian Klar von Stammheim nach Bruchsal. Zu uns dreien nach Lübeck kam noch Gabriele Rollnik aus Berlin. Der dortige Trakt wurde geschlossen, und Angelika Goder konnte endlich ihre Hüftoperation durchführen lassen. In Lübeck selbst wurde auch einiges verändert. Wir konnten von nun an Besucher ohne Trennscheibe sehen. Das klingt nach nichts Besonderem, aber für uns war das ein riesiger Fortschritt, weil du anders mit jemandem reden kannst, wenn du ihn sehen kannst, ohne spiegelnde Scheibe dazwischen, und wenn du die Stimme richtig hörst und ihn anfassen kannst.

Dann wurde die Zensur anders gehandhabt. Es wurde zwar weiterhin mitgelesen, was uns zugeschickt wurde, die Sachen wurden aber nicht mehr angehalten – auch unsere Briefe nicht. Wir konnten also Broschüren erhalten, Erklärungen und Texte aller Art, die wir vorher nie gesehen hatten. Und dann wurde eine Besuchsgruppe eingerichtet. Ihre vier Mitglieder konnten uns besuchen, sooft und solange sie wollten.

T: Wie entwickelten sich eure strategischen Überlegungen weiter? War euch am Ende des Hungerstreiks schon klar, daß auch der bewaffnete Kampf zu Ende sein sollte?

M: Nein, so nicht, nicht zu Ende für immer. Ich habe daran gedacht, daß das eine Möglichkeit sein könnte, ihn neu zu bestimmen, auf jeden Fall aber die Option für bewaffneten Kampf offenzuhalten. Ich war mir überhaupt nicht sicher, wie... Diese Überlegungen sind dann auch erst mal gegenstandslos gewesen, weil das Ende der DDR plötzlich eine Dynamik in die Verhältnisse gebracht hat, mit der niemand rechnen konnte. Auch nur annähernd mitzubekommen, was da abläuft, hat unsere ganze Konzentration und Aufmerksamkeit verlangt. Das hat den Diskussionsprozeß über unsere Perspektive erst mal abrupt zum Erliegen gebracht.

Das ging doch nicht nur uns so. Die Mauer, die Grenze, die zwei deutschen Staaten – das hatte die ganze politische Kultur hier bestimmt. Und plötzlich war alles anders. Und die Opposition dagegen war schwach und hatte keine Chance, sich durchzusetzen. Wir hatten dann zeitweilig die Illusion zu glauben, daß die Menschen in der DDR so politisiert wären, daß sie sich organisieren und dem Westsog etwas entgegensetzen können – aber davon konnte keine Rede sein.

Auseinandersetzung um die Zäsur

Der Zusammenbruch des real existierenden Sozialismus, der Zerfall des Warschauer Vertragssystems und die Wiedervereinigung Deutschlands haben die politischen Verhältnisse der neunziger Jahre entscheidend geprägt. Das, was als Experiment 1917 versucht worden ist und was über 70 Jahre lang eine Alternative zum westlichen Gesellschaftssystem aufrechterhalten hat, ist mit dem Einzug des Kapitalismus in die osteuropäischen Staaten und vor allem in die Sowjetunion verschwunden. Für viele Befreiungsbewegungen in der »Dritten Welt« hatte das unmittelbare Folgen. Sie blieben ohne Unterstützung und mußten versuchen, ihren Frieden mit dem Kapitalismus zu schließen. Krieg wurde gleichzeitig weltweit wieder zum probaten Mittel der Politik. Ohne das strategische Patt der beiden Großmächte USA und UdSSR geriet das militärpolitische Gleichgewicht in vielen Regionen der Welt aus den Fugen; zudem zog der Zerfall der sozialistischen Staaten ein Aufbegehren nationalistischer Unabhängigkeitsbestrebungen nach sich, die oftmals in Bürgerkriegen mündeten.

Es verschärfte sich auch die Konkurrenz unter den westlichen Industrienationen. Das neue große Deutschland meldete Ansprüche auf eine Hegemonialrolle in Europa an und versucht seitdem, seine politischen und ökonomischen Interessen zunehmend offener auf internationaler Ebene durchzusetzen. Mit der De-facto-Abschaffung des Asylrechts und der Möglichkeit, die Bundeswehr in »out of area«-Einsätzen weltweit und außerhalb der Nato-Struktur einzusetzen, wurden letzte freiwillige Beschränkungen, die einmal als Konsequenz aus den Verbrechen Nazi-Deutschlands durchgesetzt worden waren, geschleift. Sowohl der Einzug rechtsextremer Parteien in mehrere Landesparlamente als auch rassistische Gewalt, der bis 2002 mehr als 100 Flüchtlinge und Migranten zum Opfer fielen, dokumentieren, wie sich das innenpolitische Klima in der BRD gewandelt hat.

Die organisierte bundesdeutsche Linke hat mit der Wiedervereinigung ihre ohnedies nicht allzu große politische Bedeutung verloren; viele Gruppierungen haben sich aufgelöst. Das im Rahmen der »Nie wieder Deutschland!«-Kampagne 1990 entwickelte übergreifende Projekt »Radikale Linke«, das auch die Diskussion mit den politischen Gefangenen suchte, hat seinen zweiten Kongreß nicht überlebt. Aber auch die sogenannten neuen sozialen Bewegungen sind erheblich angeschlagen. Lediglich die Anti-AKW-Bewegung erfuhr im Kampf gegen die Castor-Transporte ins Zwischenlager Gorleben 1996 und 1997 noch mal einen Aufschwung. Die Friedensbewegung ist dagegen nach dem 2. Golfkrieg 1991 weitgehend zerfallen und stellte in den Auseinandersetzungen um den Bundeswehreinsatz im ehemaligen Jugoslawien keine oppositionelle Kraft mehr. Die antirassistischen Gruppen haben nach einer kurzen Hochzeit 1992/93 einen raschen Niedergang erfahren, und auch die antifaschistischen Gruppierungen stagnieren.

Die RAF hat am 30. November 1989 den Vorstandssprecher der Deutschen Bank, Alfred Herrhausen, getötet. Am 27. Juli 1990 scheiterte ein Anschlag auf den Staatssekretär im Bundesinnenministerium, Hans Neusel.

Im Februar 1991, während des 2. Golfkriegs, beschoß die RAF die US-Botschaft in Bonn, »weil die USA im Vernichtungskrieg gegen das irakische Volk von Anfang an die Führungsrolle übernommen haben«. Am 1. April 1991 wurde der Chef der Treuhandanstalt Detlev Karsten Rohwedder von einem RAF-Kommando am offenen Fenster erschossen. Er war der letzte, der einem RAF-Attentat zum Opfer fiel.

Ein knappes Jahr später, am 10. April 1992, veröffentlichte die RAF ihre Erklärung über die »Rücknahme der Eskalation«. Mit ihrem letzten Anschlag sprengte sie den Rohbau der JVA Weiterstadt in Hessen. Kurze Zeit später, am 27. Juni 1993, wurden die RAF-Mitglieder Birgit Hogefeld und Wolfgang Grams, die der VS-Spitzel Klaus Steinmetz verraten hatte, in Bad Kleinen verhaftet. Wolfgang Grams wurde dabei unter Umständen erschossen, die selbst liberale und konservative Kommentatoren eine

Zeitlang öffentlich annehmen ließen, er sei von einem Polizeibeamten hingerichtet worden. Charakteristisch für die Bereitschaft, auch den Mord an einem RAF-Mitglied zu akzeptieren, ist ein Leitartikel aus der »Süddeutschen Zeitung«: »Nicht so sehr die Tatsache, daß Beamte des Bundeskriminalamtes und wer weiß noch am Ort des Geschehens versagt haben, muß zu ernstesten Sorgen Anlaß geben. Mehr als alles andere stimmt bedenklich, daß die polizeiliche und politische Vorgehensweise bei der Terrorbekämpfung genau die Wahnideen zu bestätigen scheint, von deren Unzerstörbarkeit eben der politische Terrorismus in den Köpfen etlicher fanatischer Menschen lebt.« Bundesinnenminister Rudolf Seiters erklärte freiwillig seinen Rücktritt, Generalbundesanwalt von Stahl wurde gezwungen zu gehen. Aber die Tötung von Grams kann nie bewiesen werden, da, wie schon in Stammheim und Stadelheim, die Spurensicherung mehr den Charakter einer Spurenvernichtung hatte und die Staatsanwaltschaft an einem sorgsam durchgeführten Todesermittlungsverfahren wenig Interesse zeigt.
Auch im Verfahren gegen Birgit Hogefeld mühte sich der Staatsschutzsenat des OLG Frankfurt, die Vorgänge in Bad Kleinen auf keinen Fall zum Thema der Beweisaufnahme zu machen, obwohl Hogefeld dort auch wegen »mittäterschaftlichen Mordes« an einem Polizeibeamten angeklagt worden war. Dieser Vorwurf wurde schließlich fallengelassen, Hogefeld selbst aber trotzdem 1996 zu lebenslanger Haft verurteilt. Mit ihr sitzen noch fünf ehemalige RAF-Mitglieder in lebenslanger Haft.

Oliver Tolmein: Das Ende der DDR hatte auf euch ganz konkrete Auswirkungen. Der bundesdeutsche Staatsschutz konnte 1990 die aus der RAF festnehmen, die nach 1977 in die DDR ins Exil gegangen waren. Alle paar Tage wurde jemand verhaftet.

Irmgard Möller: Wir in Lübeck waren ziemlich überrascht, wie viele damals in die DDR gegangen waren.

T: Ihr kanntet die gar nicht?

M: Einzelne von ihnen hatten uns mal in den Siebzigern besucht. Dann hatten wir die Namen natürlich im Zusammenhang mit der Fahndung gehört. Aber wir kannten sie nicht. Woher auch? Einige von ihnen hatten dann 1990 Anwälte, die wir auch kannten. Aber denen wurden dann schnell die Mandate entzogen. So haben wir erfahren, daß der Verfassungsschutzmann Benz* dort durch die Knäste zieht, um sie zu Kronzeugen zu machen. Und obwohl sie gute Chancen gehabt hätten, draußen zu bleiben, haben sie sich auf den Deal eingelassen und als Kronzeugen ausgesagt. Das hat uns erschreckt. Nur Inge Viett hat sich anders verhalten und hat nicht alles fallenlassen.

T: Habt ihr euch das erklären können?

M: Offensichtlich hatten sie ungeheure Angst davor, hier gefangen zu sein. Und sie waren wohl auch so weit entpolitisiert, daß es ihnen nichts mehr ausgemacht hat, gegen uns aufzutreten und alles zu sagen, was man von ihnen verlangte.

T: Das waren aber doch Leute, die in der RAF aktiv gewesen waren, in einer Gruppe, in die man nicht mal kurzerhand eintritt, um zu schauen, ob es einem da vielleicht gefällt. Daß diese einstigen Genossen von euch alles über den Haufen geworfen haben, was radikale Linke vereint: nicht mit dem Staatsapparat kooperieren, die eigenen Leute nicht ans Messer liefern – habt ihr nicht überlegt, daß da grundsätzlich was schiefgelaufen sein muß?

M: Helmut (Pohl), der in dieser Zeit draußen gewesen war, hat dazu was gesagt: daß damals Leute zu schnell in die RAF gekommen sind, daß die Motive zuwenig hinterfragt worden sind und man sich damit begnügt hat, daß es Gemeinsamkeiten mit Blick darauf gab, daß man die Gefangenen befreien wollte. Und das war zuwenig.

* Benz war seit Mitte der achtziger Jahre im Bundesamt für Verfassungsschutz in Köln zuständig für das sogenannte Aussteigerprogramm. Er sollte Kontakte zu aussteigewilligen Militanten knüpfen und ihnen eine Perspektive anbieten. Dazu kam es nicht. Die in der DDR Untergetauchten waren seine ersten Erfolge. 1996 sorgte Benz noch mal für Schlagzeilen, als er einer Frau, die RZ-Mitglied gewesen sein soll, und dem als Herrhausen-Attentäter gesuchten Christoph Seidler den Weg in die Legalität ebnete.

Aber die RAF hat dann, als dieser Fehler klargeworden war, versucht, einen Weg für sie zu finden. Die sind nicht einfach fallengelassen worden, sondern es ist ein sicheres Exil gesucht und gefunden worden. Das zeigt doch eine große Stärke der RAF in so einer Krise.

T: Aber gleichzeitig ist doch daran deutlich geworden, daß es auch eine gravierende Schwäche in der RAF gab.

M: Ja. Leute sind zu schnell und zu unüberlegt in die Illegalität und dann zur RAF gegangen. Das war ein gravierender Fehler.

T: Während einerseits über die Aussagen der Aussteiger aus der DDR neue Strafverfahren und Ermittlungen angestrengt wurden, gab es andererseits 1991/92 die sogenannte Kinkel-Initiative. Der damalige Bundesjustizminister hatte am Rande eines Parteitages Journalisten mitgeteilt, es sei vorstellbar, daß auch zu lebenslanger Haft verurteilte RAF-Gefangene vorzeitig entlassen werden könnten; und er hat auch ein paar Namen genannt.*

M: Ich war total wütend, als ich plötzlich diese Liste von Gefangenen in der Zeitung gesehen habe.

T: Warum?

M: Einmal die Zusammensetzung der Liste und vor allem, weil als Bedingung, um freigelassen zu werden, von uns verlangt wurde, daß wir das Ende des bewaffneten Kampfes erklären. Und das wollte ich auf gar keinen Fall. Ich wollte freigelassen werden, so wie ich bin, ohne daß ich Staatsschutzdienste leiste. Das hätte

* Noch im April 1991 hatte die »Süddeutsche Zeitung« referiert: »Der Bundesjustizminister wies auf die nach wie vor bestehenden Querverbindungen zwischen den RAF Terroristen hin, die sich noch in Freiheit befinden, und denen, die in den Gefängnissen sitzen...« In der Folge fanden in zahlreichen Gefängnissen Razzien statt, um Kassiber zu finden, die beweisen sollten, daß die RAF-Gefangenen die Kommandos aus den Zellen steuerten. Entsprechende Beweise wurden nicht gefunden. Im Spätherbst titelte die »Süddeutsche Zeitung« dann: »Informationen aus dem Bundeskabinett: Sieben verurteilte Terroristen sollen vorzeitig entlassen werden.« Der »Stern« berichtete damals: »Kinkel befürchtet ... daß die RAF-Desperados im Untergrund einen letzten verzweifelten Versuch machen könnten, den Entlassungswilligen einen Strich durch die Rechnung zu machen. Der Minister: ›Ich rechne sehr stark mit einem neuen Anschlag‹.«

auch unser politisches Projekt desavouiert. Das Aussetzen des bewaffneten Kampfes wäre dann keine politische Entscheidung in einer bestimmten Situation gewesen, sondern Teil eines Deals, um uns einen persönlichen Vorteil zu sichern. Kinkel hat uns mit diesem Vorstoß also in eine Zwickmühle gebracht. Wir konnten nicht mehr frei formulieren, was wir denken, sondern mußten jetzt auch noch bedenken, daß es immer als Reaktion auf Kinkel interpretiert werden würde. Das hat uns unflexibel gemacht. Und es hat Monate gedauert, bis wir reagieren konnten.

T: Hattet ihr eine Erklärung für diesen Vorstoß von Kinkel?

M: Damals nicht. Wir wußten noch nichts davon, daß der Verfassungsschutz mit Klaus Steinmetz einen V-Mann ziemlich nah an die RAF herangebracht hatte und deswegen von unseren Überlegungen und Diskussionen schon wußte. Wir haben in dieser Zeit selber noch gedacht, daß der Staatsapparat vielleicht ernstlich an einer politischen Lösung interessiert ist.

T: Das wäre ja positiv gewesen.

M: Eben. Deswegen haben wir damals auch die Kritik, die zum Beispiel von dir an der Kinkel-Initiative kam, nicht aufgenommen, weil wir das für kurzsichtig hielten. (beide lachen) Jedenfalls war damit der Gedanke, daß wir vielleicht auch mal rauskommen könnten, kein absolutes Tabu mehr.

T: Dann kam am 10. April 1992 die Erklärung der RAF, in der sie die Zäsur ankündigte. Hat die Erklärung bei euch Erleichterung ausgelöst: Jetzt geht es voran?

M: Wir haben erst mal gedacht: Na, endlich! Und deswegen haben wir auch sehr schnell reagiert und gesagt: Das wollen wir auch.

T: Diese Erklärung von euch kam am 15. April. Warum kam sie von dir?

M: Ich saß zu dem Zeitpunkt am längsten im Knast, war eine der wenigen, die aus der Anfangsphase noch dabei war und konnte so den grundsätzlichen Konsens von allen vermitteln. Mit der Erklärung der RAF hatten wir dann allerdings, als wir uns genauer mit ihr befaßt hatten, erhebliche Probleme. Die RAF hatte zum Beispiel geschrieben: »Wir werden uns genau ansehen, wie

ernst der Kinkel-Vorstoß ist.« Damit wirkte ihre Erklärung plötzlich wirklich wie eine Reaktion auf Kinkel. Und, schlimmer noch, die Rücknahme der Eskalation wurde von einem Entgegenkommen der Bundesregierung abhängig gemacht. Das war genau das, was wir überhaupt nicht wollten. Die politische Entscheidung, bestimmte Kommandoaktionen zu lassen, wurde so Teil einer Verhandlungsmasse in der Auseinandersetzung um das Schicksal von uns Gefangenen. Am Ende der Erklärung haben sie geschrieben: »Wenn sie diejenigen, die diesen Prozeß für sich in die Hand nehmen, mit ihrer Walze aus Repression und Vernichtung plattmachen, also weiter auf Krieg gegen unten setzen, dann ist für uns die Phase des Zurücknehmens der Eskalation vorbei – wir werden uns das nicht tatenlos anschauen.«
Das war eine leere, schädliche Drohung – das hat sich im Verlauf der Zeit dann auch gezeigt. Außer dem Anschlag auf das leere Knastgebäude in Weiterstadt 1993 hat es keine Angriffe mehr gegeben. Und das war auch kaum anders vorstellbar. Aber wir haben uns trotzdem erst mal gefreut, daß es die Erklärung überhaupt gab.

T: Öffentlich habt ihr diese Befürchtungen aber nicht geäußert.

M: Vorsichtig wie immer... Wir wollten ihnen nicht in den Rücken fallen und waren auch unsicher, ob wir nicht doch was übersehen oder falsch verstanden hatten. Also haben wir vorsichtig Bezug genommen und den Dissens erst mal ausgeklammert.

T: In der Hoffnung, daß es vielleicht niemand merkt?

M: (lacht) Ja. Das war natürlich falsch. Aber wir haben auch erwartet, daß sie das korrigieren.

T: Nach eurer Erklärung durftet ihr und die Gefangenen in Celle nach dem Willen der SPD-Justizminister von Schleswig-Holstein und Niedersachsen jeweils drei Interviews machen. Was hattet ihr euch denn in diesem Zusammenhang überlegt?

M: Das war sehr wichtig für uns. Es war das erstemal in der Zeit unserer Gefangenschaft, daß wir selber die Möglichkeit hatten, etwas zu dem zu sagen, was wir wollen und was wir uns vorstellen. Es gab also eine Chance, daß das in die Öffentlichkeit kommt, ohne daß es vom Verfassungsschutz oder der Bundesanwaltschaft gefiltert und umgedreht wird. Daß es seitens des Apparats eine Art Belohnung für unsere Erklärung sein sollte, haben wir auch gesehen, das hat uns auch gestört – aber wir konnten es nun leider nicht ändern. Es wäre unsinnig gewesen, deswegen in einer Art Trotzreaktion auf so eine Möglichkeit zu verzichten.

T: Eines der Interviews hast du mit dem »Spiegel« geführt. In der Öffentlichkeit hatte es den Effekt, daß du als eine Art unverbesserlicher Hardlinerin erschienen bist. Warum hast du mit dem »Spiegel«, der in Sachen »Terrorismus«-Bekämpfung immer an vorderster Front war, geredet?

M: Es gab damals sehr viele Anfragen – und der »Spiegel« schien mir wegen seiner Verbreitung ein wichtiges Medium zu sein. Die Redakteure, die dann kamen, waren recht hartgesottene Staatsschutzschreiber, das stimmt, sie hatten seit Jahren kaum was anderes gemacht, als Artikel über RAF-Kassiber und ähnliche Geheimdienstgeschichten zu schreiben. Da habe ich mir gedacht: Dann erst recht. Warum soll ich mich in so ein Klischee pressen lassen?

T: Aber was war dann deine Intention? Daß ihr nicht bereut und Hardliner seid, um das mal so zusammenzufassen, das wußte die Öffentlichkeit bereits aus anderen Quellen. Dazu hättet ihr euch nicht selbst zu Wort melden müssen.

M: Unsinn. Es ist immer ein Unterschied zwischen authentischem Auftreten und der Kolportage! Es war mir auch wichtig zu zeigen, daß ich nicht abschwöre, wie das immer von uns verlangt wurde. Es war aber nicht das einzige, was mir wichtig war. Über unsere zukünftigen Perspektiven und darüber, was werden soll, wollte ich reden.

T: Ein Begriff, der für euch damals, sowohl in der Erklärung der RAF als auch dann in den Interviews mit euch, eine Rolle gespielt hat, war die »Gegenmacht von unten«.

M: Das war eigentlich ein Begriff der RAF, weniger von den Gefangenen. Wir fanden ihn recht unpräzise.

T: In dem Interview, das wir damals für den NDR geführt haben, habt ihr mir aber genau erläutert, was ihr euch darunter vorstellt: den Widerstand der Anwohnerinnen und der Anwohner der Hamburger Stresemannstraße zum Beispiel, die nach dem Tod eines Kindes wochenlang gegen den Lastwagenverkehr protestiert haben.

M: Wir wollten vermitteln, eine Brücke schlagen. Und sicher hatten wir im Knast auch etwas optimistische Vorstellungen davon, was in diesem Zusammenhang draußen los war. Für mich ist »Gegenmacht von unten« heute jedenfalls keine Perspektive, weil ich mir darunter hier draußen nichts vorstellen kann.

T: Was für Hoffnungen hattet ihr mit der Zäsur verknüpft?

M: Zum einen war wichtig, daß dieser Schnitt gemacht wurde – egal, was konkret daraus folgte. Zum anderen hatten wir die Hoffnung, daß sich daraus eine Diskussion über die Perspektive der Linken entwickelt. Wir sind davon ausgegangen, daß eine Zäsur auch für Leute ansteht, die nicht in der RAF organisiert waren. Nicht nur der bewaffnete Kampf war ja an seine Grenzen gestoßen.

Dazu ist es dann aber nicht gekommen. Es gab das kurze Aufflackern der Radikalen Linken, die 1992 auch einen großen Kongreß abgehalten hat – aber das war's dann auch schon. Folgenlos. Daß so wenig in Gang kommen würde, hat uns damals allerdings überrascht. Heute weiß ich, daß es auch nur ein kleines Strohfeuer sein konnte, weil es in einem geschlossenen ideologischen Raum stattfand.

T: In Gang gekommen ist dafür auf der anderen Seite etwas. In Bad Kleinen hat 1993 ein Großaufgebot von Polizei und GSG 9 Birgit Hogefeld festgenommen und Wolfgang Grams erschossen. Inwieweit hat das die Situation von euch verändert?

M: Ich würde das anders nennen. Der Staat hat dieses Moment der großen Schwäche ausgenutzt und zugeschlagen. In dieser Situation sollten wir – weder die Gefangenen noch die RAF – uns von diesem Schlag noch mal erholen können.

T: Gibt es für dich einen Unterschied zwischen den »Selbstmorden« in Stammheim und dem »Selbstmord« von Wolfgang Grams?

M: Ja, es gibt den Unterschied, daß Wolfgangs Hinrichtung als Gefangener quasi in aller Öffentlichkeit stattfand. Jeder weiß das eigentlich auch, und trotzdem passiert nichts weiter, weil man dem Staat inzwischen alles zutraut.

T: Es gab noch mal eine Situation, in der ihr als »selbstmordgefährdet« plötzlich unter massive Überwachung gestellt wurdet. Siehst du da auch einen Zusammenhang?

M: Ja, es sollte ein für allemal in die Köpfe gestanzt werden: Gefangenen aus der RAF bleibt immer nur eins, der Selbstmord, und natürlich kollektiv.

Das war im November '93, also wenige Wochen nach dem öffentlichen Bruch mit den Illegalen und den Gefangenen in Celle. Man hat uns ausdrücklich darauf hingewiesen: Da wir ja keine Verhandlungen wollten, hätten wir auch keine andere Perspektive mehr. Für uns war das eine massive Bedrohung und für uns in Lübeck auch über Tage und Nächte eine extreme Terrorisierung.

Sie haben uns in einer Zelle zusammengepfercht und zu sechst von der offenen Tür aus ununterbrochen beobachtet. Dieses Szenario kannte ich aus Stammheim.

T: In dieser Phase wurde von Gefangenen auch das böse Wort von der RAF als »Steinmetzscher Einheit« geprägt. Glaubst du wirklich, daß die RAF damals wesentliche Impulse von Steinmetz empfangen hat? Birgit und die Gruppe selber haben das ja immer heftig bestritten.

M: Ich geh davon aus, daß Steinmetz sie beeinflußt hat, indem er den einen oder anderen Gedanken lanciert hat. Schließlich fand Birgit ihn in der letzten Phase ihres Prozesses nach allem noch vertrauenswürdig genug, ihn zu ihrer Entlastung, also daß sie nicht habe schießen wollen, als Zeugen laden zu lassen.

T: Daß Birgit Hogefeld Klaus Steinmetz als Zeugen laden lassen wollte, heißt doch nicht, daß sie ihn vertrauenswürdig fand, sondern in seiner Aussage eine Chance für ihr Verfahren gesehen hat.

M: Was für eine Chance? Steinmetz hat sie in den Knast gebracht und dafür gesorgt, daß gegen etliche Leute wegen falscher Anschuldigungen ermittelt wurde und manche in Beugehaft saßen.

T: Kannst du zu dieser Spaltung zwischen Teilen der Gefangenen und der RAF draußen* etwas Genaueres sagen? Anlaß war ja eine Initiative, die Christian Ströbele auf Wunsch der Celler Gefangenen gestartet hatte. Erst wurde Kontakt mit dem Daimler-Benz-Chef Edzard Reuter aufgenommen, damit er die Bundesregierung »auf den Ernst der Lage aufmerksam macht, auf das, worauf es wahrscheinlich hinausläuft, wenn die Regierung ihre Haltung nicht ändert«.** Dann wurde der Vorsitzende des Zentralrates der Juden in Deutschland, Ignatz Bubis, angesprochen und ebenfalls zu Kohl geschickt. Ihr wußtet von diesem Vorstoß nichts und habt ihn später als »Deal« scharf kritisiert. Aber in Wirklichkeit ging es doch wohl um mehr und anderes. Was sind aus deiner Sicht die entscheidenden Differenzen zwischen Teilen der Gefangenen und der RAF?

M: Die Initiative war der Endpunkt einer Entwicklung, da ging es nur noch um die Freilassung der Inhaftierten.

Differenzen gibt es nicht erst seit 1993. Über die Bewertung bestimmter Abschnitte in unserer Geschichte, zum Beispiel die Stockholm-Aktion oder auch den Deutschen Herbst, gibt es schon seit längerem Kontroversen. Und wir waren uns auch schon längere Zeit nicht mehr darüber einig, an welchem Punkt wir jetzt stehen und wohin es weitergehen kann. Aber wir haben es versäumt, diese Kontroversen auszutragen. Keiner von uns hat mehr die Anstrengungen unternommen, um einen gemeinsamen Begriff zu kämpfen. Und so war auch nicht klar, wie unterschied-

* Öffentlich gemacht wurde die Spaltung durch eine Erklärung von »Brigitte Mohnhaupt für die Gefangenen aus der RAF in Lübeck, Köln, Frankfurt, Schwalmstadt, Frankenthal, Bruchsal, Aichach« Ende Oktober 1993.

** So Karl Heinz Dellwo, einer der Initiatoren der Gespräche, im Brief an Brigitte Mohnhaupt. Im Klartext dürfte das heißen: Der Regierung sollte klargemacht werden, daß neue Attentate drohen, wenn die Gefangenen nicht rauskommen.

lich die Auffassungen wirklich waren. Das liegt wohl daran, daß unsere Einigkeit darüber, daß es so jedenfalls nicht weitergehen konnte, die Uneinigkeit erst mal überlagert und verdeckt hat.

T: Weil ihr euch darüber einig wart, daß der bewaffnete Kampf in der Bundesrepublik, so wie sie ist, nicht geführt werden kann, habt ihr euch 1992 auch so schnell über eure Erklärung verständigen können?

M: Ja. Nur haben wir schon damit offensichtlich Unterschiedliches gemeint. Die einen haben aus der Entwicklung abgeleitet, daß man sich den gegebenen Bedingungen ... ich würde sagen: unterwirft, sie sagen eher: sie akzeptiert. Dabei soll allerdings jede direkte Distanzierung vermieden werden. Bei der Frage, wie man Entlassungen erreicht, hatte das, ohne daß das jetzt der wichtigste Punkt wäre, durchaus praktische Folgen. Wie geht man damit um, daß der Staat von uns verlangt zu erklären, daß RAF und bewaffneter Kampf von A bis Z ein falscher Weg waren. Wir wollten das auf keinen Fall zugestehen, weil es den Staat überhaupt nichts angeht, wie gut oder schlecht wir Aktionen finden oder wo unsere Kritik ansetzt.

Wir wollten nicht weiter bewaffnet kämpfen, aber das zu erklären, kann keine Bedingung für unsere Entlassung sein. Andere haben das pragmatischer gesehen. Wenn wir die Kritik sowieso haben, dann können wir sie auch vor Gericht äußern, um schneller rauszukommen, und wenn uns im Entlassungsverfahren noch mehr »Kritik« einfällt, um so besser ... Aber damit werden eben auch die Weichen für die Zeit danach gestellt, und die Hürden werden immer höher geschraubt, und der sogenannte rechtsstaatliche Weg rauszukommen wird für alle Zeiten betoniert. Da geht es dann eher um gesellschaftlichen Konsens, darum, anerkannt zu werden, mitreden zu können. Das Problem ist, daß wir in einer ziemlich heiklen Lage, aus einer politisch äußerst schwachen Position zu einer Kritik am bewaffneten Kampf, wie er geführt wurde, gekommen sind – und da ist es sehr schwer, das so zu verdeutlichen, daß die grundlegende Kritik an dieser kapitalistischen Gesellschaft nicht gleich mit über Bord geht. Wie mit dieser Situation umzugehen ist, das war wohl die grundlegende Streitfrage.

T: In der Öffentlichkeit und vom Verfassungsschutz wurde die Spaltung so dargestellt, als ob es auf der einen Seite die Hardliner gäbe, die am liebsten weiterkämpfen würden, und auf der anderen Seite die Vernünftigen ...

M: Das Spiel, irgendwelche zu Hardlinern und andere zu Vernünftigen zu erklären, ist uralt. Mit der Realität hat das nichts zu tun. Zurück zu dem, was war, will niemand von uns. Aber wir wollen eben auch keine Generalabrechnung mit unserer Geschichte, bei der dann plötzlich unsere Fehler die Ursache aller Übel sind und alles andere, was nicht bewaffneter Kampf war, in glänzendem Licht erstrahlen läßt.

T: Daß die RAF-Politik komplett falsch und alles andere richtig war, haben aber weder die RAF draußen noch Birgit Hogefeld oder auch Karl Heinz Dellwo, Lutz Taufer oder Knut Folkerts gesagt.

M: So natürlich nicht. Aber Birgits Abschlußerklärung in ihrem Prozeß geht schon weit in diese Richtung.

T: Sie hat dort im wesentlichen Aktionen kritisiert, die Helmut Pohl oder du im Interview auch kritisiert habt: die Erschießung von Edward Pimental oder von Gerold von Braummühl zum Beispiel.

M: Es ist nicht Kritik, die uns trennt, sondern wie sie kommt. Wenn ich Birgits Erklärung lese, frage ich mich, wieso sie jemals in der RAF war. Diese Perspektive, daß das ein Befreiungskampf war, daß mit dem bewaffneten Kampf ein Versuch verbunden war, die Verhältnisse hier zu überwinden, daß also eine Hoffnung und etwas Positives damit verbunden waren, scheint bei ihr gar nicht auf. Statt dessen redet sie von Ohnmachtserfahrungen und dem Gefühl von Unveränderbarkeit. Oder sie beklagt bei Befreiungsbewegungen deren Schwierigkeiten beim Aufbau demokratischer Zivilgesellschaften – das hat mit dem, worum es uns als RAF ging, nichts zu tun. Das liegt voll im systemkonformen Mainstream, auch wenn man Birgit dort nicht haben will.
Oder wenn sie feststellt: Wir sind geworden wie die, die wir bekämpfen wollten. Sie unterscheidet nicht mehr zwischen revolutionärer Gewalt und Brutalität; und Brutalität allein ist es, die

angleicht. Das ist bürgerliche Moral. Da verlieren Begriffe und politische Analysen jede Schärfe. Alles wirkt nur noch grau und falsch, irgendwie bedauernswert. Daß sie sich dann ausgerechnet auf Oskar Negt beruft, um zu beschreiben, wie die BRD in den sechziger und siebziger Jahren, als wir den bewaffneten Kampf aufgenommen haben, gewesen sein soll, schließt den Kreis und macht mich fast sprachlos: Negt, der gegen uns agiert und dazu aufgerufen hat, sich zu entsolidarisieren und uns zu denunzieren, weil er seine sozialdemokratische Reformperspektive in Gefahr sah, wird plötzlich zur intellektuellen Autorität. So wie Birgit und mit diesen Bezugspunkten, die sie präsentiert, kann nur jemand reden, der eigentlich nichts mehr wiederkennt. Und das unterscheidet uns.

T: Mir ist bei den Erklärungen der RAF seit 1992 und in den Texten von Birgit Hogefeld seit ihrer Verhaftung erst mal was ganz anderes aufgefallen. Sie haben tatsächlich versucht, etwas zu erklären, eine Position nachvollziehbar zu beschreiben. Und es waren Kommunikationsversuche und nicht, wie RAF-Erklärungen sonst wirken, Kommuniqués, über die nicht zu diskutieren war.

M: Das alleine reicht aber nicht. Die Texte und Erklärungen haben ins Nirgendwo geführt. Und das ist sicher auch ein Grund, warum sie niemanden groß dazu angeregt haben, darauf einzugehen und sich damit auseinanderzusetzen. Eine Diskussion über die Lage und über die Perspektive hat nicht stattgefunden.

T: Aber das hängt doch möglicherweise gar nicht mit den Texten selber zusammen, sondern damit, daß es 1992/93 schon ziemlich egal war, was die RAF überhaupt macht, weil sie zum Zeitpunkt ihrer Spaltung längst ein historisches Phänomen war. Es wäre interessant zu überlegen, was Texte wie die 1993 veröffentlichten zehn, elf Jahre vorher bewirkt hätten.

M: Eine interessante Gedankenspielerei vielleicht. Aber mit der Situation heute hat das wenig zu tun, da hilft uns das auch nicht weiter.

T: Derzeit wird viel über die RAF geredet. Zum zwanzigsten Jahrestag von Ulrike Meinhofs Tod hat es einen großen Kongreß radikaler und weniger radikaler Linker in Berlin gegeben; derzeit erscheinen Erinnerungsbücher, Memoiren, Briefe – eine wahre RAF-Bewältigungswelle. Was müßte deiner Meinung nach für eine Debatte geführt werden?

M: Alarmierend an den Büchern, Reden und Filmen, die derzeit produziert, gehalten und hergestellt werden, finde ich – soweit ich sie kenne –, wie privat und beliebig die Geschichten daherkommen. Jede und jeder erzählt Anekdoten aus dem Leben. Was dabei fehlt, ist das Interesse an der gegenwärtigen Situation. Was haben die Geschichten von damals damit zu tun? Das wird gar nicht erst gefragt. Für mich ist das die schlimmste Variante von »einen Schlußstrich ziehen«: Das haben wir versucht, es hat nicht geklappt, also arrangieren wir uns mit dem, was ist. Das finde ich nicht nur deswegen falsch und schlimm, weil heute noch etliche Gefangene, die damals angefangen haben, im Knast sitzen. Aber auch wenn es keine Gefangenen mehr gäbe, wäre es wichtig zu erfassen, wo wir heute stehen. Wie gehen wir damit um, daß wir nicht erreicht haben, was wir wollten? Was müssen wir heute tun, um nicht einfach mitzuschwimmen. Die Diskussion unserer Geschichte läßt sich nicht von der Diskussion über die Gegenwart loslösen.

T: Hast du denn in den zwei Jahren, seitdem du aus dem Knast entlassen bist, solche Ansatzpunkte für eine politische Praxis heute gefunden?

M: Nein. Ich bin noch sehr damit beschäftigt, überhaupt aufzunehmen, was hier draußen los ist. Das ist ein mühseliger und langwieriger Prozeß. Insofern kann ich nicht sagen, daß ich Politik mache – manchmal gehe ich zu Treffen oder Veranstaltungen und versuche dort, mehr zu erfassen als das, was ich von drinnen wahrnehmen konnte. Ich höre nicht nur, was Leute sagen oder schreiben, ich kann sehen, wie sie leben, wo sie herkommen, wie sie auftreten.

T: Hast du damals, als du entlassen worden bist, erwartet, daß es so schwierig werden würde, draußen politisch Fuß zu fassen?

M: Nein. Ich habe auch den Eindruck, daß sich seit Ende 1994, als ich entlassen worden bin, die Verhältnisse hier draußen noch verschärft haben und die politischen Zusammenhänge immer weiter zerfallen. Ich kann auch nicht immer hinterherrennen und fragen: warum gibt es dies und das nicht mehr?

T: Hattest du diesen Eindruck, daß es kaum noch linke Strukturen und arbeitsfähige Gruppen gibt, schon direkt nach der Entlassung, oder ist dir das erst allmählich bewußt geworden?

M: Die erste Zeit ist mir das nicht so aufgefallen. Da war ich ganz damit beschäftigt, Leute zu treffen und mich zu freuen, endlich direkt mit ihnen sprechen zu können und auch spontan neue Menschen kennenzulernen. Das war mit vielen Entdeckungsfreuden verbunden, auch mit der Freude darüber, wie relativ schnell es mir gelingt, mich zu bewegen, alltägliche Dinge zu tun. Und dann hab ich gedacht, so nach und nach laß ich mir erzählen, was andere in der unendlichen Zwischenzeit erlebt haben. Ich hab gemerkt, daß ich mir das im Moment gar nicht aneignen kann, daß ich zwar Einzelheiten aufnehme, sie aber nicht zusammensetzen kann.

Grundsätzlich ist es so: Mir ist bewußt, daß ich nicht alles nachholen kann, was ich in den 23 Jahren Knast nicht leben konnte. Ich hatte auch lange das Gefühl, daß ich draußen nur zu Besuch bin und es nur eine Frage der Zeit ist, bis damit wieder Schluß ist. Ich fühlte mich nicht von neuem Knast bedroht, sondern es erschien mir insgesamt unwirklich. Ich weiß von anderen, daß sie viele Jahre gebraucht haben, bis sie das Gefühl entwickelten, draußen wirklich angekommen zu sein.

T: Spielt Zeit draußen eine andere Rolle als drinnen? Vergeht sie schneller?

M: Die Zeit vergeht ganz und gar anders, schon weil meine Umgebung nicht mehr statisch ist. Aber ich habe immer noch kein zuverlässiges Gefühl dafür, wie lang ein Tag ist, was eine Woche ist. Manchmal weiß ich nicht, ob ein Treffen letzte Woche war oder letzten Monat. Dann muß ich in den Kalender schauen. Oft genug habe ich den Eindruck, die Zeit rast. Ich kann machen, was ich will, ich komme nicht hinterher. Ein ziemlich unangenehmes Gefühl. Das ist die äußere Zeit. Die innere vergeht ganz langsam, und ich pralle oft mit Erwartungen von Menschen aufeinander, für die das unvorstellbar ist, weil sie nur eine Zeit kennen.

T: Wie ist es, wenn du Leute im Knast besuchst? Prallen dann diese beiden Welten in dir aufeinander?

M: Wenn ich drin bin und mit jemandem rede, ist die Situation vor allem von meiner Vertrautheit mit den Verhältnissen dort bestimmt. Das kommt mir nicht fremd vor.

T: Was hast du für ein Gefühl gegenüber Leuten, die du besuchst? Du hast ja das erreicht, was ihr euch 1992 als gemeinsames Ziel für euch alle vorgenommen habt: »Alle 40 müssen raus!«.

M: Ich hab das eben nicht erreicht. Das ist ziemlich schwer zu ertragen. Vor allem wenn ich mich dann umdrehe, zur Tür gehe und raus kann – und die anderen müssen zurückbleiben. Das ist furchtbar. Dann sind die Erinnerungen wieder bestimmend, an die Regelungen und Beschränkungen, an dieses eingeschränkte Leben da drin. Ich wünsche mir nichts sehnlicher, als die anderen auch rausholen zu können, sie mitzunehmen. Für sie ist die Lage jetzt noch um vieles härter, als sie es für mich war, weil es die Zusammenhänge so nicht mehr gibt, sie keinen Stoffwechsel mit draußen haben und im Moment noch kein Ende abzusehen ist.

T: Wie reagieren die Beamten im Knast auf dich, wenn du hinkommst, deinen Ausweis vorzeigst und sagst: Guten Tag, ich bin Irmgard Möller und habe eine Besuchserlaubnis ...

M: (lacht) Nicht unfreundlich, nicht unfreundlich. Ich war auch einmal in Stammheim und habe dort Sieglinde (Hofmann) besucht, während sie ihren Prozeß hatte, in dem sie dann aufgrund einer Kronzeugenaussage lebenslänglich bekommen hat. Ich fand es äußerst beklemmend, die Mauern hochzugucken, dieses Gebäude zu betreten. Drinnen sah alles verkommen aus, vergammelt, alt. Ein paar Wärter haben um die Ecke gelinst, weil sie mich nur dem Namen nach kannten. Aber sonst war alles wie woanders auch in den Besuchsräumen.

T: Was ist jetzt im siebten Stock, wo ihr damals gelebt habt?

M: Im siebten Stock sind immer noch Gefangene. Und wenn welche von uns da Prozesse haben oder wenn die Kronzeugen Aussagen machen, dann kommen die auch in den siebten Stock. Aber sie sind dort in einer anderen Abteilung als wir damals. Was dort ist, weiß ich gar nicht.

T: Hast du auch viel mit anderen ehemaligen Gefangenen zu tun? Jetzt wäre ja die Gelegenheit, die Auseinandersetzung zu führen, die ihr im Knast immer haben wolltet...

M: Jeder von uns muß erst mal versuchen, draußen auf die Füße zu kommen. Es geht nicht, draußen einfach weiterzumachen, was man drinnen angefangen hat. Das braucht Zeit. Ich muß mir die Diskussionen noch mal vergegenwärtigen, darüber nachdenken, sonst wird so eine Auseinandersetzung nicht produktiv. Und außerdem ist es jetzt nicht mein dringlichstes Problem, über die Trennung zu reden. Ich möchte erst mal einen gewissen Abstand haben.

T: Du bist kurze Zeit nach deiner Entlassung erst mal für einige Wochen nach Uruguay geflogen, um dort ehemalige Mitglieder der Tupamaros zu besuchen. Wie kam das zustande?

M: Die Tupamaros waren die erste Stadt-Guerilla, die es überhaupt gegeben hat. Als die RAF angefangen hat zu kämpfen, hatten die Tupamaros schon ein paar Jahre Erfahrungen gesammelt. Deswegen haben sie für uns immer eine wichtige Rolle gespielt. 1985 sind die gefangenen Tupamaros im Rahmen einer nationalen Amnestie alle zusammen rausgekommen.

Mich hatten sie dann nach meiner Knastzeit eingeladen, weil sie wußten, wie hart es ist rauszukommen, weil das Rauskommen eine erneute Traumatisierung bedeutet. Und ich war gerade drei Monate draußen, dann konnte ich rüberfliegen. Das war auch genau der richtige Zeitpunkt. So bin ich der Gefahr entgangen, hier alles nur mit dem engen Blick zu sehen – was ist kaputtgegangen, was gibt es nicht mehr, wie furchtbar ist alles. Durch die Erfahrung in Uruguay hatte ich eine ganz andere Perspektive, es gab nicht mehr nur früher und heute, sondern einen etwas universelleren Blick. Für mich war der Besuch in Uruguay, waren die Gespräche mit den Tupamaros über ihre Erfahrungen im Knast, den Kampf um die Freilassung, wie sie heute leben und wie herzlich und liebevoll sie mich empfangen haben auch deswegen ganz wichtig, weil ich aus einer internationalistischen Bewegung komme und nicht aus einer Gruppe, die nur den Kampf gegen den BRD-Staat geführt hat. Ich konnte dort richtig tief durchatmen.

T: Gab es viele Gemeinsamkeiten zwischen den Tupamaros, die rausgekommen sind, und dir? Die Tupamaros waren im Gegensatz zur RAF ja eine Massenbewegung, die gegen eine Militärdiktatur gekämpft hat.

M: Dadurch daß die Tupamaros eine Massenbewegung waren, war natürlich vieles anders. Dort standen Hunderttausende Tag und Nacht vor dem Knast und haben gefordert, daß alle Gefangenen rausmüssen, und sie haben gewartet, bis tatsächlich alle draußen waren. Das ist hier nicht vorstellbar. Und dann kamen sie in eine politische Situation, in der das Militärregime verdeckt noch alle Macht hatte. Andererseits waren sie jetzt legal, und es waren sehr viele; sie mußten aber auch auf der Stelle wieder aktiv werden, anders als wir hatten sie keine Zeit, sich erst mal auszuruhen. Jede Person wurde gebraucht. Sie haben mir erzählt, daß auch sie viele Jahre gebraucht haben, um sich draußen zu fühlen. Und sie haben Jahre gebraucht, um mit den Widersprüchen, die sich entwickelt haben, untereinander umgehen zu können.

T: Und wie war es, als du wieder hierher zurückgekommen bist?

M: Hart. Alles erschien hier ganz eng. Die Leute wirkten verschlossen und mürrisch. Es war ein sehr krasser Unterschied zu Uruguay. Und was für mich entscheidend war: Als ich losgefahren bin, sah es noch so aus, als ob es eine Möglichkeit gäbe, daß die Gefangenen, die noch drin sind, wenigstens zusammengelegt werden. Als ich zurückkam, ging nichts mehr. Alles wirkte verfahren und erstarrt. Vielleicht hatte ich mir vorher auch Illusionen gemacht, aber es hatte immerhin Gespräche mit den Justizministerien gegeben und Leute, die die Forderungen unterstützt hatten. Davon konnte so keine Rede mehr sein.

T: Hast du dir überlegt, da deine Erfahrungen in Uruguay so positiv waren und hier eher negativ, Deutschland zu verlassen?

M: Langfristig werde ich nicht hierbleiben. Da bin ich mir recht sicher. Ich kann mir schwer vorstellen, hier etwas Neues aufzubauen. Die Bedingungen hier sind für jemanden wie mich nicht gerade gut. Ich kann mir zum Beispiel nicht vorstellen, irgendwo in eine Antifa-Gruppe zu gehen und Flugblätter zu verteilen oder immerzu auf Demos zu gehen. Andererseits kann ich mich auch nicht hinsetzen und sagen, daß der Rassismus hier mich nicht interessiert.

Mich hat letztes Jahr vor dem Abschiebeknast in Glasmoor bei einer Demonstration ein ganz junger Mensch gefragt: »Wie ist das für dich, hier zu demonstrieren, ist das nicht komisch?« Und ich habe ihm geantwortet: »Doch, es ist schon komisch, aber ich mach es jetzt trotzdem.«

Ich kann mir aber nicht vorstellen, daß ich das bis zum Ende meines Lebens mache. Ich will auch nicht in diesen Strudel von Terminen und Geschäftigkeiten geraten, der einen nur aufreibt, sonst nichts.

T: Hat das was damit zu tun, daß in Deutschland die Linke anscheinend immer eine Jugendbewegung ist?

M: Damit hängt es sicher zusammen. Wenige Projekte haben einen langen Atem. Und die linke Kultur ist auch recht eng. Es gibt wenig unterschiedliche Möglichkeiten, kein Umfeld, das Entfaltungsmöglichkeiten bieten würde.

T: Geht das anderen ehemaligen Gefangenen ähnlich?

M: Ja, manche haben zwar eine Arbeit gefunden, die sie auch spannend finden; aber schwierig ist es für alle, weil wir nicht irgend etwas tun wollen, sondern dabei auch neue Entwicklungsmöglichkeiten finden möchten.

T: War das etwas, worüber ihr, als ihr noch in der RAF gekämpft habt, nachgedacht habt: Wie lange kann man illegal sein und kämpfen? Was macht man im Alter?

M: Nein, nein, nein! Das war keine Frage. Nie.

T: Der Titel des Buches heißt ja: »RAF – Das war für uns Befreiung«. Wenn du dir deine Geschichte anschaust und die der RAF – kannst du das wirklich so sagen: RAF – das war für uns Befreiung? Der Preis war doch sehr hoch. Viele von den Leuten, mit denen du in der Illegalität warst, sind tot, etliche andere sehen ihre Zeit in der RAF heute als furchtbare Verirrung in einer bestimmten Phase ihres Lebens, du selbst hast über zwanzig Jahre im Knast gesessen...

M: Du kannst nicht sagen: Der Preis war hoch. Das läßt sich nicht berechnen. Entweder man findet eine Entscheidung richtig, oder man findet sie falsch. Ich fand es richtig, in die Illegalität zu gehen und zu kämpfen. Und ich denke auch heute, obwohl ich weiß, daß wir nicht durchgekommen sind, nicht, daß es falsch war, es zu versuchen. Das heißt nicht, daß wir keine Fehler gemacht hätten, aber es war eben nicht von Grund auf falsch, es versucht zu haben.

T: Das sehen viele, die mit dir zusammen gekämpft haben, anders. Gibt es Argumente oder Überlegungen von »Aussteigern«, die dir bedenkenswert erschienen sind, wo du gesagt hast: So könnte man es auch sehen?

M: Das Problem ist doch, daß die meisten der Interviews und Erklärungen, die es von »Aussteigern« gibt, mit einem Kalkül verbunden sind. Das öffentliche Bekenntnis ist Voraussetzung für eine vorzeitige Entlassung. Das nimmt diesen Stellungnahmen viel von ihrer Überzeugungskraft. Sie sind nicht mehr frei gesprochen, sondern Mittel zum Zweck.

T: Es kann ja auch umgekehrt sein. Einer hat Kritik, will nichts mehr mit der RAF zu tun haben, die vorzeitige Entlassung ist dann nicht der Zweck, sondern eine erfreuliche Begleiterscheinung.

M: Bei wem denn? Bei denen, die mir da einfallen, war es andersrum. Du darfst auch nicht vergessen, daß der Druck enorm stark war. Und die Abkehr oder Läuterung, wie man es auch nennen will, war damit ohnehin schon ein Nachgeben.

T: Helmut Pohl hat gefordert, die RAF draußen solle ihre

Auflösung erklären. Birgit Hogefeld hat in ihrem Schlußwort vor Gericht das gleiche getan. Denkst du, daß das ein Schritt wäre, der helfen könnte, eine offene Auseinandersetzung mit der RAF und dem, was sie bewirkt oder auch nicht bewirkt hat, in der Linken zu führen?

M: Ich finde es vor allem wichtig, daß die, die noch gefangen sind, endlich rauskommen. Und zwar alle! Das Dilemma ist, sie kommen nur raus, wenn sich draußen etwas entwickelt, wenn sich draußen Leute einsetzen. Und daß sich draußen nichts entwickelt, daß allmählich nicht nur die Kräfte schwinden, sondern auch das Interesse, hängt damit zusammen, daß wir in unseren Diskussionen und Debatten nicht weiterkommen. So beißt sich die Katze in den Schwanz.

T: Könntest du dir vorstellen, daß es, wenn alle draußen sind, ein Treffen von vierzig, fünfzig Ehemaligen gibt, auf dem ein paar Tage lang alles besprochen und diskutiert wird?

M: (lacht) Ein Klausurwochenende wird es sicher nicht geben. Auch eine Tagung mit Presse und ein paar Experten links und rechts wohl nicht. Aber daß es eines Tages zu so einer Auseinandersetzung kommen wird, kann ich mir gut vorstellen. Wir bräuchten dafür nur viel länger. Und es müßte eine produktive Diskussion sein, und nicht so etwas, wo schon von vornherein klar ist, daß es um ein Wetteifern im Herauspicken von Fehlern geht. Alle brauchen dafür eine bestimmte Gelassenheit.

T: Wobei die Diskussion über Fehler doch sicherlich auch ein wichtiges Element wäre.

M: Es bestreitet ja niemand, daß Fehler gemacht wurden. Die Frage ist doch aber, ob man redet und analysiert, um die Fehler herausfinden und sich daran festzubeißen oder um Erfahrungen zu reflektieren. Das sind zwei unterschiedliche Ansatzpunkte. Und mich interessieren die Erfahrungen, die Reflexion der gesamten Phase.

Postskriptum: Nach der Auflösung der RAF

Tolmein: 1997, als wir das Buch beendet haben, hast du dich ja sehr zurückhaltend über die Auflösung der RAF geäußert. Nun ist sie mit einer ausführlichen Erklärung abgetreten. Hat Dich das überrascht?

Möller: Nein. Fünf Jahre nach der Zäsur, also nach dem Ende der bewaffneten Kommandoaktionen, hatte sich nichts Neues entwickelt. Damit war auch klar, daß die RAF an einem Endpunkt angelangt ist. Insofern war ich nicht überrascht, daß die RAF auch erklärt hat, daß sie das Projekt beendet.

T: Nun gab es ja andere ehemalige RAF-Mitglieder, die diesen, nennen wir es mal »offiziellen Abschluß« des Kapitels RAF schon länger gefordert hatten. Warum hast du abgewartet, daß die Illegalen selbst die Auflösung erklären?

M: Die Auflösung war etwas, was von der Gruppe der Illegalen kommen mußte. Das ist das eine. Außerdem hat der Staat über die Jahre die Gefangenen aus der RAF immer wieder gedrängt, das Ende der RAF zu erklären. Es gab Druck und Versprechungen, damit einzelne sich loslösen und einen Schlußstrich ziehen. Deswegen hätte eine Aufforderung von anderen oder von mir, die RAF solle jetzt ihr Ende verkünden, einen schalen Beigeschmack gehabt. Es hätte so gewirkt, als ob wir jetzt endlich machen, was wir sollen, und dafür auf Belohnung hoffen. Das wollte ich auf keinen Fall.

T: Wenn du die Auflösung nicht überraschend fandest, sondern meinst, daß sie nur einen Vollzug dessen darstellt, was sich nach außen ohnehin längst gezeigt hat, daß sich nämlich nichts mehr entwickelt, was sollte dann die lange Erklärung? Hätte es nicht ein kurzes Schreiben in der Art mancher Bekennerbriefe getan: »Wir haben uns aufgelöst. Es ist vorbei. Die RAF«?

M: Das wäre ja auch schäbig gewesen. Es ging darum, noch einmal festzuhalten, was die RAF war und aus unserer Geschichte auch den Schlußpunkt verantwortlich zu setzen. Man merkt der Erklärung an, unter welchem Druck die Illegalen standen, das alles hinzukriegen. Viele Worte. Sie haben eine andere Entwicklung genommen, kommen aus den neunziger Jahren und haben von vielen Dingen einen anderen Begriff als wir.

T: Was ist denn der Sinn einer formellen Auflösung? Die RAF hätte doch einfach weiterhin schweigen und nicht da sein können? Sie mußte sich ja nicht aus einem Vereinsregister streichen lassen ...

M: Es mußte klar sein, daß es definitiv zu Ende ist, damit niemand als RAF weiter agiert.

T: Warum hat denn niemand von euch aus der Anfangszeit der RAF nach der Auflösungserklärung etwas dazu gesagt oder geschrieben?

M: Unsere Widersprüche mit den Illegalen und untereinander haben wir in den frühen neunziger Jahren ausdiskutiert. Darüber hatte ich ja schon gesprochen.* Deswegen gab es in dem Moment nichts Ausführliches dazu zu sagen.

T: Diese Auseinandersetzung lief aber doch weitgehend intern ab. Die Auflösungserklärung der RAF war aber nach außen gerichtet. Wäre das nicht ein Grund gewesen, sich doch dazu zu äußern?

M: Ja, ich kann mir auch vorstellen, daß wir uns als ehemalige Gefangene aus der RAF zu unserer Sicht auf die Erfahrungen und Geschichte und zur Auflösung noch äußern werden. Aber nicht unter Druck oder als Kommentar zur Auflösungserklärung. Wir brauchen dafür Boden unter den Füßen und etwas mehr Ruhe und Distanz ...

T: Heißt das, daß es solche Diskussionen unter euch gibt?

M: Es gibt Ansätze dazu. Aber diese Diskussionen sind immer noch sehr schwierig. Ein Grund dafür ist, daß immer noch wichtige Menschen fehlen und sich nicht einschalten können, weil sie noch gefangen gehalten werden. Brigitte Mohnhaupt sitzt noch

* Vgl. Kapitel »Auseinandersetzung um die Zäsur«, S. 197 ff.

im Knast, Christian Klar, Rolf-Clemens Wagner, Eva Haule und Birgit Hogefeld. Wir haben ja in unserem NDR-Fernsehgespräch gesagt: »Alle 40 müssen raus!« Und das haben wir so nicht durchsetzen können. Das ist bitter und hat auch Folgen.

T: Damals gab es eine Reihe von Initiativen für die Freilassung der Gefangenen. Wie sieht das heute aus?

M: Ja, es gab Initiativen verschiedenster Art, zum Beispiel den Versuch, das ganze politische Spektrum des Aufbruchs zu beleuchten, aus dem die Gefangenen stammen, oder eben auch aus Appellen, Resolutionen und so weiter. Ohne durchschlagenden Erfolg. Ich bin derzeit ratlos. Es gibt wenig gesellschaftliches Interesse an der Lage der Gefangenen und auf der anderen Seite keine Bereitschaft des Staates, eine Lösung zuzulassen. Der Sicherheitsapparat will, daß alle 20 und mehr Jahre sitzen. Wir können im Augenblick wohl nicht viel mehr machen, als zu verhindern, daß die Gefangenen in Vergessenheit geraten.

T: In bemerkenswertem Kontrast zum Desinteresse an den realexistierenden RAF-Gefangenen ist das Interesse der Medien an der RAF als Geschichtsfundus groß. Es werden Dokumentarfilme und Spielfilme gedreht, Romane geschrieben und Hörspiele inszeniert – wie wirkt das auf dich? Erkennst du in dem, was da zu sehen und zu lesen ist, die RAF wieder?

M: Ach was. Auffällig ist, wie sehr hier von Inhalten abgesehen wird, wie konsequent manche versuchen, die RAF als ein Stück Pop zu behandeln und damit zu trivialisieren. Und dazu wird ganz ungeniert aus trüben Quellen geschöpft: der BKA-Beamte Klaus zum Beispiel, Jahrzehnte gegen uns im Einsatz, auf hohem Posten, oder einzelne Gefängniswärter aus Stammheim werden da einfach als entscheidende Quellen für die Wahrheit genommen. Bei dieser Aneignung der offiziellen Version der Ereignisse zeigt sich eine staatsapologetische Herangehensweise, die man sich vor 15 Jahren so nicht vorstellen konnte. Andererseits zeigt sich darin, daß es dem Staat nicht gelungen ist, das Negativimage durchzusetzen und festzuzurren – und deswegen verspricht sich der Markt überhaupt etwas von unserer Geschichte. Und natür-

lich gibt es immer Menschen, die die Filme und Geschichten gegen den Strich lesen und ansehen können.
Außerdem finde ich es wichtig zu sehen, daß es auch Ausnahmen von diesem konformen Mainstream gibt. Zum Beispiel haben Paul Plamper und Alban Renitz das Stück »Schreibt auf – unsere Haut«* auf die Bühne gebracht, in dem sie Briefe aus dem »Info** auf sehr eigenwillige Art verarbeitet und neu zusammengesetzt haben. Damit hatten sie nicht den Effekt auf dem Markt, den andere hatten. Die beiden haben sich sehr sorgfältig einen eigenen Zugang zu dem Stoff verschafft. Dabei ist dann etwas herausgekommen, was für mich spannend und überraschend war.

T: Besonderes Interesse zieht ja in letzter Zeit Holger Meins auf sich, der als tragische Figur dargestellt wird, weil er durch seinen Entschluß zur RAF zu gehen, seine künstlerische Karriere völlig aufgegeben hat.

M: Ja, gerade weil die RAF aus dieser kulturellen und politischen Revolte entstanden ist, der kulturelle und politische Aufbruch sich gegenseitig vorangetrieben haben, soll das nun wieder getrennt werden. Daß wir bewaffnet gekämpft haben, heißt doch nicht, daß wir nur noch Waffen im Kopf hatten. Wir konnten nur in dieser kurzen Zeit, die wir hatten, kaum etwas von unseren Überlegungen entwickeln. Schau dir doch die Geschichte von Holger genau an. Heute wird so getan, als ob Holger in dem Moment, als er in die RAF gegangen ist, sich nur noch mit zugekniffenen Augen und verbissenem Mund bewegt hat. Das ist doch Quatsch. Die Art, wie er im Knast später aus Bankprospekten Collagen gemacht hat, wie er Bücher gelesen und mit uns diskutiert hat, sein Blick auf alles – das hatte viel mit seiner künstlerischen Arbeit vor der RAF zu tun. Dieses Bild von einem, der privat was fummelt und der Gruppe, die immer nur abstrakte Politdiskussionen führt, ist eine beliebte Erfindung.

* In einer Hörspielbearbeitung wurde es u.a. am 11. September 2000 im Deutschlandradio Berlin gesendet.
** Vgl. S. 74 ff.

T: In »Starbuck« werden diese Ebenen aber schon getrennt.

M: Aber »Starbuck« erzählt nicht von Holger Meins, sondern davon, wie Gerd Conradt Holger Meins sehen will oder will, daß er gesehen wird. Das ist eine ähnliche Geschichte wie früher mit Ulrike: Es wird versucht, Holger heimzuholen, die Entscheidung, dem legalen, bürgerlichen Leben den Rücken zu kehren und dafür auch was aufzugeben, bei Ulrike die Arbeit als Journalistin, bei Holger das Filmen, wird negiert. Die Geschichten werden so erzählt, daß jeder sehen soll: das war ein schlimmer Fehler, hätten sie doch besser weiter mitgemacht. So wie sie selbst.

T: Im Zuge der gesamten Debatte um den 11. September 2001 hat es in der Bundesrepublik auch eine Debatte über linken Antisemitismus gegeben, die in gewisser Hinsicht mit der Geschichte der RAF verknüpft ist. Ihr hattet ja einerseits immer enge Kontakte zu palästinensischen Gruppen und habt zum Teil mit denen gemeinsam Aktionen gemacht. Zum anderen gibt es ein Papier von euch von 1972 zum »Schwarzen September«,* in dem Israel Faschismus vorgeworfen wird, und neben anderen Gleichsetzungen festgestellt wird, Israel »verheize« seine Sportler, wie die Nazis die Juden verheizt hätten.

M: Ich habe das Papier vor kurzem wieder gelesen. Es hat mich erschreckt, weil es von dieser Gleichsetzung von israelischer Politik mit der Vernichtungspolitik der deutschen Nazis geprägt ist, und das ist nicht akzeptabel. Das will ich nicht relativieren. Aber zu dem ganzen Text. Es ist wichtig zu sehen, unter welchen Bedingungen er entstanden ist: allein im Toten Trakt, unter allergrößter Anspannung – deswegen ist er auch so emotional. Zum anderen – und wer weiß das heute schon noch: damals, Anfang der 70er Jahre, gab es weltweit in revolutionären Gruppen die Vorstellung, es sollte anstelle von Israel einen demokratischen Staat geben, in dem alle, Juden und Palästinenser, Christen, Moslems und Atheisten zusammen leben können, ohne daß es Dis-

* Abgedruckt in: Rote Armee Fraktion. Texte und Materialien zur Geschichte der RAF, herausgegeben vom ID-Archiv, Berlin 1995, S. 151–177.

kriminierung gibt. Es ging also nicht darum, wie das arabische Nationalisten wollten, »die Juden ins Meer zu treiben«. Der Konflikt sollte positiv aufgehoben werden.

> **T:** Wenn man sich die Wortwahl in dem Text anschaut und die Vergleiche von israelischen Generälen und Naziführern liest, klingt das nicht sehr völkerverständigend.

M: Ich hatte schon gesagt, daß ich diese Vergleiche schlimm finde. Sie sind auch, wenn sie heute noch gemacht werden, Ausdruck von Dummheit und Denkfaulheit, weil die, die das machen, glauben, sich Argumente und eine scharfe, aber genaue Kritik am Vorgehen der Israelis gegen die palästinensische Bevölkerung ersparen zu können, indem sie auf die Nazis verweisen. Als wäre Verbrechen nur eins, wenn es den Nazistempel trägt. Und wenn das mit Blick auf Israel geschieht, dann befördert das antisemitische Ressentiments, weil dadurch die Shoah relativiert wird.

> **T:** Wie kommt es, daß du den Konflikt zwischen Israel und den Palästinensern heute so anders siehst als damals?

M: Mir geht es wie wahrscheinlich einigen, die in den 60er Jahren angefangen haben, politisch aktiv zu sein. Ich habe mich damals wegen der Shoah voll mit Israel identifiziert, ohne mich viel mit der Geschichte des Staates und der Lage insgesamt im Nahen Osten auseinanderzusetzen. Nach dem Sechs-Tage-Krieg und durch den Kontakt mit arabischen Studenten hier hat sich die Perspektive geändert. Weil die brutale koloniale Besatzungspolitik nicht mehr auszublenden war. Und dann stand die Solidarität mit dem palästinensischen Befreiungskampf an vorderster Stelle, der auch sehr anziehend war und eine internationalistische Perspektive verkörperte. In den letzten Jahren habe ich mich viel mehr mit Israel beschäftigt. Die Entstehungsgeschichte des israelischen Staates und die Entwicklung der Gesellschaft in Israel, ihre extremen Widersprüche. Auch die Ängste der Menschen aufgrund der Shoah. Ich habe da viel nachgeholt. Die neue israelische Literatur hat mir dabei auch einen wichtigen Zugang eröffnet, wie zum Beispiel Bücher von David Grossman und Amos Oz.

T: Die palästinensischen Gruppen hatten als Bündnispartner für die militante deutsche Linke besondere Bedeutung. Findest du das heute falsch?

M: Nein. Aber es war damals nicht so, daß Revolutionäre aus der BRD und palästinensische Gruppen sich in allem einig waren. Gerade über Israel und darüber, wie man jüdische Geschichte sieht, hat es Kontroversen gegeben. Viele Palästinenser waren nicht bereit, die Bedeutung der Shoah anzuerkennen. Für sie ging es um die unmittelbaren Folgen für sie selbst, die Gründung des Staates, die Vertreibung von ihrem Land, die Leugnung dieser Tatsache und die Negierung ihrer Existenz. Und dann '67 nochmal erneute Vertreibung und ein brutales, erniedrigendes Besatzungsregime. Die Vorgeschichte war ihnen da nicht das wichtigste. Das revolutionäre Ziel war, für jüdische und palästinensische Menschen eine Lösung zu finden, in der nicht gilt, daß das Brot der einen der Tod der anderen ist.

T: Gerade wenn man sich den Nahostkonflikt anschaut und dessen Verlaufsformen, muß man sich doch aber fragen, ob hier eine revolutionäre Lösung überhaupt funktionieren kann, oder ob hier nicht angesichts so massiver Interessengegensätze überhaupt nichts anderes möglich ist, als Kompromisse zu erzielen, also eine klassische reformerische Lösung.

M: Inzwischen ist im Nahen Osten und weltweit so viel passiert, daß dieser Gedanke absolut unrealistisch geworden ist. Wir können hier jetzt keine Lösung entwerfen, das wäre anmaßend. Aber sicher ist, daß Israel als Staat dort unter jedem Aspekt die Herrschaft über die palästinensische Bevölkerung ausübt und täglich neue Fakten schafft, die unumkehrbar sein sollen, und umgekehrt die Sicherheitsinteressen der Einwohner Israels berücksichtigt werden müssen und deren Ängste, die angesichts der vielen willkürlichen, auch gegen die Zivilbevölkerung gerichteten Anschläge von Palästinensern, ganz real sind. So wie sich die Verhältnisse bei der zunehmenden Stärke der Hamas-Bewegung in Palästina und des zunehmenden Rechtsrutsches in Israel entwickelt haben, kann es nur eine Lösung geben, wenn beide Seiten gleichberechtigt wären und nicht wie in Oslo Verträge aushandeln, die die Herrschaft Israels festschreiben.

T: Ich denke, an den Oslo-Abkommen, die vor allem das Primat eines Verhandlungsweges festgeschrieben haben, ist vor allem die zögerliche Umsetzung zu kritisieren, die aber nicht allein zu Lasten Israels geht… Aber kommen wir zurück nach Deutschland und zu deiner Situation hier. Bei unseren Gesprächen 1997 haben wir ja viel darüber gesprochen, wie das für dich jetzt ist: draußen zu sein und wie anders du Zeit erlebst. Hat sich das in den letzten fünf Jahren eigentlich verändert? Hast du mittlerweile das Gefühl, daß du draußen angekommen bist?

M: Wenn ankommen bedeutet, mit jeder Faser das hier als meine Wirklichkeit realisiert zu haben: nein. Dazu gehört aber noch mehr, meine ich, ein »Ort«, eine tiefere Verankerung. Die Zeit rast nicht mehr so andauernd wie direkt nach der Entlassung. Aber sie rast noch mal etappenweise. Ich habe nicht das Gefühl, daß sie kontinuierlich vergeht. Ich denke nicht mehr – wie lange nach dem Knast noch – nur »auf Besuch« zu sein. Aber dieser Eindruck von Unwirklichkeit HIER zu sein, schleicht sich immer wieder ein und das schafft dann eine Distanz, eine Art unsichtbaren Graben zur Welt und besonders zu Menschen, die diese Erfahrung nicht gemacht haben.

Ich habe nicht das Gefühl, mit beiden Beinen auf dem Boden zu stehen, vielleicht mit einem Bein und einer Fußspitze … Manchmal denke ich, irgendwo festzuhängen, dann drängt sich die Erinnerung an die lange Isolationszeit dazwischen. Ich seh mich dann nicht mehr in der Zelle, aber erinnere mich an das Gefühl, das ich darin hatte. Plötzlich ist dann dieses Vakuum wieder da, mir ist, als würde mir etwas entzogen, rausgesaugt, das ist schwer zu beschreiben.

T: Redest du darüber mit jemandem oder machst du das mit dir selber ab?

M: Natürlich rede ich darüber. Der Austausch über diese Erfahrungen ist lebenswichtig. Einmal mit Menschen, die in anderem politischem Kontext lange gefangen waren, zum Beispiel im Iran oder in Uruguay. So unterschiedlich die konkrete Situation auch sein mag, in die ein politischer Gefangener entlassen wird, so sehr ähneln sich die spezifischen Probleme. Auch hier hatten wir eine Gruppe gebildet, die sich intensiv mit den Folgen der Isolation auseinandersetzt, aber jede stößt zu einem unterschiedlichen Zeitpunkt an eine Grenze, wo es zu schmerzhaft wird, sich genau zu erinnern und zu reflektieren, und deshalb braucht es lange. Das Bedürfnis, mich über konkrete Knastbedingungen auszutauschen, hab ich immer seltener.

Dokumente

Tonbandprotokoll der Erklärung der RAF auf dem Teach-in der Roten Hilfe, Frankfurt, 31. Mai 1972

Genossen, einige von euch glauben immer noch, daß sie sich mit der Roten Armee Fraktion nicht auseinanderzusetzen brauchen.
Einige von euch glauben immer noch, die Bullen würden ihnen das Problem des bewaffneten Kampfes in den Metropolen schon vom Halse schaffen. Einige glauben immer noch, was in den Zeitungen steht: daß die RAF auf der Flucht sei, daß sie gespalten sei, daß sie eine hierarchische Struktur habe, daß sie isoliert sei. Sie blicken nicht durch.
Der KB in Hamburg glaubt, daß der Anschlag gegen den Springer-Konzern von Rechtsradikalen durchgeführt wurde. Statt sich mit uns auseinanderzusetzen, beteuert er den Bullen seine Unschuld. Und der KSV Frankfurt behauptet in Übereinstimmung mit der Rundschau, die Bombenanschläge der letzten Zeit stünden in keinem Bezug zu den Klassenkämpfen in Westdeutschland und Berlin. Die Genossen wissen nicht mehr, wo es lang geht.
Obwohl sie ganz genau wissen, daß Genscher die Polizei nicht zum Schein aufrüstet, daß die Ermordung von Petra, Georg und Thomas kein Ausrutscher des Systems war, daß bei den Streiks im vergangen Jahr Streikposten von der Kripo zusammengeschlagen worden sind, daß die Notstandsgesetze nicht zum Spaß verabschiedet wurden, daß das Verbot von Ausländerorganisationen kein Scheinmanöver ist und daß die über sechzig politischen Gefangenen in den Gefängnissen mißhandelt werden – obwohl sie das alles ganz genau wissen, meinen immer noch manche, es sei noch zu früh, um Widerstand zu leisten.
Sie beklagen die Todesstrafe in Persien und der Türkei, sie wünschen dem palästinensischen Widerstand Erfolg, sie beklagen den Terror in Griechenland und Spanien, sie beklagen die Komplizenschaft des Systems mit diesen faschistischen Regimes – und haben doch Angst, selbst einzugreifen und selber zu handeln. Sie haben offenbar Angst, selbst in die Schußlinie zu kommen, sie verschanzen sich hinter den Massen und stellen ihr eigenes Problem als Vermittlungsproblem dar.
Wir sind anderer Ansicht als diese Genossen. Wir sind der Meinung, daß die Fließband- und Akkordhetze in den Betrieben einen Grad erreicht haben, daß kaum einer sich mehr Illusionen darüber macht, daß in die Gewinne der Konzerne die Gesundheit der Arbeiter irreparabel mit eingeht, daß die Massen schon wissen, daß sie sich auf den Straßen der Bundesrepublik ihre Knochen kaputt fahren, weil das im Interesse der Unternehmergewinne liegt, daß die Arbeiter in den Betrieben schon wissen, für wen sie arbeiten – zuletzt für sich

selbst. Daß sie schon wissen, daß der Vietnam-Krieg das Verbrechen des US-Imperialismus ist, daß sie schon wissen, daß »Bild« sie täglich nach Strich und Faden belügt, daß die Wehrpflichtigen beim Bund, die illegal abhauen, schon wissen, daß sie sich nehmen müssen, was sie zum Leben brauchen, wenn sie leben wollen, daß die Menschen schon wissen, daß der Konsum auf Raten sie nicht reich, sondern fertig macht.
Wir meinen, daß die Genossen als objektives Vermittlungsproblem darstellen, was ihr subjektives Problem ist. Daß sie auf die Massen abschieben, womit sie selber nicht klar kommen, daß sie ihre Unfähigkeit, sich mit den Massen und ihren Problemen zu identifizieren, ihre Unfähigkeit, sich trotz ihrer privilegierten Klassenlage mit den Massen zu solidarisieren als objektives Problem nur ausgeben, um sich vor den Konsequenzen aus ihren eigenen Erkenntnissen nochmal drücken zu können.
Wenn, wie kürzlich in Frankfurt, einige Genossinnen zum Beispiel sagen, sie würden lieber erst wieder auf die Straße gehen, wenn wieder einer von uns ermordet worden ist, das ließe sich dann spontan und leicht vermitteln, dann heißt das: das Problem der Vermittlung stellt sich ihnen dar wie Springer-Journalisten die Schlagzeile von »Bild«, als Problem der Verkäuflichkeit und der Konkurrenz. Der politische Inhalt als Ware, die Massen als Markt. So sind sie bereit, die Verbrechen des Imperialismus zu beklagen, nicht aber, ihm Knüppel und Bomben zwischen die Füße zu werfen, und sie zu verhindern. So kommt es, daß ihnen die Fließbänder immer noch nicht schnell genug laufen und die Vorgabezeiten nochmals gekürzt werden müssen. Sie konsumieren, was sie zu bekämpfen vorgeben.
Es gibt keinen Grund, das Problem des bewaffneten Kampfes und Widerstandes immer noch aufzuschieben. Kurzarbeit, Entlassungen, Streiks, zwei Millionen ausländischer Arbeiter, »Bild kämpft für Sie!«, »Die Wucherer der Woche« im »Stern«, Bürgerinitiativen, Hausbesetzungen – in kaum einem Bereich kann das System die Fassade mehr halten, knüpfen die Erwartungen der Menschen noch an einen systemimmanenten Fortschritt an.
Das System, das die Städte aus Profitgier verwüstet, das den Lehrern den Maulkorb umhängt oder sie feuert, das seine Kommunikationsmedien von auch nur fortschrittlichen kritischen Journalisten säubert, das gegen Streikposten die Bereitschaftspolizei auffährt, das schon jetzt Bundesarbeitsgerichtsurteile fertig hat, die zukünftige Streiks illegalisieren sollen, das dem Bundeskriminalamt den Rest von Pressefreiheit ausliefern möchte, das wartet nicht, bis die legale Linke den bewaffneten Kampf proklamiert, das kämpft jetzt, das greift jetzt an, und ihr wehrt euch jetzt und fangt an, Widerstand zu leisten – oder wann?
Genossen, hört auf, euch hinter den Massen zu verschanzen! Hört auf, die Frage des Widerstandes auf die Massen abzuwälzen! Hört auf, eure Angst vor der maßlosen Gewalttätigkeit des Systems als Vermittlungsproblem zu rationalisieren! Hört auf, eure Ratlosigkeit als Belesenheit auszugeben, eure Hilflosigkeit als den großen Durchblick!
In dem Maße, wie das System die Widersprüche, die es produziert, nicht mehr

integrieren kann und die Massen mit Reformversprechen nicht mehr hinhalten kann, und in dem Maße, wie wir die richtigen Aktionen und ihr die richtige Propaganda machen, wird sich die Guerilla in den Massen verankern, sich entfalten, wird sie revolutionäre Prozesse und revolutionäres Bewußtsein vorantreiben. Das Bewußtsein, daß es gerechtfertigt ist zu handeln – und möglich!

Indem wir die revolutionäre Guerilla aufbauen, schaffen wir ein Instrument, das der Repression des Systems nicht ausgeliefert ist, das seine Handlungsfreiheit nicht aus der Toleranz des Systems bezieht, seine Handlungsfreiheit nicht vom Verfassungsschutz. Domestizierte, mit Nüller ausgemauschelte Demonstrationen, wie die in Frankfurt am 18. Mai, könnt ihr noch lange machen; und feiern, wie der KSV, als mächtigste und geschlossenste Demonstration seit langem. Unter dem Begleitschutz der Bullen, eingekeilt zwischen Wasserwerfern und Schlagstöcken könnt ihr noch lange Erfolge feiern. Aber der Preis dafür war die Distanzierung von der Dienstagsdemonstration, die Denunziation der Genossen, die an der Hauptwache durchgebrochen sind, der Preis dafür war der Verrat an den Zielen, für die ihr auf die Straße gegangen seid.

Unsere Aktionen gegen die Ausrottungsstrategen von Vietnam versteht heute schon jeder. Unsere Aktionen zum Schutz des Lebens und der Gesundheit der gefangenen und der freien Genossen der RAF kann schon jeder verstehen. Daß die Zeitungen gegenwärtig unsere Erklärungen zu den Bombenanschlägen nicht einmal veröffentlichen, wohl aber die gefälschten Erklärungen von Faschisten, daß sie Aktionen gegen den US-Imperialismus herunterspielen, faschistische Provokationen, wie sie gegen die Einwohner von Stuttgart laufen, hoch spielen, das zeigt doch, wo's lang geht, das zeigt doch, was sie fürchten, daß sie vor den Massen verstecken müssen, was eigentlich läuft, wenn sie die Fronten noch länger verschleiern wollen. Habt Mut zu kämpfen, habt Mut zu siegen! Zersplittert und zerschlagt die Kräfte des Imperialismus! Es ist die Pflicht jedes Revolutionärs, die Revolution zu machen! Wir fordern alle Militanten in der Bundesrepublik auf, in ihrem politischen Kampf gegen den US-Imperialismus alle amerikanischen Einrichtungen zum Ziel ihrer Angriffe zu machen.

Es lebe die RAF!

Revolutionärer Kampf, Frankfurt
Beitrag zum Teach-in der Roten Hilfe, Frankfurt, 31. Mai 1972

Wir meinen, daß man in der jetzigen Situation, angesichts der Bomben, die in Frankfurt und in anderen Städten gefallen sind, nicht darum herumkommt, die politische Auseinandersetzung mit der RAF einzuleiten. Dieser Beitrag versteht sich als Initiative einer Diskussion innerhalb der Linken, da es notwendig ist, daß wir lernen, die politische Situation einzuschätzen, die Verschärfung der Repressivität des Systems im Zusammenhang mit der Offensive der RAF zu interpretieren, um uns politisch dazu zu verhalten.

Die meisten Genossen von uns haben eine gemeinsame Geschichte mit denen, die heute zur sogenannten Baader-Meinhof-Gruppe gehören. Der Beginn unserer gemeinsamen Politisierung waren die Aktionen der Studentenbewegung gegen den Vietnamkrieg, gegen die Notstandsgesetze, gegen Konsumterror, gegen die Verschlechterung der Ausbildungsbedingungen in der Lehre, an den Schulen und Universitäten. Einer der militanten Flügel innerhalb der Studentenbewegung rekrutierte sich aus bürgerlichen Intellektuellen, die zunächst die Bewegung politisch kommentierten oder von ihrem Beruf her unterstützten, sich dann aber individuell radikalisierten und einige dementsprechende Aktionen machten (z.B. Kaufhausbrand in Ffm), zu denen die Masse der Studenten sich zum damaligen Zeitpunkt nicht aktiv verhalten und daran beteiligen wollte.

Auf der anderen Seite konnten sich gerade Lehrlinge mit der Militanz der Massenaktionen der Studenten identifizieren, weil sie darin ihre eigene Wut gegen ihre beschissene Lebens- und Arbeitssituation zum Ausdruck bringen konnten. Sie wurden jedoch nie in den politischen Diskussionszusammenhang der studentischen Gruppen voll integriert, die bürgerliche Trennung von Kopf- und Handarbeit bleib weiterhin bestehen. Der Verlauf der Studentenbewegung ist entscheidend für die weitere Entwicklung dieser beiden Gruppierungen. Der Kampf der Studenten blieb isoliert von den Arbeitern. Diese Isolierung wurde erst richtig realisiert, als ein Teil der Arbeiterklasse im September 69 spontan streikte. Die Versuche, sich im Proletariat zu verankern, führten aber nicht zu einer qualitativen Veränderung der Bewegung und einer Ausdehnung auf andere Bereiche, sondern erst einmal zur Liquidation studentischer Massenaktionen und zur Dogmatisierung der strategischen Vorstellungen, dem Versuch von kleinen Studentenzirkeln, die Partei des Proletariats aufzubauen. In diese Zeit fällt die Konstitutierung der RAF als militärischer Avantgarde einer fiktiven revolutionären Partei.

Die schon politisierten militanten Lehrlinge, die den neuen Legalismus der ML-Gruppen in der Betriebsarbeit ablehnten, konnten sich nur der Position der RAF zuwenden, da diese Genossen scheinbar am radikalsten mit ihrer bürgerlichen Existenz gebrochen hatten.

Die Praxis der RAF, die spektakulär mit der Befreiung des Genossen Baader aus dem Gefängnis begann, bestand dann zunächst in der Vorbereitung des bewaffneten Kampfes: Finanzierung der militärischen Organisation durch Enteignungsaktionen. Sie begründeten den Aufbau einer Roten Armee zum jetzigen Zeitpunkt mit der Notwendigkeit, durch stadtguerillaähnliche Aktionen der Gewalt des weltweiten imperialistischen Systems gewaltsam entgegenzutreten.

Die Gründung der RAF als klandestiner Organisation, in einer Zeit, da politische Arbeit noch nicht weitgehend illegalisiert ist, beschneidet bewußt das Spektrum politischer Aktionsmöglichkeiten und muß notwendig in der Isolation stecken bleiben. Die Verbindung der RAF zu den Ansätzen der politischen Gruppen wurde bewußt abgeschnitten, und zwar mit der Begründung, daß sich neben den legal arbeitenden politischen Gruppen, die den ökonomischen Kampf vorantreiben, eine illegale militärische Avantgarde entwickeln muß. Darum konnten wir uns mit den Aktionen der RAF weitgehend nur vermittels der bürgerlichen Presse auseinandersetzen. Durch diese isolierte Situation einer Gruppe nicht nur von der Bevölkerung, sondern auch von der Linken, wurde es dem Staatsapparat erleichtert, Genossen der RAF zu ermorden, ohne sich noch irgendwie legitimieren zu müssen, ohne daß es selbst innerhalb der Linken (außer in Westberlin) zu massenhaften Solidaritätsdemonstrationen gekommen wäre.

Wir halten die Ansätze innerhalb der Jugend für einen wesentlichen Bestandteil der revolutionären Bewegung, sie sind die Basis für einen Teil unserer militanten Aktionen. Die Entwicklung politische Ansätze bei proletarischen Jugendlichen stellt uns jedoch vor ungeheure Schwierigkeiten. Während der Studentenbewegung und auch heute bei unserer Betriebsarbeit werden Lehrlinge und junge Arbeiter politisiert, deren Perspektive einer Integration in die politischen Organisationen, die noch weitgehend von Studenten bestimmt werden, jedoch unklar ist. Das Problem dabei ist, daß sich für diese jungen Proletarier zur Zeit noch kaum autonome Organisationsansätze innerhalb ihrer Ausbildungs- und Arbeitsstätten ergeben, d.h. sie kommen mit der Vorstellung zu uns, entweder eine Ausbildung zu machen, d.h. mit Aufstiegsideologien, oder sie flippen von Kommune zu Kommune ohne ihr Leben weiter zu planen. Auf jeden Fall wollen und können sie sich nicht mehr dem Schicksal der Lohnarbeit unterwerfen. Die Konsequenz mangelnder Integration dieser Genossen ist dann, daß sie sich nicht einbringen können in den Prozeß einer langfristigen Planung einer revolutionären Strategie, daß sie ihre Kritik und ihre Wut an diesem System aber zum Ausdruck bringen, indem sie bei Aktionen zum militanten Kern werden. Wenn wir ein Haus besetzen und es verteidigen wollen, weiß jeder Genosse, daß es darauf ankommt, nicht wegzulaufen, wenn die ersten Bullen kommen, sondern sich zu überlegen, was man tun kann. Trotzdem entwickelt sich naturwüchsig die fatale Tendenz, daß einige Genossen, vor allem die jungen Proletarier, sich aktiv verhalten, viele der studentischen Genossen sich aber individuell verdrücken.

Damit liefern wir in der konkreten Situation der Auseinandersetzung diese Genossen nicht nur der Polizei aus, wir verstärken auch ihr Mißtrauen uns gegenüber und machen sie aufnahmebereit für die Form der individuellen Mutprobe, die die RAF anbietet.

Diese Selbstkritik versteht sich als Beginn einer Reflexion unseres Verhaltens: Genossen, diskutiert eure Ängste, und bekämpft sie praktisch und kollektiv, sonst werdet ihr sie nie überwinden; aber ignoriert sie nicht; denn das kann zu politischem Selbstmord führen.

Die Politik der Bomben der RAF klärt nicht die Frage nach einer langfristigen revolutionären Strategie, weil sie nicht fragt, wie die Massen lernen, sich selber zu wehren. Nicht die Bomben bringen das kapitalistische System in Gefahr, es ist erst dann in Gefahr, wenn die Massen es nicht mehr wollen und eine praktische Alternative sehen, wie sie ihr Leben verändern können. Bomben ändern nichts am Elend des Kapitalismus, an der Isolation in den modernen Wohnsilos, an der Spaltung am Arbeitsplatz, weil sich keine Lernprozesse vollziehen können an Aktionen, die eine Gruppe isoliert plant, durchführt und interpretiert. Revolutionäre Politik entscheidet sich an der Frage, inwieweit Form und Inhalt der Aktion, die eine Gruppe macht, zumindest für die Linke noch nachvollziehbar sind. Das heißt nicht, wie man sich dem bestehenden Bewußtsein anpaßt, sondern welche Möglichkeiten sich aus der Untersuchungsarbeit ergeben, das bestehende Bewußtsein aufzubrechen.

Die Aktionen der Studentenbewegung standen im Zusammenhang einer weltweiten Jugendrevolte. Unsere Militanz bei Demonstrationen oder Hausbesetzungen hat sich im Rahmen dieser Bewegung entwickelt. Im Unterschied dazu verfolgt die RAF das Modell einer blanquistischen Organisation; ihre Aktionen sind schon im Ansatz getrennt von der Massenbewegung, sie können verurteilt, gut geheißen oder ignoriert werden, sie werden den Massen vorgeführt wie ein Theaterstück oder ein Fußballspiel. Die Unterstellung der RAF, daß wir die Gewaltfrage auf die Zukunft verschieben wollen, ist falsch. Vielmehr fallen die Bomben ins Springer-Hochhaus weit zurück hinter die militante Blockade der Auslieferung der Springer-Zeitungen 1968. Der Unterschied ist, daß damals Tausende ein politisches Ziel hatten und daß Tausende darüber entschieden haben, wie man es durchsetzen kann, und daß Tausende lernten, daß man sich gemeinsam wehren kann. Mit Bomben wird jedenfalls der Springer nicht ausgerottet oder zum Schweigen gebracht.

Uns stellt sich die Gewaltfrage qualitativ: Es kommt nicht darauf an, mit der gleichen Feuerkraft oder mit schlaueren Tricks das System auf der militärischen Ebene zu schwächen. Weder naht der Endkampf, noch kann sich dieser jemals losgelöst von den Massenkämpfen entwickeln. Wir haben die bürgerliche Gewalt nicht erfunden, sondern vorgefunden; und die Gewalt, die wir gegen sie anwenden, muß verbunden sein mit positiven Momenten: der Erfahrung von Solidarität, der Entwicklung neuer Verkehrsformen.

Wir fragen nicht, ob es prinzipiell falsch oder richtig ist, Gewalt anzuwenden. Für uns stellt sich die Frage als praktische; wir fragen: Was sind unsere Interessen und wie können wir sie durchsetzen? Und wie wir diese Interessen durchsetzen können, das bemißt sich an der Alltäglichkeit der Gewalt, die unser Leben beherrscht. Denn: Sind nicht die Fabriken Gewalt, in denen unter mörderischen Bedingungen gearbeitet werden muß? Wird nicht die Arbeitsdisziplin in den Fabriken durch Lohnsysteme, Akkordterror, Werkspolizei und

Meister gewaltsam aufrechterhalten? Gewaltsam wird jeder Versuch autonomer Interessenartikulation, Ansätze alternativer Lebensorganisation unterdrückt. Die Studenten sollen in isolierten Zimmern in Untermiete oder in Ghettos, den Wohneinheimen, hok-kenbleiben; Emigranten sollen die ihnen aufgezwungenen menschenunwürdigen Lebensumstände akzeptieren. Wir wissen, daß die herrschende Gewalt sich nicht nur im Polizeiapparat manifestiert, sondern in Gesetzen, die das Privateigentum sichern, in der kapitalistischen Städteplanung, in der Verschlechterung der Ausbildungsbedingungen und im Berufsverbot.

Unsere Antwort auf diese Unterdrückung ist die Entwicklung einer politischen Praxis, die sich aktuell auf die Entwicklung von Betriebsarbeit und die Unterstützung des Wohnungskampfes hier in Frankfurt konzentriert. Die Gewaltfrage sich praktisch stellen, heißt für uns also: Sind wir bereit, diesen Kampf zu unterstützen? Sind wir bereit, uns mit streikenden Arbeitern im Kampf gegen Streikbrecher und Bullen zu solidarisieren?

Unsere Kritik an der RAF unterscheidet sich von der Kritik der ML oder der Revisionisten. Wir reduzieren die politische Bewegung nicht auf den Versuch, im traditionell bestimmten Industrieproletariat eine Partei aufzubauen. Wir knüpfen an der weltweiten Jugendrevolte an, wir begreifen es als Teil unseres politischen Kampfes, daß die Jugendlichen anders, nämlich in Kommunen leben wollen. Hier unterscheidet sich unsere Kritik, weil wir nicht sagen, die RAF soll sich an das Bewußtsein der Massen anpassen; unsere Kritik besagt, daß die Aktionen der RAF sich von der Bewegung insgesamt gelöst haben.

Hier müssen wir unsere eigenen Reaktionen bzw. unsere Gelähmtheit kritisieren, da wir nicht begriffen hatten, daß die Verfolgung und Kriminalisierung der RAF nur der Beginn einer verschärften Repression gegen die gesamte Linke ist. Sie steht in Zusammenhang mit dem Berufsverbot für Linke, dem Ausbau des Verfassungsschutzes, der Verfolgung ausländischer linker Organisationen und der Verschärfung des Ausländergesetzes usw.

Wir müssen uns die Frage stellen, inwieweit die Verschärfung der Repression im Zusammenhang steht mit der Bewaffnung der RAF und ihren Aktionen, wie es die bürgerliche Presse behauptet.

Erklärung von Irmgard Möller im Prozeß in Hamburg, Mai 1975

Der Auftritt von Müller hier soll diesen Prozeß zu einem Schauprozeß gegen revolutionäre Politik machen, soll ihm als Kronzeugen eine Glaubwürdigkeit verschaffen, die bereits jetzt völlig ramponiert ist, noch *bevor* das Ausnahmegesetz legalisiert ist.

Nach seinem Fiasko mit Ruhland hat der Staatsschutz erkannt, daß die politische Realisierung des Verrats – und darum geht es ihm – sein Ziel nur erreicht, wenn er den Schein vermittelt, Produkt der Verratenen und nicht ihr eigenes d.h. das des Staatsschutzes zu sein, mehr mit der Realität der Verratenen als mit der der Bullen gemeinsam zu haben. Subjekt statt Objekt der Staatsmacht zu sein.

Er kann diesen Schein nicht vermitteln, weil aus der Dialektik von Verrat die Reste der Persönlichkeit des Verräters zerstört werden, nichts bleibt als eine Hülse.

Sicher stellt die Einführung des Kronzeugen, die Legalisierung der Zeugenbestechung für die Verfahren gegen uns, eine neue Stufe im Faschisierungsprozeß dieses Staats dar, auch wenn sie – die Zeugenbestechung – nur eine Nebensache in diesem Projekt der Sozialdemokratie ist, die CIA-Politik damit zur offiziellen Politik dieses Staats macht. Die Figur Müller ist da nur eine Randerscheinung.

Und indem die Bundesanwaltschaft es nötig hatte, in das Verfahren in Stammheim und die Vorbereitung dieses Verfahrens hier mit Polizeieinsätzen einzugreifen – der Verhaftung von Klaus Croissant und Christian Ströbele –, ist die Aktion, für die Müller sich einkaufen ließ, erst recht überholt. Sie hat nicht das gebracht, was sie bringen sollte: die RAF moralisch zu vernichten: Weil das nicht geht – der Versuch –, Müller als Beweis gegen den kollektiven Kampf der RAF und so gegen revolutionären Kampf, revolutionäre Moral überhaupt zu benutzen, wird nicht laufen.

Die Bundesanwaltschaft hat es in fünf Jahren psychologischer Kriegsführung gegen uns, in der eine Projektion aus dem Arsenal ihrer schmutzigen Phantasie (Die Dummköpfe nennen ihn dumm, die Schmutzigen nennen ihn schmutzig, sagt Brecht über den Kommunismus.) dreckiger ist als die andere, womit das System alles über sich, nichts über uns sagt, nicht verhindern können, daß die Stadtguerilla verstanden wird als das, was sie ist: der proletarische Kern der Befreiungsarmee in den Metropolen, der organisierte Kampf gegen die Menschenverachtung, die der imperialistische Staat verkörpert – und sie hat nicht verhindern können, daß sie sich entwickelt.

Sicher – in einem widersprüchlichen und langwierigen Prozeß, aber im Kräfteverhältnis Guerilla-Staat, in dem der Staat alle Mittel hat und wir nichts als unsere Entschlossenheit zu kämpfen – in diesem ungleichen Kräfteverhältnis ist es der Staat, der den Krieg eskalieren muß, der mit Lügen, Ausnahmegesetzen, Folter und der Verhaftung von Anwälten operieren muß.

Über UNS sagt der Verräter Müller nichts, weil er nichts weiß. Was er darstellt

und auch nur darstellen kann, ist die Verzweiflung eines Staats, der mit seinem monströsen Potential an Gewalt auf tönernen Füßen steht.
Es liegt in der Logik des revolutionären Prozesses, daß der Überbau, die Justiz und die Polizei, die Moral aber auch die Legitimation, auf die dieser Staat sich beruft, brüchig wird und zerbricht, wo er den Umwälzungsprozessen an der Basis nicht mehr entspricht.
In der Figur des Kronzeugen, also Müller, hat das System sich nur auf seinen reinen Begriff gebracht: Geld, Käuflichkeit. Zu den Lügen von Müller sagen wir nichts. Weil es um *sie* auch nicht geht. Es ist nicht unsere Sache, jeden Tag die Bildzeitung zu widerlegen.
Lüge, Personalisierung, Projektion und die Behauptung von ›Natürlichkeit‹: sie bilden die Struktur der psychologischen Kriegsführung, und die psychologische Kriegsführung *selbst* ist die Fortsetzung der Strukturen der kapitalistischen Produktion und Konsumtion im Widerspruch zur Entwicklung der Produktivkräfte, das heißt, sie ist deren kriegsmäßiger, imperialistischer, faschistischer Gebrauch gegen die revolutionäre Aktion und Bewegung, gegen die Tendenz der Befreiung, die in der Vergesellschaftung der Produktion enthaltene Tendenz zur Insurrektion gegen die zur Fessel gewordenen Produktionsverhältnisse.
Müller hat sich *endgültig* entschlossen, sich dem Staat als Verräter anzudienen (gespielt hat er mit dem Gedanken schon immer).
Nach der Ermordung von Holger, als klar geworden war, daß die Bundesanwaltschaft als die mit unserer Vernichtung befaßte Stelle eher soundsoviele von uns noch liquidieren wird, als unserer einfachen Forderung nachzugeben: Aufhebung der Isolation, der Vernichtungshaft, als an dem Vernichtungswillen der Bundesanwaltschaft keine Zweifel mehr möglich waren und so auch für ihn keine Hoffnung mehr, anders als kämpfend zu überleben oder zu sterben, daß er nicht mehr so tun kann ›als ob‹, daß der Kampf nie aufhört, da hat er seine Identität mit diesem Staat rausgefunden, speziell mit der SPD. Schließlich ist der ganze Parteivorstand nach '45 von Schumacher bis Brandt vom US-Kapital gekauft worden, wie die Käuflichkeit von Politikern *überhaupt* zum Operator der imperialistischen Regierungen geworden ist, sich Legitimation zu verschaffen: Wo sie nicht mehr herstellbar ist, wird Korruption zum Medium imperialistischer Politik.
Zu Müllers Geschichte gehört weiter Köln-Ossendorf, nachdem die Kampagnen gegen den Trakt, die Proteste auch im Ausland, die Verlegung von Ronald in den Trakt in Hannover und den Bau neuer Trakte in Stammheim, Hamburg usw. nicht verhindern konnten, lag die Unwirksamkeit von Protesten auf der Hand, die an den Staat appellieren im Namen von Werten, die er vernichtet, indem er foltert – er für humanistischen Appell keine Adresse mehr ist. Und die Instrumentalisierung der Justiz, die sich vom Staatsschutz unsere Haftbedingungen diktieren läßt.
Dann hat Müller auf Klug spekuliert. Klug hatte zu Ulrike gesagt, daß mit der Isolation die Umerziehung der politischen Gefangenen bezweckt werde – (wörtlich: »Das ist die Therapie. Mahler sitzt auch über die U-Haft hinaus in

Strafhaft noch in Isolation.« – das war im Januar 73 – »Damit er das, was er gemacht hat, wenn er rauskommt, nicht wieder macht.«) Klug hatte sich also mit der Maßnahme und das im toten Trakt Köln voll identifiziert, aber der Schimmer von Humanität, der dieser liberalen Maske in der Öffentlichkeit noch anhaftet, hatte auch bei Müller noch Hoffnungen geweckt, die Illusion, ohne zu kämpfen zu überleben.
Die Reaktion der Medien schließlich auf die Ermordung von Holger, auf die eindeutige Tatsache, daß die Bundesanwaltschaft Holger gezielt, und zwar mittels Manipulation des Transporttermins liquidiert hat – die nicht, wie Müller erwartete, nun die Aufhebung der Isolation verlangten, sondern in die breite Diskussion mit den Parteivorständen in Bonn und den Ländern eintraten, ob es nicht das beste sei, die ganze RAF, soweit sie gefangen ist, am Hungerstreik durch Einstellung der Zwangsernährung zu liquidieren.
Weiter: Andreas war im Sommer '73 bei unserem zweiten Hungerstreik acht Tage lang das Wasser abgestellt worden. Dies war eine gezielte Aktion, um den Hungerstreik zu brechen und ihn zu ermorden. Weil das auch ein und dasselbe ist: Die Kapitulation des Kämpfers ist sein Tod.
Wir haben das zum Hungerstreik im vergangenen Winter erklärt. Nicht, weil wir uns davon was erhofften, sondern weil das System zu entlarven, *Öffentlichkeit* für die Methode Konterrevolution herzustellen, ein Operator revolutionärer Politik ist. Wir hatten erklärt, daß wir alle nicht mehr trinken, wenn *einem* von uns das Wasser abgestellt wird, und wir haben das gemacht. Der *einzige*, der sich darüber beklagt hat, nachher, war Müller.
Deswegen ist Klaus Croissant verhaftet worden, weil er Öffentlichkeit für den Kampf der Gefangenen gegen die Vernichtungshaft hergestellt hat, weil er das Interesse der Gefangenen vertreten und sich geweigert hat, das Vernichtungsinteresse des Staats gegen die Gefangenen zu vertreten, er hat auf der Legalität des Verfahrens insistiert, um die Gefangenen zu schützen, während die Counterstrategie – *das* muß man sich mal vorstellen – Sondergesetze erlassen hat. Die Sondergesetzgebung hat nur einen Zweck: sie soll die Diskretion wieder herstellen, die die politische Justiz zur reibungslosen Vernichtung der Gefangenen *noch* braucht.
Klaus ist außerdem unmittelbar, nachdem er den Ablauf der Ermordung von Siegfried ausrecherchiert und Anzeige gegen den Staatsschutz erstattet hat, verhaftet worden, weil aus dem Ablauf der Verlegung von Siegfried nach Stammheim mit Schädelverletzungen und Verbrennungen eindeutig geworden war, daß die Bundesanwaltschaft Siegfried
1. in transportunfähigem Zustand noch innerhalb der Bundesrepublik hin und her verlegt hat,
2. ihn in voller Kenntnis der Tatsache, daß in Stammheim weder Verbrennungen noch Schädelverletzungen behandelt werden können, nach Stammheim gebracht hat,
3. der Obduktionsbefund gefälscht ist, weil er die in der Kölner Universitätsklinik und in Stammheim festgestellten Schädelverletzungen durch Maschinengewehr-Kolbenschläge verschweigt. Ein Verschweigen, das sowohl die

schwedische Polizei decken solle, wie die Tatsache verdecken, daß die Bundesanwaltschaft mit ihrer Entscheidung, Siegfried nach Stammheim zu bringen, seinen Tod beschlossen hatte.

Müller hatte sich in der Isolation eingerichtet. Er wollte nicht kämpfen, denn im Prozeß der Entwicklung revolutionärer Politik kann es nicht darum gehen, bei der Entlarvung dieses Staats Hoffnungen zu entwickeln, man könnte gewaltlos mit den Mitteln des öffentlichen Protests etwas anderes erreichen als veränderte Kampfbedingungen. Sicher kann öffentlicher Protest das Leben eines Kämpfers in einer bestimmten Situation schützen, die Absicht der Bundesanwaltschaft, uns zu vernichten, kann er nicht brechen. *Dazu* fehlt ihm die Macht. Es geht in dieser Phase des Kampfes darum durchzusetzen, daß das, was geschieht, öffentlich geschieht. Damit der Faschismus, der sich hinter der Fassade des Rechtsstaats verbirgt, um sich zu zeigen, wenn es ihm opportun erscheint, sichtbar wird als das *Wesen* imperialistischer Politik.

Aber Müller steht der *Wanst* – und damit ist der Verräter auf seinen Begriff gebracht – näher als die Genossen, das Leben der Kämpfer, der Kampf, und natürlich, wie alle Verräter sagt er nicht: *Ich*; will um jeden Preis leben, sondern er sagte: Das Volk will um jeden Preis leben. Natürlich kann er nicht mehr wie wir und jeder, der kämpft, wie in der Formulierung von Lenin sagen: »Die Verkörperung des nackten Terrors ist der Staat«, sondern er muß sagen: Andreas ist usw., er muß sagen: Die RAF ist usw., er muß auf die genaue Umkehrung der Tatsachen aus sein.

Er wollte den Kampf als Ware. Er dachte, er könnte die RAF dazu benutzen, das zu verwirklichen, worauf er aus war: groß rauskommen, in der Hierarchie des Imperialismus zum Aufsteiger zu werden, das ist in der RAF nicht möglich, deswegen sitzt er jetzt da: in der Falle seines Verrats, als Instrument des Staatsschutzes eine klägliche Figur auf der Flucht vor seiner Geschichte, die ihn eingeholt hat, als »armer Junge«, womit der »Stern« in seinem Bericht das Verhältnis der herrschenden Klasse zu einem ihrer Diener, ihrer Instrumente auf den Begriff brachte.

Der Prozeß des Kampfes in der Guerilla proletarisiert die Kämpfer, er macht sie *gleich*. Er hebt eben das: die Reflexe der Konkurrenz, des Opportunismus, der Unterwerfung unter »Autoritäten«, die es in der Guerilla nicht gibt, der Anpassung um des eigenen Vorteils willen auf, in der Guerilla hat jeder Kämpfer Autorität. Sie ergibt sich aus dem Prozeß der Proletarisierung, der Entwicklung von kollektivem Bewußtsein als dem Selbstbewußtsein des einzelnen, der Verantwortung jedes einzelnen für das Ganze. In der Formulierung eines verhafteten Tupamaros:

»Der Kleinbürger ist selbstgefällig. Es geht darum, bei dem Kämpfer ein Gefühl der Abhängigkeit von der Gruppe zu schaffen, das Bewußtsein, daß er selbst nicht viel ausrichten kann, daß die anderen für ihn unentbehrlich sind. Das nennt man Proletarisierung, denn das Gefühl, das auf diese Weise erzeugt wird, ist etwas für einen Arbeiter charakteristisches. Die kapitalistische Produktionsweise erzeugt beim Arbeiter ein Bewußtsein der Abhängigkeit von den anderen Arbeitern. Er weiß, daß sein Produkt nicht das Ergebnis seiner individuellen Anstrengung ist, sondern das einer gemeinsamen Anstrengung. Was man dem, der neu in die Bewegung eintritt, verständlich machen muß, und das ist im allgemeinen sehr schwer, ist, daß sich die Revolution in den Bereichen abspielt, in denen unauffällige und kontinuierliche Arbeit geleistet wird; daß die meisten Ereignisse eher langweilig und ohne Großartigkeit sind. Ein Militanter, der das begriffen hat, hat damit vielleicht das Allerwichtigste verstanden.«

Führung in unserm Begriff, was sie zu sein hat und ist, ist die Vermittlung des konkreten, des *praktischen* Begriffs der Situation und ihre Umsetzung: die Ziele und ihre Vermittlung in der Struktur der kämpfenden Gruppe, der Organisation. Führung ist in der Gruppe das, was sie befähigt zu *sein*, was sie sein *will*: Stadtguerilla, was sie nur ist, indem sie handelt, kämpft. So kann das Ziel der Führung immer nur sein, dies Funktion überflüssig zu machen durch die Entwicklung der Selbständigkeit der Kämpfer in einem kollektiven Prozeß.

Der Grund, weshalb Müller – wie der Staat – Andreas zum Zentrum seiner Projektionen auf uns gemacht hat, ihn am meisten haßt, ist, daß Andreas derjenige in der Gruppe ist, der diesen Prozeß der Kollektivierung und Proletarisierung der Kämpfer im Kampf und für den Kampf am meisten in der Gruppe verkörpert und d.h. vermittelt und so in den Prozessen von Kritik und Selbstkritik das am meisten bekämpft: Konkurrenz, Machtansprüche, Unehrlichkeit, die Unselbständigkeit und die Unterwürfigkeit, die aus ihr folgt.

Weil Andreas nie bereit war zu akzeptieren, daß Müllers Diener- und Lohnarbeiterverhältnis zur RAF, aus dem er jetzt als Verräter rausgekrochen ist, seine Determination sein sollte.

Den gebrochenen Fighter gibt es nicht. Er ist eine Figur aus der Konzeption der Counterstrategie. Wer nicht aufhört, zu denken und zu kämpfen, kann nicht gebrochen werden. Er stirbt unter der Folter, wie Hundertausende: in Chile, Brasilien, Uruguay, Israel und wie Holger: im Kampf *gegen* sie.

Die Verfassung des Verräters ist eine Struktur. Es ist die imperialistische Struktur der Unterwürfigkeit, Selbstsucht und Angst, die jedem im Prozeß seiner Sozialisation in Familie, Schule und Beruf eingebrannt worden ist. Sie *ist*; ein Problem. Lösbar ist es nur im Kampf und nur kollektiv im Prozeß der Entwicklung des Kampfes und der Proletarisierung der Kämpfer. Eine Tatsache, deren Erkenntnis sich die legale Linke, die sich von Verrat irritieren läßt, verstellt, worauf der Staatsschutz mit der Instrumentalisierung Müllers als »Kronzeuge«, also *Staatszeuge*, spekuliert.

Was Müller bezeugen kann, ist die Struktur des Verrats, die Korruption des Systems, das im Prozeß seines Zerfalls die Legitimation, auf die es sich noch beruft: Schutz der Werte, den Begründungszusammenhang des Rechtsstaats, durch den Kampf der Guerilla gezwungen wird, öffentlich abzuschminken, sonst nichts. Und sicher *für* unsere Politik. Denn was *wir* zu sagen haben, ist: Freiheit ist nur im Kampf für die Befreiung möglich. Nur im Kampf gegen den Imperialismus, d.h. gegen den imperialistischen Staat ist Menschlichkeit möglich.

Es ist *notwendig* zu kämpfen, weil anders der Antagonismus, der der Überbau des Imperialismus zu seiner Basis geworden ist, nicht gelöst werden kann, als durch revolutionäre Gewalt im vietnamesischen Sinne des Wortes, das heißt, durch den Angriff, den ununterbrochenen Angriff gegen das System, der es schließlich zerrüttet, bis es zerschlagen ist.
Für alles Reaktionäre gilt, daß es nicht fällt, wenn man es nicht niederschlägt.
Und es gibt nur eine Form, den Kampf zu organisieren – das ist die Armee in den Metropolen, die Stadtguerilla, die mit den Befreiungsarmeen der Völker der Dritten Welt *zusammen* kämpft. Als Teil der Befreiungskämpfe im Prozeß der Weltrevolutionen und es gibt nur eine Hoffnung: den Kampf.
Das ist, was wir zum Problem des Verrats personifiziert in Müller zu sagen haben. Die Mystifikationen aufzulösen ist unser Job.
Freiheit durch bewaffneten antiimperialistischen Kampf. Es lebe die RAF.

Antrag zur Ladung von Schmidt und Brandt, 29. März 1977

»Das Ding hat die Form eines Antrages, weil es sonst nicht möglich gewesen wäre, im Prozeß auch nur einen Satz noch zu sagen. Stammheim, 29.3.1977«

An das
Oberlandesgericht
7000 Stuttgart
Aktenzeichen: 2 StE (OLG Stgt) 1/74
Wir beantragen – übrigens zum ersten Mal – Brandt und Schmidt als Regierungschefs der Regierungen Brandt/Scheel und Schmidt/Genscher zu laden zum Beweis, daß
1. die RAF seit 1972 nach einer verfassungswidrigen und verfassungsfeindlichen Konzeption der antisubversiven Kriegsführung verfolgt wird, die technisch, methodisch und organisatorisch dem internationalen Standard der amerikanischen Counterinsurgency entspricht und die
a) die repressive und manipulative »Immunisierung« (Brandt) der Gesellschaft gegen antikapitalistische Fundamentalopposition bezweckt
und die
b) durch eine komplexe Strategie politischer, wirtschaftlicher, militärpolitischer und juristischer Initiativen auf die Integration der Apparate der ›inneren und äußeren Sicherheit‹ und der staatlichen Datenverarbeitungssysteme der Nato zielt, um die permanente Einmischung der amerikanischen Außenpolitik in die inneren Angelegenheiten der westeuropäischen Länder zu institutionalisieren, die
c) unmittelbar den Zweck hat, die kommunistischen und radikaldemokratischen Widerstandsgruppen zu neutralisieren und zu vernichten, die sich seit dem Zerfall der legalen Vietnamopposition clandestin organisiert und bewaffnet haben, um gegen die amerikanische Strategie gegenüber dem Süden, dem Osten und den Arbeitern Westeuropas, die die Innen- und Außenpolitik der Bundesrepublik direkt bestimmt, zu kämpfen.
2. über Counterinsurgency Beratungen mit amerikanischen Regierungsstellen stattgefunden haben und daß in die Entscheidungsabläufe der antisubversiven Aktion
– der Stab des Oberkommandierenden der US-Armee in der Bundesrepublik
– amerikanische Regierungspolitiker, Diplomaten und Geheimdienstbeamte,
– das NATO-Generalsekretariat in Brüssel und
– das Action Committee der NATO (AC – 46), in das seit 1971/72 die Führungsebene der Nachrichtendienste der Bundesrepublik integriert ist, und
– das PSV-Referat in der Stabsabteilung III des Führungsstabs der Streitkräfte (FüS) einbezogen waren; daß
3. amerikanische Spezialeinheiten für Counterinsurgency in der Bundesrepublik operieren, unter anderem die offiziell seit August 1975 als Marineattaché

der US-Botschaft in Bad Godesberg zugeteilten Spezialisten für ›Gegenaktionen, z.B. Entführungen‹, daß
4. über Counterinsurgency im europäischen Rat, in der europäischen Innen- und Justizministerkonferenz und den entsprechenden politischen und militärischen Gremien der NATO ein Konsens hergestellt wurde, an dessen Zustandekommen die Bundesrepublik initiativ beteiligt war; daß
5. a) im Rahmen der Konzeption der antisubversiven Aktion auf Initiative der amerikanischen Regierung und Armee *über die Bundesrepublik* zuerst bilateral gegenüber westeuropäischen Staaten, dann innerhalb der militärischen und politischen europäischen Metaorganismen – der NATO und der EG – durchgesetzt wurde, Spezialeinheiten aufzustellen, die nach einer einheitlichen Doktrin und nach einheitlichen taktischen und strategischen Gesichtspunkten eingesetzt werden und daß
b) in der Bundesrepublik die Antiterroreinheiten – GSG 9, MEK's in Baden-Württemberg, die SEK's usw. – und die Umwandlung des Bundesgrenzschutzes in eine Bundespolizei in Zusammenarbeit mit amerikanischen Dienststellen konzipiert wurden; daß
6. leitende und ausführende Angehörige dieser Einheiten an amerikanischen Special Warfare Schulen in den USA von der Armee und Geheimdiensten in Strategie und Taktik der antisubversiven Kriegsführung ausgebildet worden sind und daß sie dort in der Anwendung von Techniken der psychologischen Kampfführung geschult wurden, zu denen wissenschaftlich entwickelte Methoden der Manipulation von Massenkommunikation und Meinungsbildung gehören; daß
7. im Rahmen der antisubversiven Aktion Kampagnen in die Massenmedien nach den Strategien der psychologischen Kriegsführung zentral beschlossen und gesteuert werden und daß Falschmeldungen wie
a) die RAF hätte geplant, in der Stuttgarter Innenstadt drei Bomben zu zünden (Juni 72)
b) die RAF hätte geplant, während der Fußballweltmeisterschaft Raketenangriffe auf besetzte Fußballstadien durchzuführen (Sommer 74)
c) die RAF hätte geplant, das Trinkwasser einer Großstadt zu vergiften (Sommer 74)
d) die RAF hätte Senfgas gestohlen und geplant, das Gas einzusetzen (Sommer 75)
e) das Kommando Holger Meins hätte das Botschaftsgebäude in Stockholm selbst gesprengt (April 75)
f) es gäbe »Spannungen« innerhalb der Gruppe der Angeklagten (Feb. 72 und seit Ulrike Meinhofs Tod)
g) die RAF hätte einen Überfall auf einen Kinderspielplatz und die Geiselnahme von Kindern geplant (März 77)
h) die RAF hätte Angriffe auf Kernkraftwerke und den Einsatz nuklearer, chemischer und bakteriologischer Waffen geplant (seit Januar 76)
i) die RAF hätte geplant, den Bodensee mit atomarem Müll zu verseuchen (September 75)

und Provokationen von Nachrichtendiensten wie
j) Sprengstoffanschläge auf Hauptbahnhöfe (Bremen Dezember 74, Hamburg September 75, Nürnberg, Augsburg, München, Köln)
k) Sprengstoff- bzw. Brandanschläge auf die gerichtlich bestellten Zwangsverteidiger Langner in Hamburg (19. Juni 76), Peters in Düsseldorf (16.2.77)* im Zusammenhang der Fahndung und der Prozesse initiiert worden sind, um
»diese Gruppen völlig zu entsolidarisieren, sie von all dem zu isolieren, was es sonst an radikalen Meinungen in diesem Lande auch gegen mag. Das ist eine der wichtigsten Aufgaben.« (Ehmke, als Chef des Kanzleramts Koordinator der Geheimdienste, Bundestag, 7.6.72)
»... den Sumpf aus(zu)trocknen – und ich sage es ganz hart – aus dem die Blüten der Baader-Meinhof-Bande emporgestiegen sind.« (Kohl, Fernsehinterview 25.4.75)
»... eine scharfe, unzweideutige, klare Trennung zwischen den Mitgliedern dieser Bande und der gesamten übrigen Bevölkerung ...« zu ziehen. (Carstens, am 25.4.75 im Bundestag)
»... es kommt – ich spreche es aus – auf Infiltration in die Sympathisantengruppen hinein an.« (Schmidt, Regierungserklärung 13.3.75)
»Aktionen gegen die RAF müssen immer so abgewickelt werden, daß Sympathisantenpositionen abgedrückt werden.« (Herold, Chef des BKA während der Innenministerkonferenz, Januar 72)
»... die Nervenknoten des Gegners heraus(zu)isolieren und sie dann gezielt mit Maßnahmen an(zu)gehen, sie (zu) paralysieren, (zu) neutralisieren.« (Herold, Hessenforum, Mai 1975) und daß
l) Planung und Einsatz dieser Kampagnen den im ISC-Report vom Mai 1975 für den Natobereich festgestellten Richtlinien zur »Entsolidarisierung, Isolation und Eliminierung« der illegalen Gruppen entspricht.
8. daß innerhalb der antisubversiven Aktion die Justiz nicht nach ihrem im Grundgesetz postulierten Auftrag eingesetzt wird, nicht dritte Gewalt und unabhängig ist, sondern als ein geschlossener Instanzenzug handelt, der den Direktiven der Regierung unmittelbar unterliegt und über ein Netz von Sondergerichten und besonderen Abteilungen bei den Staatsanwaltschaften, an deren Aufbau, Personalführung und Indoktrination der Generalbundesanwalt und das Bundeskriminalamt unmittelbar beteiligt sind, einer umfassenden Planung im Rahmen der Counterinsurgency unterliegt, daß
9. zu diesem Zweck
a) in der Justizpressekonferenz Karlsruhe ein Netz von Staatsschutzjournalisten institutionalisiert wurde, das die Funktion hat, die Rezeption der Prozesse über eine homogene Berichterstattung zu steuern und

* auf Langner, um Margrit Schillers Aussage gegen den Kronzeugen Müller unmittelbar vor dessen Auftritt in Stammheim zu neutralisieren; auf Peters, um die entscheidenden Beweisanträge der Verteidigung in Düsseldorf zu diskreditieren und als Funktion der exemplarischen Hetzkampagne gegen Croissant.

b) versucht wurde, über die Chefredakteurskonferenz die Prozeßberichterstattung nach der Direktive des Generalbundesanwalts, »daß die Journalisten sich darauf beschränken, Mittler sein zu wollen, zwischen Polizei, Staatsanwaltschaft und Bevölkerung«
(Buback in Kennzeichen D, 6.5.75) zu strukturieren; daß
10. die Vorverurteilung der Gefangenen durch gezielte Falschmeldungen, Indiskretionen, lancierte Gerüchte und die Veröffentlichung von Prozeßakten nach Methoden der psychologischen Kampfführung vorbereitet und gesteuert wurde, daß zu diesem Zweck
11. die Erhebung der Anklage 3 1/2 Jahre verschleppt und das Verfahren gegen die RAF in einzelne Prozesse aufgespalten worden ist, die nach politisch propagandistischen Gesichtspunkten terminiert wurden, und daß
12. in einer koordinierten Maßnahme
a) ein Gesetz zum Ausschluß von Verteidigern, zur Beschränkung der Zahl der Verteidiger auf drei und zum Verbot der Kollektivverteidigung verabschiedet wurde,
b) der Ausschluß Croissants, Groenewolds und Ströbeles aus dem Stammheimer Prozeß von der Bundesanwaltschaft zum »taktisch günstigsten Zeitpunkt« (Buback) veranlaßt und durchgesetzt wurde,
c) durch eine gezielte Personalpolitik die Ehrengerichte der Anwaltskammern in Hamburg und Frankfurt neu besetzt wurden,
d) Zwangsverteidiger bestellt wurden, an deren Auswahl die Anklagebehörde z.T. unmittelbar beteiligt war,
um eine effektive oder auch nur auf den Prozeß vorbereitete Verteidigung zu verhindern, und daß
e) Gespräche zwischen Vertrauensverteidigern und Angeklagten und, die Kanzleien, Wohnungen und Telefone der Anwälte abgehört worden sind, um Initiativen der Verteidigung innerhalb und außerhalb des Prozesses unterlaufen zu können und daß nach den Erkenntnissen der abgehörten Gespräche
1. Zeugenaussagen beeinflußt bzw. Entlastungszeugen aus dem Prozeß ferngehalten wurden (Müller, Schiller) und
2. Freunde, Bekannte und Angestellte von Rechtsanwälten von Nachrichtendiensten angesprochen wurden, um sie anzuwerben (Wolfgang Pfeiffer, Natascha Zerrer, Ingrid Doctors) und daß
f) Croissant und Ströbele gezielt verhaftet wurden, um eine Reihe internationaler Pressekonferenzen zu verhindern, die sie organisiert hatten, um die Öffentlichkeit der westeuropäischen Staaten über die Staatsschutzprozesse in der Bundesrepublik und die Verantwortlichkeit der Bundesanwaltschaft für den Tod von Holger Meins und Siegfried Hausner zu informieren, daß
13. infolge der Beweisnot im Stammheimer Verfahren auf Initiative des Bundeskriminalamts ein Kronzeugengesetz nach Müllers *Bedingungen* projektiert wurde, das erst mit der Einsicht des Generalbundesanwalts, daß im Rahmen der Staatsschutzjustiz keine Notwendigkeit für eine gesetzliche Regelung besteht, weil es einfacher schien, mit Hilfe nachrichtendienst-

licher Mittel ungesetzlich Kronzeugen zu produzieren, wieder verworfen wurde, daß

14. auf Weisung des Generalbundesanwalts dem Hamburger Gericht die Akten über das Geständnis Müllers vorenthalten und von Bundesjustizminister Vogel mit einem Sperrvermerk versehen wurde, um einen Freispruch Müllers von der Anklage des Mordes, den er zur Bedingung seiner Aussage in Stammheim gemacht hatte, zu ermöglichen, daß

15. die Bundesanwaltschaft als die Schaltstelle, die die justiziell – öffentliche Verwertung nachrichtendienstlicher Aktionen mit der Regierungspolitik koordiniert, über die Abhöraktion und ihre wesentlichen Ergebnisse von Anfang an informiert war, und zwar

a) unmittelbar durch die Berichte des Bundesnachrichtendienstes und des Verfassungsschutzes,

b) durch die Informationspflicht des Bundeskriminalamts, demgegenüber eine Informationspflicht der Landeskriminalämter besteht,

c) über die Lagebesprechung, die monatlich zwischen dem Generalbundesanwalt und den Leitern der drei westdeutschen Nachrichtendienste stattfindet

16. im Rahmen der Fahndung und der Vorbereitung öffentlicher Hauptverhandlungen

a) Gefangene zur Informationsbeschaffung Methoden der psychischen, medikamentösen und physischen Aussageerpressung unterworfen wurden, daß

b) Programme der sensorischen Deprivation, der Isolation der Gruppenisolation, der Streßmanipulation mit dem Ziel eingesetzt wurden, die Angeklagten psychisch und intellektuell zu brechen, daß

c) diese Programme durch eine vollständige Überwachung jeder Lebensäußerung und aller Kontakte der Gefangenen innerhalb ihrer Zellen, in den Anwalts- und Besuchszellen, aber auch, in den Käfigen, in denen sie sich im Freien bewegen können, von Psychiatern und besonders ausgebildeten Staatsschutzbeamten ausgewertet und gesteuert wurden und daß die Konzeption, Auswertung und Weiterentwicklung dieser Programme und ein Austausch der Ergebnisse mit wissenschaftlichen Forschungsprojekten – wie z.B. des Sonderforschungsbereichs 14 der Universität in Hamburg-Eppendorf – abgestimmt wird, daß

d) beispielsweise die Unterbringung von Ulrike Meinhof und später Ulrike Meinhof und Gudrun Ensslin im Toten Trakt in Köln-Ossendorf von einem Forschungsprojekt an der Hamburger Universitätsklinik begleitet wurde (»Projekt A8: soziale Interaktion in einer modellhaften inkompatiblen Gruppensituation unter besonderer Berücksichtigung der Aggressivität«) in dem die Lebens- und Interaktionsbedingungen der beiden Gefangenen exakt simuliert wurden, daß

e) im besonderen Ulrike Meinhof wegen ihrer Orientierungsfunktion innerhalb er außerparlamentarischen Opposition seit der Antiatombewegung und wegen ihrer Funktion innerhalb der Gruppe nach ihrer Verhaftung auf Veranlassung der Bundesanwaltschaft 8 Monate im akustisch isolierten Trakt psychiatrischer Folter unterworfen wurde, um sie zu brechen und zu psychiatrisieren und daß ihr Bewußtsein, als dieses Projekt an ihrem Widerstand und ihren Anwälten scheiterte, durch eine stereotaktische Gehirnoperation zerstört werden sollte, daß

17. die Einführung des § 231a, der es ermöglicht, in Zukunft die Hauptverhandlung in Abwesenheit des Angeklagten nach einem nichtöffentlichen, sogenannten ›Anhörungstermin‹ durchzuführen, und

die Sondergesetze § 138 und § 146, die es ermöglichen, Verteidiger auf bloßen Verdacht hin auszuschließen, den Zweck haben, diese Methoden des Staatsschutz nicht öffentlich werden zu lassen; daß

18. Formulierungen wie

»das Äußerste dagegen unternehmen«

»bis an die Grenzen des Rechtsstaats«

»mit allen Mitteln«

»diese Gruppen zu tilgen«

»härtestes Durchgreifen des Staates, der sich in einer Verteidigungsposition nicht scheuen kann, selbst zu töten« (Schmidt, Regierungserklärung 13.3.1975) die Entscheidung und den Konsens auf höchster Regierungsebene ausdrücken, innerhalb der antisubversiven Aktion Mitglieder illegaler Gruppen im In- und Ausland und Gefangene gezielt und verdeckt zu töten; und daß

19. der Tod von Ulrike Meinhof

Holger Meins

Siegfried Hausner und

Ullrich Wessel

eine Konsequenz dieser Entscheidung ist; daß

20. für die Dramaturgie des Todeszeitpunkts Ulrike Meinhofs maßgebend war,

a) eine bevorstehende Kommandoaktion zur Befreiung der Stammheimer Gefangenen, über die die Nachrichtendienste informiert waren,

b) der Austausch der Stammheimer Gefangenen, um den sich die DDR bemüht hatte,

c) der Druckerstreik,

d) die unmittelbar davor von den Gefangenen im Prozeß gestellten Beweisanträge und die Zeugenladungen der ehemaligen amerikanischen Geheimdienstmitglieder Agee, Peck, Osborne, Thomas, die

- die begrenzte Souveränität der Bundesrepublik im Verhältnis zu den USA,
- die Durchdringung von Regierung, Parteien und Gewerkschaften durch amerikanische Geheimdienste und
- die Rolle der Bundesrepublik im Rahmen der amerikanischen Globalstrategie im allgemeinen und im besonderen während des Vietnamkriegs zum Thema hatten, daß

21. die Entscheidung, neben der gesamten über das BKA und die Sonderkommissionen zentral geführten Polizei, dem BGS, den Spezialeinheiten der Bundeswehr und den Medien auch die Justiz, Teile der amerikanischen Armee (Stgt. Ztg. 30.5.1972 und 3.6.1972 und Stgt. Nachr. 3.6.1972 und 5.6.1972), alle deutschen und amerikanischen Nachrichtendienste und »alle« oder »äu-

ßerste« nachrichtendienstliche Mittel im Rahmen von international organisierten Counterinsurgency einzusetzen und den Einsatz mit dem »übergesetzlichen Notstand« zu rechtfertigen, die Maßnahmen der Regierung gegen die Gruppe als eine verdeckte, menschenrechtswidrige Kriegshandlung definiert, gegen die, weil in ihr die Verfassung der Bundesrepublik beseitigt ist, Widerstand legitim ist.

Protokoll des letzten Gesprächs mit Andreas Baader, 17. Oktober 1977

Ein Beamter des Bundeskanzleramtes führt ein Gespräch mit Andreas Baader im Besucherzimmer der Justizvollzugsanstalt in Stuttgart-Stammheim. Er macht folgende Aufzeichnung:

»1. Auftrag

Nach Beratung im ›kleinen Krisenstab‹ am 16.10.1977, 20.10 Uhr, hat mich der Bundeskanzler beauftragt, am 17.10. mit Baader zu sprechen. Baader hatte nach Mitteilung des Bundeskriminalamtes zuvor mehrfach den Wunsch geäußert, mit Staatssekretär Schüler zu sprechen. Ein zunächst vorgesehenes Telefongespräch zwischen Staatssekretär Schüler und Baader war meines Wissens nicht zustande gekommen. Mein Auftrag ging dahin, in einem eingehenden Gespräch von Baader möglichst konkret zu erfahren, was er Staatssekretär Schüler mitteilen wolle und, wie Baader nach Mitteilung des Bundeskriminalamtes gesagt hat, nicht mit einem Polizisten besprechen könne.

2. Bemerkungen zu den Umständen und zum Ablauf des Gesprächs

Ich hatte Baader niemals vorher persönlich gesehen und war auch nicht über nähere Einzelheiten seines Lebenslaufs und der ihm vorgeworfenen Straftaten unterrichtet. Auf meine Bitte hat mich daher der begleitende Beamte des Bundeskriminalamtes während der Fahrt nach Stammheim näher informiert und darauf vorbereitet, daß Baader zur Zeit nervös und etwas konfus sei.

Ob Baader vorher über mein Kommen unterrichtet wurde, ist mir nicht bekannt, da der Besuch vom Bundeskriminalamt arrangiert wurde. Ich hatte eher den Eindruck, daß dies nicht der Fall war.

Baader wurde vorgeführt, von dem ihm bekannten Beamten des Bundeskriminalamts kurz begrüßt und darüber informiert, daß ich von Staatssekretär Schüler beauftragt sei, mit ihm zu sprechen. Nach einem kurzen Moment des Zögerns hat Baader ohne weitere Umschweife das Gespräch begonnen. Baader war blaß und schien gegenüber Fotografien, die mir in Erinnerung waren, sehr gealtert. Das Gespräch dauerte ca. 70 Minuten; anwesend waren ferner während der gesamten Zeit der Beamte des Bundeskriminalamtes und ein Beamter der Haftanstalt. Während des ganzen Gesprächs war Baader mir gegenüber weitgehend sachlich und höflich, kurze Einwürfe des Beamten des Bundeskriminalamtes hat er relativ barsch und kurz abgetan und einmal hat er sich an den Beamten der Strafanstalt gewandt und ihn als Schwein bezeichnet, das die Gefangenen schlecht behandle.

Eine von dem Beamten des Bundeskriminalamtes angebotene Zigarette lehnte er ab. Er drehte sich selbst während des Gesprächs nach meiner Erinnerung mehrere Zigaretten.

Er schien mir innerlich erregt, nervös und war akustisch zum Teil schlecht zu verstehen, weil er nach meinem Eindruck physische Artikulationsschwierigkeiten hatte. Da ich ihn – wie gesagt – zum ersten Mal sah, habe ich keine hinreichenden Anhaltspunkte, wie sehr seine physische und psychische Verfassung von der subjektiven ›Normallage‹ oder von seiner Verfassung in der näheren Vergangenheit abwich. Ich hatte während des Gesprächs den persönlichen Eindruck, daß ihm vor allem die wochenlange Ungewißheit über seine Freilassung und der Wechsel der Hoffnung und Enttäuschung innerlich sehr zu schaffen machte. Diese meine Annahme stützte sich vor allem darauf, daß alle seine Ausführungen letztlich immer um seine Freilassung kreisten. Nach der Nachricht von seinem Selbstmord frage ich mich natürlich, ob dieser Eindruck so zutreffend war; auch rückblickend glaube ich jedoch eher, daß die für ihn sicherlich niederschmetternde Nachricht vom Ausgang der Flugzeugentführung in Somalia seine psychische Situation noch entscheidend verschlechtert haben muß.

Nach dem Gespräch, etwa gegen 16.00 Uhr, machte der begleitende Beamte der Strafanstalt beiläufig die Bemerkung, die beiden Anstaltspfarrer hätten Gudrun Ensslin schon vor einigen Tagen (?) ein Gespräch angeboten. Heute habe Frau Ensslin eingewilligt, daß ein solches Gespräch stattfinden könne.

Um die Gesprächsatmosphäre nicht zu gefährden, habe ich während der Anwesenheit Baaders keine Notizen gemacht, das meines Erachtens Wesentliche habe ich während der Rückfahrt aus dem Gedächtnis aufgeschrieben.

Auf Bitte der Beamten der Strafanstalt habe ich mich nach dem Gespräch noch einige Minuten in der Nähe des Besucherzimmers aufgehalten, falls ein weiterer Häftling einen Gesprächswunsch äußern sollte. Dies geschah nicht; ich warf vor dem Weggehen vom Vorraum aus noch einen kurzen Blick in den Zellentrakt, um den sich die Zellen der BM-Häftlinge gruppieren. Die Zellen selbst habe ich nicht besichtigt.

Nach meinem Eintreffen in der Haftanstalt hatte ich ein kurzes informelles Gespräch mit dem Leiter der Haftanstalt. Nach Beendigung des Gesprächs habe ich mich kurz von ihm verabschiedet. Noch in der Haftanstalt wurde ich vom PR/ChBK telefonisch gefragt, ob das Gespräch neue Informationen ergeben habe. Ich habe dies verneint und darauf hingewiesen, ich würde Staatssekretär Schüler alsbald nach meiner Rückkehr informieren. Dies ist gegen 19.00 Uhr geschehen.

3. Der Inhalt des Gesprächs

Das Gespräch drehte sich über weite Strecken um die politischen Ziele und Strategien der RAF in relativ allgemeiner Form. Aus meiner Sicht ergaben sich keine neuen Informationen. Die wesentlichen Aussagen lassen sich kurz zusammenfassen:

– Terrorismus im Sinne der jetzigen brutalen Aktionen gegen unbeteiligte Zivilisten hätten sie, die Häftlinge, nie gebilligt und billigten sie auch jetzt nicht. Die Bundesregierung müsse sich klar darüber sein, daß die jetzige 2. und 3. Generation der RAF die Brutalität weiter verschärfen werde. Die Palästinenser seien von den Ereignissen in Tel Zataar geprägt und die Japaner übten zur Zeit ohnehin nur brutalen Terror ohne eigentliches politisches Ziel aus. Es sei Unsinn, daran zu glauben, sie hätten Aktionen aus den Zellen heraus gesteuert.

– Den damaligen Anlaß für ihre eigenen Aktionen, die deutsche Unterstützung der Amerikaner im Vietnamkrieg, sehe er auch heute noch rückblickend als zwingenden Grund für diese Aktionen an. Allerdings habe seine Gruppe auch Fehler gemacht.

– Er warf die Frage auf – ohne näher darauf einzugehen –, wem die vom Staat verschuldete Eskalation des Terrors und der Brutalität nütze; vielleicht werde sie von manchen sogar gewünscht. Sie werde jedenfalls eine breite illegale Bewegung hervorrufen, die der RAF zur Macht verhelfe.
– Wären sie, die Häftlinge, schon früher freigelassen worden, hätten sie mit Sicherheit die jetzige brutale Entwicklung verhindern können. Jetzt sei es spät, vielleicht zu spät; er glaube aber doch, daß ihr ideologischer Einfluß auf die jetzigen Terroristen ausreiche, um sie von dem falschen Weg abzubringen. Allerdings seien ihnen die jetzt agierenden Leute kaum oder gar nicht persönlich bekannt.
– Nach ihrer Freilassung würden sie ihr Zusage, in der Bundesrepublik Deutschland keine Anschläge mehr zu verüben, selbstverständlich halten. Er betone nachdrücklich, daß sie natürlich auch im Ausland keine militärischen Aktionen, sondern nur zivile Operationen durchführen würden; zum Beispiel sei es für sie sehr wichtig, was im Zusammenhang mit den Auslieferungsverfahren Pohle in Griechenland politisch gelaufen sei. So etwas verstehe er unter einer zivilen Operation.
– Der Gedanke, daß Häftlinge in den Strafanstalten sterben könnten, wurde von ihm eher beiläufig erwähnt und gegenüber früheren Äußerungen, über die das Bundeskriminalamt berichtet hat, in keiner Weise konkretisiert.
– Ich wiederhole, daß seine gesamte Argumentation fast ausschließlich auf den Gedanken einer Freilassung fixiert war.
Ich habe mich weitestgehend rezeptiv verhalten und zu dem Gespräch im wesentlichen durch kurze ergänzende Fragen zu seinen Ausführungen beigetragen.
Abschließend versicherte ich ihm, ich würde Staatssekretär Schüler noch heute über das Gespräch berichten.«

Die Abschiedserklärung der Roten Armee Fraktion März 1998

Vor fast 28 Jahren, am 14. Mai 1970, entstand in einer Befreiungsaktion die RAF. Heute beenden wir dieses Projekt. Die Stadtguerilla in Form der RAF ist nun Geschichte. Wir, das sind alle, die bis zuletzt in der RAF organisiert gewesen sind. Wir tragen diesen Schritt gemeinsam. Ab jetzt sind wir – wie alle anderen aus diesem Zusammenhang – ehemalige Militante der RAF.

Wir stehen zu unserer Geschichte

Die RAF war der revolutionäre Versuch einer Minderheit – entgegen der Tendenz dieser Gesellschaft – zur Umwälzung der kapitalistischen Verhältnisse beizutragen. Wir sind froh, Teil dieses Versuchs gewesen zu sein.
Das Ende dieses Projekts zeigt, daß wir auf diesem Weg nicht durchkommen konnten. Aber es spricht nicht gegen die Notwendigkeit und Legitimation der Revolte. Die RAF ist unsere Entscheidung gewesen, uns auf die Seite derer zu stellen, die überall auf der Welt gegen Herrschaft und für Befreiung kämpfen. Für uns ist diese Entscheidung richtig gewesen.
Zusammengenommen Hunderte von Jahren Gefängnis gegen die Gefangenen aus der RAF haben uns ebensowenig auslöschen können wie alle Versuche, die Guerilla zu zerschlagen. Wir haben die Konfrontation gegen die Macht gewollt. Wir sind Subjekt gewesen, uns vor 27 Jahren für die RAF zu entscheiden. Wir sind Subjekt geblieben, sie heute in die Geschichte zu entlassen.
Das Ergebnis kritisiert uns. Aber die RAF – ebenso wie die gesamte bisherige Linke – ist nichts als ein Durchgangsstadium auf dem Weg zur Befreiung.
Nach Faschismus und Krieg hat die RAF etwas Neues in die Gesellschaft gebracht: das Moment des Bruchs mit dem System und das historische Aufblitzen von entschiedener Feindschaft gegen Verhältnisse, in denen Menschen strukturell unterworfen und ausgebeutet werden und die eine Gesellschaft hervorgebracht haben, in der sich die Menschen selbst gegeneinander stellen. Der Kampf im gesellschaftlichen Riß, den unsere Feindschaft markierte, griff einer wirklich gesellschaftlich werdenden Befreiung nur voraus: der Riß zwischen einem System – in dem der Profit das Subjekt, der Mensch das Objekt ist – und der Sehnsucht nach einem Leben ohne den Lug und Trug dieser sich sinnentleerenden Gesellschaft. Die Schnauze voll vom Buckeln, Funktionieren, Treten und Getretenwerden. Von der Ablehnung zum Angriff, zur Befreiung.

Die RAF entstand aus der Hoffnung auf Befreiung

Mit dem Mut im Rücken, der von den Guerillas des Südens bis in die reichen Länder des Nordens ausstrahlte, entstand am Anfang der siebziger Jahre die RAF, um aus der Solidarität mit den Befreiungsbewegungen einen gemeinsamen Kampf aufzunehmen. Millionen entdeckten in den Kämpfen des Widerstands und der Befreiung rund um den Globus auch eine Chance für sich selbst. Der bewaffnete Kampf war in vielen Teilen der Welt die Hoffnung auf Befreiung. Auch in der BRD sind es Zehntausende gewesen, die mit dem Kampf der militanten Organisationen des 2. Juni, der RZ, der RAF und später

der Roten Zora solidarisch waren. Die RAF entstand als Konsequenz aus den Diskussionen Tausender, die sich in der BRD am Ende der sechziger und den beginnenden siebziger Jahren mit dem bewaffneten Kampf als Weg zur Befreiung auseinandersetzten.
Die RAF nahm den Kampf gegen einen Staat auf, der nach der Befreiung vom Nazi-Faschismus mit seiner nationalsozialistischen Vergangenheit nicht gebrochen hatte.
Der bewaffnete Kampf war die Rebellion gegen eine autoritäre Gesellschaftsform, gegen Vereinzelung und Konkurrenz. Er war die Rebellion für eine andere soziale und kulturelle Realität. Im Aufwind der weltweiten Befreiungsversuche war die Zeit reif für einen entschiedenen Kampf, der die pseudonatürliche Legitimation des Systems nicht mehr akzeptiert und dessen Überwindung ernsthaft wollte.

1975-77
Mit der Besetzung der deutschen Botschaft 1975 in Stockholm begann eine Etappe, in der die RAF alles einsetzte, um ihre Gefangenen aus den Knästen zu befreien.
Es kam die Offensive 1977, in deren Verlauf die RAF Schleyer entführte. Die RAF stellte die Machtfrage. Es begann ein radikaler und entschiedener Versuch, gegen die Macht eine offensive Position für die revolutionäre Linke durchzusetzen. Der Staat wollte genau das verhindern. Das Explosive – die Eskalation dieser Auseinandersetzung – kam aber auch aus dem Hintergrund der deutschen Geschichte: der Kontinuität des Nazi-Nachfolgestaates, auf die die RAF mit der Offensive traf.
Schleyer, während des Naziregimes Mitglied der SS, war wie viele Nazis aller gesellschaftlicher Ebenen, wieder in Amt und Würden gekommen. Karrieren, die von den Nazis bis in die Regierungsämter der BRD, die Justiz, in den Polizeiapparat, in die Bundeswehr, die Medien und in die Konzernspitzen führten. Die Antisemiten, Rassisten und Völkermörder waren nicht selten die alten Täter und neuen Mächtigen.
Schleyer arbeitete im Geflecht der Nazis und des Kapitals an der Errichtung des europäischen Wirtschaftsraumes unter deutscher Vorherrschaft. Die Nazis wollten ein Europa, in dem es weder Kämpfe zwischen den IndustriearbeiterInnen und dem Kapital noch überhaupt Widerstand gegen ihr System geben sollte. Sie wollten die Aufhebung des Klassenkampfes, in dem sie die einen, die deutsch oder »germanisierbar« und als ArbeiterInnen nutzbar waren, in der »Volksgemeinschaft« einzubinden versuchten. Die anderen wurden in der Zwangsarbeit versklavt oder in den Konzentrationslagern systematisch vernichtet.
Mit der Befreiung vom Nazi-Faschismus und dem Ende der industriellen Vernichtung von Menschen durch die Nazis kam nicht die Befreiung vom Kapitalismus. Schleyer arbeitete nach '45 an denselben ökonomischen Zielen – in der modernisierten Form. Ein Modernisierungsschub kam mit dem sozialdemokratischen Modell der siebziger Jahre. Als Chef der Industrie war Schleyer immer noch im Aufbau eines Systems der Eindämmung sozialen Widerstands ge-

gen die Bedingungen des Kapitals – z.B. durch Aussperrung – und der Einbindung durch tarifvertraglich ausgehandelte soziale Absicherung tätig. Und es ging auch jetzt um die Einbindung vor allem des deutschen Teils der Gesellschaft, die das Kapital zur verschärften Ausbeutung der ArbeitsimmigrantInnen und im Weltmaßstab zur Beherrschung und Auspressung der Menschen im Süden befähigte, was dort massenhafte Vernichtung durch Hunger bedeutete.
Die Kontinuität des Systems, die Schleyer verkörperte – in den siebziger Jahren während der Periode des sozialdemokratischen Modells – ist ein wesentliches Moment des Aufbaus und der Entwicklung der BRD.
Der absolute Zwang zur Zustimmung zu allen Maßnahmen des Krisenstabes und die Verfolgung jeder kritischen Stimme bis zum Versuch, den politischen Gegner auszulöschen – das waren die gleichen Reaktionsmuster, in denen schon die Nazis handelten.
Die Aktionen der Offensive 1977 machten deutlich, daß es in der Gesellschaft Orte gibt, die in keiner Weise vom System einzubinden und kontrollierbar sind. Nach der Ausmerzung des Widerstandes durch die Nazis, ist mit den Aktionen der Stadtguerillagruppen nach ’68 ein von der Macht nicht mehr zu integrierendes Moment des Klassenkampfes in das postfaschistische Westdeutschland zurückgekehrt. Die Entführung Schleyers spitzte diesen Aspekt des Kampfes wesentlich zu. Der Staat antwortete keineswegs panisch, wie es heute oft gesagt wird. Er reagierte mit der Unterdrückung aller Äußerungen, die die Maßnahmen des Staates im Ausnahmezustand nicht voll unterstützten. Der Staat forderte die Unterordnung der gesamten Medien unter die Linie des Krisenstabs, woran diese sich zum größten Teil freiwillig hielten. Allen, die sich dem nicht unterordneten, drohte die Konfrontation mit dem System. Intellektuelle, von denen jede/r wissen konnte, daß sie nicht mit der RAF sympathisierten, aber dem staatlich verhängten Ausnahmezustand widersprachen, waren vor Hetze und Repression nicht mehr sicher. Die zum Teil wehrmachtserfahrenen Mitglieder des Krisenstabs reagierten ’77 im selben Muster, wie es auch die Nazis – wenn auch in weitaus barbarischerem Ausmaß – getan hatten, um antikapitalistische und antifaschistische Kämpfe nicht aufkommen zu lassen oder auszumerzen. Im NS-Faschismus wie auch 1977 zielte die staatliche Politik darauf ab, in der Gesellschaft keinen Raum mehr zwischen gehorchender Loyalität zum Staat im Ausnahmezustand auf der einen und Repression auf der anderen Seite zu lassen.
Nachdem sich immer deutlicher zeigte, daß der Staat Schleyer fallen lassen würde, kam es durch die Zustimmung der RAF für die Entführung eines zivilen Flugzeugs innerhalb der eigenen Offensive zu einer Guerilla-Aktion, die nur so verstanden werden konnte, als würde die RAF nicht mehr zwischen oben und unten in dieser Gesellschaft unterscheiden. Damit war im berechtigten Versuch, die Gefangenen aus der Folter zu befreien, die sozialrevolutionäre Dimension des Kampfes nicht mehr identifizierbar. Aus dem Bruch mit dem System und der Ablehnung der Verhältnisse in dieser Gesellschaft – was die Bedingung für jede revolutionäre Bewegung ist – war der Bruch mit der Gesellschaft geworden.

Von den siebziger zu den achtziger Jahren

Die RAF hatte alles in die Waagschale geworfen und eine große Niederlage erlitten. Im Kampfprozeß bis zum Ende der siebziger Jahre hatte sich herausgestellt, daß die RAF aus dem 68er Aufbruch mit nur wenigen anderen übrig geblieben war. Viele aus der 68er Bewegung hatten sich zurückgezogen und nutzten ihre Chancen zur Karriere im System.

Die RAF hatte als Teil der weltweiten antiimperialistischen Kämpfe den Befreiungskrieg in der Bundesrepublik aufgenommen. 1977 zeigte sich, daß sie weder die politische noch die militärische Kraft hatte, um die Situation auch nach der hervorgerufenen Reaktion – dem inneren Krieg – noch bestimmen zu können.

Es war berechtigt, die historische Situation am Anfang der siebziger Jahre zu nutzen und ein neues und in der Metropole unbekanntes Kapitel in der Auseinandersetzung zwischen Imperialismus und Befreiung aufzuschlagen. Die Erfahrung der Niederlage von 1977 zeigte die Grenzen des alten Konzepts Stadtguerilla der RAF auf. Es konnte nur um ein neues Befreiungskonzept gehen.

Die Frontkonzeption der achtziger Jahre war der Versuch, dies zu erreichen. Die RAF wollte neue Verbindungen und die Grundlage für einen gemeinsamen Kampf mit radikalen Teilen der seit Ende der siebziger Jahre entstandenen Widerstandsbewegungen schaffen. Doch das Front-Konzept hielt im wesentlichen an den Grundzügen des alten Projektes aus den siebziger Jahren fest. Die bewaffnete Aktion blieb das zentrale und bestimmende Moment des gesamten als Befreiungskrieg bestimmten revolutionären Prozesses.

Die antiimperialistische Front der achtziger Jahre

Am Anfang der achtziger Jahre gab es viele Kämpfe, die sich gegen menschenfeindliche Projekte des Systems richteten, aber auch Ausdruck der Suche nach freien Lebensformen waren. Ein sozialer Aufbruch, der bereits im Jetzt nach dem Anfang einer anderen gesellschaftlichen Wirklichkeit suchte.

Tausende aus den verschiedenen Bewegungen gingen in den Achtzigern gegen das auf die Straße, was auch die RAF seit '79 angreifen wollte: die Militarisierung der Politik der NATO-Staaten, die dem Westen »anderthalb« Kriege gleichzeitig ermöglichen sollte – Krieg gegen die Sowjetunion und gleichzeitig die Kriegsinterventionen gegen Befreiungsbewegungen und Revolutionen wie in Nicaragua, die einen Schritt der Befreiung von den westlichen Diktaturen erkämpft hatten.

Die RAF ging davon aus, daß sie in dieser neuen Etappe nicht alleine bleiben würde. Das Konzept war von der Hoffnung getragen, daß sich militante Teile der verschiedenen Bewegungen in die gemeinsame Front stellen würden. Doch dieses Konzept enthielt keinen Ansatz, der damit umging, daß in dieser gesellschaftlichen Situation nur die wenigsten einen Sinn des Befreiungskampfes auf dem Niveau des Krieges sahen. Der Befreiungskampf, dessen zentrales Moment das des Krieges ist, macht nur Sinn, wenn es eine Chance gibt, daß Kräfte in der Gesellschaft bereit sind, ihn aufzunehmen; wenn es eine Chance gibt, daß er sich ausweitet – und wenn es wenigstens auf den radikaleren Teil der Bewegungen ist.

Aber selbst die, die solidarisch waren – und das waren nicht wenige – haben den Kampf mit dieser Vorstellung nicht aufgenommen. Der Guerillakrieg braucht die Perspektive auf die Ausweitung auf eine neue Ebene des Kampfes. Diese für den Kampf der Guerilla existentielle Entwicklung haben wir nie erreichen können.
Die Vorstellung der RAF, die die bewaffnete Aktion zum Mittelpunkt des Kampfes bestimmte, unterbewertete die politischen und gegenkulturellen Prozesse außerhalb des politisch-militärischen Kampfes. Die Überwindung dieser strategischen Richtung, die in der Grundstruktur nicht über das Konzept der siebziger Jahre hinauskam, wäre die Vorraussetzung für ein neues revolutionäres Projekt gewesen. Die Front konnte das neue Befreiungsprojekt, das die Trennungen zwischen den Bewegungen und der Guerilla aufhob, nicht sein.
Die RAF ging in den achtziger Jahren davon aus, daß der sozialrevolutionäre Ansatz im Angriff auf die zentralen Machtstrukturen des Imperialismus enthalten sei. Mit dieser Vorstellung wurde die Politik immer abstrakter. Sie führte zur Aufspaltung von dem, was zusammengehört: Antiimperialismus und soziale Revolution. Der sozialrevolutionäre Ansatz verschwand aus Theorie und Praxis der RAF. Die auf die antiimperialistische Linie beschränkte Orientierung der antiimperialistischen Front war die Konsequenz. Die RAF ist an der sozialen Frage nicht identifizierbar gewesen. Ein Grundfehler.
Die Subsumierung jedes sozialen und politischen Inhalts unter den antiimperialistischen Angriff gegen das »Gesamtsystem« produzierte falsche Trennungen statt eines Prozesses der Einheit; und sie führte zu einer Unidentifizierbarkeit an konkreten Fragen und Inhalten des Kampfes.
Die Wirkung in die Gesellschaft blieb begrenzt, denn die Vorstellung durchzukommen, indem gesellschaftliches Bewußtsein geschaffen wird und so der Konsens zwischen Staat und Gesellschaft aufgebrochen werden kann – ein zentrales Moment jedes revolutionären Prozesses – verschwand zunehmend. Statt dessen versuchte die RAF, durch die Schärfe des Angriffs das Herrschaftsgefüge des Staates zu zerrütten. Die Priorität verschob sich zu Gunsten des militärischen Moments. Diese Gewichtung im Kampfprozeß blieb durch die ganzen achtziger Jahre hindurch erhalten und prägte unseren Kampf.
Wir führten Angriffe gegen Projekte der NATO und mit anderen Guerillagruppen Westeuropas zusammen gegen den militärisch-industriellen Komplex des Kapitals durch; es gab den Versuch von Action Directe aus Frankreich, Brigate Rosse / PCC aus Italien und uns, eine westeuropäische Guerillafront aufzubauen.
Die RAF konzentrierte sich darauf, die Angriffe – soweit es die Kräfte zuließen – gegen Nato-Projekte und seit '84 gegen die Formierung der westeuropäischen Staaten zu einem neuen Machtblock zu forcieren. Es wurde die Konzentration auf die eigene geringe Kraft und die derjenigen Militanten, die sich eng an der RAF orientierten.
Aus dem Versuch, mit anderen Gruppen des Widerstands zusammen eine gemeinsame Front aufzubauen, wurde diese mehr ein Korsett denn eine bereichernde Erweiterung. Die Front mußte wohl auch deshalb wieder auseinan-

derbrechen, weil zu viel Energie davon aufgesogen wurde, die »richtige« Linie zu halten. In dieser Enge konnte keine politische Dynamik entfaltet werden. Statt eines neuen Horizonts, der sich in der Vielfalt des Widerstandes am Anfang der achtziger Jahre noch zu eröffnen schien, schnürten Starre und Enge die Politik im Laufe des Jahrzehnts zunehmend ein.
Es bestand eine große Diskrepanz zwischen der Bereitschaft der Militanten der RAF, in der Konfrontation alles zu geben und der gleichzeitigen Zaghaftigkeit, neue Ideen für den Befreiungsprozeß zu suchen. In dieser Hinsicht wurde wenig riskiert.
In dieser Zeit – das Konzept der achtziger Jahre war wenige Jahre alt – gab es auch eine Entwicklung auf unserer Seite, die von einer manchmal mit demonstrativ kalter Konsequenz betriebenen Politik geprägt war, die dann tatsächlich nicht mehr war als »Politik-Machen« – zu weit entfernt von allem, was Befreiung ist.
Es war dennoch eine Zeit, in der die RAF und die Gefangenen aus der RAF durch alle Härten und Niederlagen hindurch mit ihrer Entschiedenheit zeigten, daß sie im Gang der Geschichte unkorrumpierbar geblieben waren und darauf bestanden, die Verhältnisse gegen den Willen der Macht verändern zu wollen. Das machte auch anderen Hoffnung und zog viele an, denn der Kampf um Kollektivität und Zusammenhalt stand gegen die Vereinzelung und Einsamkeit in der Gesellschaft. Im Kampf der Gefangenen gegen die Isolation und für ihr Zusammensein, in ihrem Kampf für Würde und Freiheit, war etwas enthalten, wonach sich auch viele andere sehnten, und womit sich viele identifizieren konnten. Die Konsequenz und Kompromißlosigkeit der RAF und der Gefangenen gegen die Macht stand gegen jeden Versuch der Herrschenden, die Kämpfe für ein anderes Leben niederzumachen.

Wir, die wir uns zum großen Teil erst spät in der RAF organisierten, ...
... sind in der Hoffnung hierhergekommen, unseren Kampf in den sich verändernden Bedingungen nach den weltweiten Umbrüchen neu einbringen zu können. Wir suchten nach Veränderungen für den Befreiungskampf, nach einem neuen Weg, auf dem wir uns mit anderen würden verbinden können. Und wir meinten, in denen etwas wiederzuerkennen, die diesen Kampf vor uns aufgenommen hatten, gestorben sind oder in den Knästen waren.
Auf uns hatte der Kampf in der Illegalität eine große Anziehungskraft gehabt. Wir wollten unsere Grenzen durchbrechen und frei sein von allem, was uns im System hält.
Der bewaffnete Kampf in der Illegalität war für uns nicht mehr das einzig Mögliche und Notwendige des Befreiungsprozesses. Trotzdem wollten wir gerade angesichts der Krise der Linken überall auf der Welt die Stadtguerilla als Möglichkeit und die Illegalität als ein Terrain des Befreiungsprozesses weiterentwickeln. Aber wir sahen damals, daß das allein nicht ausreichen würde. Auch die Guerilla würde sich verändern müssen.
Unsere Hoffnung war eine neue Verbindung der Guerilla und anderer Orte des Widerstands in der Gesellschaft. Dafür suchten wir nach einem neuen Ent-

wurf, in dem die Kämpfe von den Stadtteilen bis zur Guerilla würden zusammenstehen können.
Es war uns wichtig, nach dem Zusammenbruch der DDR unseren Kampf in ein Verhältnis zur neuentstandenen gesellschaftlichen Situation zu bringen. Wir wollten unsere Schritte in Beziehung zu allen denen setzen, deren Träume mit dem Ende der DDR und ihrer Übernahme in die BRD untergegangen waren. Sei es, weil sie erkennen mußten, daß der Realsozialismus nicht wirklich Befreiung geschaffen hatte. Oder andere, die manchmal schon zu Zeiten der DDR in Opposition zum Realsozialismus waren, und davon geträumt hatten, etwas jenseits von Realsozialismus und Kapitalismus erreichen zu können.
Die meisten von denen, die in der DDR gelebt hatten und 1989 den Anschluß an die BRD gefordert hatten, erahnten die neue depressive gesellschaftliche Situation, die sie mit hervorgerufen hatten, und den massenweisen Entzug sozialer Sicherheiten damals noch nicht. Wir wollten in dieser für alle unbekannten historischen Situation zwischen denen, die in der Konfrontation mit dem BRD-Staat um Befreiung kämpften und anderen, die in der damals nicht mehr existierenden DDR mit der rassistischen und insgesamt reaktionären Entwicklung längst unglücklich waren, einen Bezug herstellen. Wir wollten das Feld weder der Resignation noch der Rechten überlassen.
Später sahen wir, daß der Dimension des Umbruchs nur ein neues und internationalistisches Befreiungsprojekt gerecht werden kann, dem die neue Realität aus Ost und West zu Grunde liegt. Die RAF mit der Verwurzelung allein in der Widerstandsgeschichte der alten BRD konnte dem nicht gerecht werden.
Der Versuch, die RAF noch in den Neunzigern neu einzubinden, war ein unrealistisches Vorhaben.
Wir wollten eine Transformation der aus der 68er Bewegung entstandenen Konzeption zu einem neuen sozialrevolutionären und internationalistischen Konzept der Neunziger. Es war eine Zeit, in der wir nach Neuem suchten, aber – behaftet von den Dogmen der vorangegangenen Jahre – nicht radikal genug über das Alte hinausgingen.
Und so machten wir den Fehler, den alle von uns nach '77 machten: Wir überschätzten das Halten der Kontinuität unserer Konzeption für den Kampf. Aber grundsätzlich besteht die Gefahr, den bewaffneten Kampf zu diskreditieren, wenn er aufrechterhalten wird, ohne daß geklärt ist, wie er den revolutionären Prozeß spürbar voranbringt und zur Stärkung des Befreiungskampfes führt. Damit verantwortlich umzugehen, ist wichtig, denn sonst ist der bewaffnete Kampf nachhaltig diskreditiert – auch für eine andere Situation, in der er wieder gebraucht wird.
Die Krise, in der die Linke der achtziger Jahre an ihre Grenzen kam und sich bereits in Auflösung befand, machte unseren Versuch, die RAF in ein neues Projekt einzubinden, zu einer unrealistischen Sache.
Wir waren viel zu spät – auch dafür, um die RAF nach einem Prozeß der Reflektion zu transformieren.
Kritik und Selbstkritik haben ja nicht das Ziel, etwas zu beenden, sondern etwas weiterzuentwickeln. Das Ende der RAF ist letztlich keine Folge unseres

Prozesses der (Selbst-)Kritik und Reflektion, sondern es ist notwendig, weil die Konzeption der RAF nicht das enthält, woraus jetzt etwas Neues entstehen kann.

Wenn wir diesen Abschnitt unserer Geschichte heute in den gesamten historischen Prozeß einordnen, dann ist aus diesem Versuch, die RAF wieder in einen stärkeren politischen Prozeß zurückzubringen, in erster Linie die Verlängerung von etwas geworden, was sich längst die Perspektive eines abgeschlossenen Projektes verdient hatte.

Wir mußten erkennen, daß aus dem alten Aufbruch vor allem die Kampfform geblieben war. Ein neuer Sinn, der eine Perspektive jenseits von Arbeitsgesellschaft und menschenfeindlicher, profitorientierter Ökonomie eröffnet, der dann die Grundlage des Befreiungskampfes der Zukunft sein kann und viele wird zusammenbringen können, existierte faßbar noch nicht.

Nach unserer Niederlage von 1993 wußten wir, daß wir nicht alles einfach genauso weitermachen können, wie wir es mit dem Einschnitt in unserem Kampf 1992 begonnen hatten. Wir waren uns sicher, daß wir unsere Ziele richtig bestimmt, jedoch schwere taktische Fehler gemacht hatten. Wir wollten noch einmal mit denen, die noch in den Knästen waren, alles zusammen durchdenken und gemeinsam eine neue Etappe beginnen.

Doch am Ende zeigte sich in der für uns schmerzlichen Spaltung eines Teils der Gefangenen von uns, in der wir zu Feinden erklärt waren, daß die Entstehungsbedingungen der RAF – Solidarität und Kampf um Kollektivität – bereits vollständig verraucht waren.

Unser Prozeß der eigenen Befreiung ...

... ist uns wichtig gewesen und dennoch immer wieder stagniert. Wir wollten Kollektivität genauso wie die gemeinsame Überwindung jeglicher Entfremdung. Aber der Widerspruch zwischen Krieg und Befreiung ist bei uns oft verdrängt und weggeredet worden. Auch der revolutionäre Krieg produziert Entfremdungen und Autoritätsstrukturen, was Befreiung widerspricht. Damit umzugehen, so daß es sich nicht als Struktur festsetzt, ist nur möglich, wenn es ein Bewußtsein darüber gibt. Ansonsten verselbständigen sich neue Autoritätsstrukturen und Verhärtungen – sowohl in der Politik als auch in den Verhältnissen. Das zeigte sich unter anderem in den oft wechselseitig hierarchischen Strukturen der Front der achtziger Jahre und in den autoritären Zügen der Spaltung des Jahres '93. Und es zeigt sich in der Rückkehr zur Verbürgerlichung der Wahrnehmung und des Denkens, was in der Geschichte der RAF dahin führte, daß zu viele, die hier kämpften, die Berechtigung des gesamten Aufbruchs nicht mehr sehen können.

Es war ein strategischer Fehler, neben der illegalen, bewaffneten keine politisch-soziale Organisation aufzubauen.

In keiner Phase unserer Geschichte ist eine über den politisch-militärischen Kampf hinausgehende politische Organisierung verwirklicht worden. Das Konzept der RAF kannte letztlich nur den bewaffneten Kampf – mit dem politisch-militärischen Angriff im Zentrum.

In den grundlegenden Erklärungen der RAF bis Mitte der siebziger Jahre war diese wichtige Frage noch nicht geklärt, was kaum anders hätte sein können. Es gab in der Metropole kaum und in der BRD überhaupt keine Erfahrungen mit der Stadtguerilla. Es war notwendig, vieles erst herauszufinden und sich praktisch als richtig oder falsch erweisen zu lassen. Trotzdem gab es eine Richtung an der entscheidenden Frage, ob das Befreiungsprojekt von einer illegalen Organisation für den bewaffneten Kampf ausgefüllt werden kann – oder aber, ob der Aufbau der Guerilla Hand in Hand gehen muß mit dem Aufbau von politischen Strukturen, die in Basisprozessen wachsen können. Unsere gefangenen GenossInnen schrieben dazu im Januar 1976, daß der bewaffnete Kampf aus der Illegalität die einzige Möglichkeit zu praktisch-kritischer Tätigkeit im Imperialismus sei.*

Auch das Konzept vom Mai 1982 hielt trotz aller Widersprüchlichkeiten und obwohl es ein Versuch war, einen neuen politischen Zusammenhang mit anderen zu finden, an dieser fehlerhaften Vorstellung fest. Denn auch dieses Konzept brach nicht mit der Zentralität des bewaffneten Kampfes in der Metropole. Die politischen Aktivitäten, die aus dem Frontprozeß kamen, erstreckten sich meist auf die Vermittlung des Angriffs innerhalb der Strukturen der radikalen Linken.

Das Ausbleiben einer politischen Organisierung über mehr als zwanzig Jahre hinweg hatte zu jeder Zeit einen insgesamt schwachen politischen Prozeß zum Ergebnis. Die Überschätzung der Wirkung politisch-militärischer Aktionen in der Metropole der letzten Jahrzehnte ist für dieses Konzept Vorraussetzung gewesen.

Die RAF setzte ihre Strategie des bewaffneten Kampfes in den verschiedenen Phasen unterschiedlich um und kam dabei zu keinem Zeitpunkt in das Stadium, in dem der militante Angriff dahin kommt, wo er hingehört: zur taktischen Option einer umfassenden Befreiungsstrategie.

Diese Schwäche hat auch dazu beigetragen, daß unsere Organisation am Ende der über mehr als zwei jahrzehntelangen Etappe nicht mehr transformiert werden konnte. Die Voraussetzungen, um den Schwerpunkt des Kampfes auf die politische Ebene zu heben – wie wir es 1992 wollten – waren nicht vorhanden. Aber das war letztlich auch nur eine Folge des zu Grunde liegenden strategischen Fehlers.

Die ausbleibende politisch-soziale Organisierung ist ein entscheidender Fehler der RAF gewesen. Es ist nicht der einzige, aber ein wichtiger Grund, weshalb die RAF kein stärkeres Befreiungsprojekt aufbauen konnte und letztlich die entscheidende Vorraussetzung fehlte, im Aufbau einer nach Befreiung suchenden und kämpfenden Gegenbewegung einen stärkeren Einfluß auf die gesellschaftliche Entwicklung zu nehmen. Fehler des Konzepts wie dieser, der die RAF in ihrer gesamten Zeit begleitete, zeigen, daß das Konzept der RAF in den Befreiungsprozessen der Zukunft keine Gültigkeit mehr haben kann.

* Gemeint ist die von Andreas Baader, Gudrun Ensslin, Jan Carl Raspe und Ulrike Meinhof im Stammheim-Prozeß vorgetragene »Erklärung zur Sache«.

Das Ende der RAF fällt in eine Zeit, in der die ganze Welt mit den Folgen des Neoliberalismus konfrontiert ist.
Der internationale Kampf gegen Vertreibung, gegen Ausgrenzung und für eine gerechte und grundsätzlich andere soziale Realität steht gegen die gesamte Entwicklung des Kapitalismus.
Die globalen und innergesellschaftlichen Verhältnisse verschärfen sich in der Turbulenz der historischen Entwicklung nach dem Ende des Realsozialismus immer weiter. Trotzdem besteht kein Widerspruch, unser Projekt zu beenden und weiterhin die Notwendigkeit zu sehen, daß alles getan werden muß, was sinnvoll und möglich ist, damit eine Welt jenseits des Kapitalismus entstehen kann, in der die Emanzipation der Menschheit Wirklichkeit werden kann.
Angesichts der verheerenden Folgen des Zusammenbruchs des Realsozialismus weltweit und der Massenverarmung für Millionen Menschen in der ehemaligen Sowjetunion ist es zu wenig, heute allein von Chancen zu reden, die sich aus dem Ende des Realsozialismus ergeben. Trotzdem sehen wir, daß wirkliche Befreiung im realsozialistischen Modell nicht möglich war. Aus den antiemanzipatorischen Erfahrungen mit den autoritären und staatsbürokratischen Konzepten des Realsozialismus sind die Konsequenzen für die zukünftigen Wege der Befreiung noch zu ziehen.
Mit dem Zusammenbruch des Realsozialismus ist die Systemkonkurrenz weggefallen, womit für die Akteure des kapitalistischen Systems auch die Notwendigkeit entfallen ist, ihr System als das »bessere« erscheinen zu lassen. Mit dem Wegfall dieses ideologischen Kapital-Hemmnisses ist ein Prozeß der globalen Entfesselung des Kapitals eingetreten: die ganze Menschheit soll den Kapitalbedürfnissen unterworfen werden. Der Neoliberalismus ist die ideologische und ökonomische Grundlage, für einen weltweiten Optimierungsschub der Verwertung von Mensch und Natur für das Kapital. Die Systemvertreter nennen das »Reformschub« oder »Modernisierung«.
Es ist mehr als deutlich, daß die gegenwärtige Entwicklungsstufe des Systems für den überwältigenden Teil der Menschheit weitere soziale und existenzielle Härten bringt. Für die Mehrheit auf der Welt bedeutet Neoliberalismus eine neue Dimension der Bedrohung ihres Lebens.
Im Kampf um politische Hegemonie und ökonomische Macht halten nur die Ökonomien mit, deren Kapazitäten zunehmend zu Gunsten des blanken Profits der Konzerne und eines immer kleiner werdenden Teils der Gesellschaft aufgebracht werden. Die Rückwirkungen dieses Systemlaufs führen zu tiefgreifenden Veränderungen innerhalb der Gesellschaften. Und dazu, daß die zunehmende Verarmung und die daraus kommende Brutalisierung eine weitere Entfesselung von Krieg und Barbarei hervorbringt. Wenn es ihre ökonomischen und politischen Interessen berührt, werden die reichen Staaten jederzeit in solche Konflikte ihrerseits mit Krieg eingreifen, um weiterhin den »uneingeschränkten Zugriff auf die Rohstoffe« der Erde sicherzustellen und um ihren Machtanspruch durchzusetzen. Ihnen wird es nie um tatsächliche Lösungen für die Menschen gehen, sondern nur darum, die Zerstörung, die ihr System in Gang setzt, zu kontrollieren und Profite für wenige daraus abzuschöpfen.

Es ist kein Widerspruch, sondern entspricht vollkommen der Logik des Systems, daß wir in dieser Phase überall auf der Welt die Krisen der politischen Systeme und das Auseinanderbrechen der Gesellschaften bis hin zur Verarmung größerer Teile der bislang weitgehend von materiellem Elend verschont gebliebenen Metropolenmassen erleben, und gleichzeitig die transnationalen Konzerne mächtiger sind denn je und größere Gewinne abzocken als jemals zuvor.
Paradoxerweise scheint die erfolgreiche Gewinnmaximierung des Kapitals mit dem dadurch hervorgerufenen Zerfallsprozeß der Gesellschaften den Kapitalismus an seine Grenzen zu treiben. Mit dieser Entwicklung droht zunächst vor allem ein weiteres Voranschreiten der Barbarei. Aus der Eigendynamik der Systementwicklung wird sich dieser negative Prozeß immer weiter fortsetzen, bis es eine Befreiungsvorstellung gibt, aus der neue Kraft für die Überwindung des Systems entsteht. Aber auch heute gibt es nicht nur die Niederlagen der historischen Linken und die Gewalt der weltgesellschaftlichen Verhältnisse, sondern auch die Lunte der aufständischen Bewegungen, die von der Erfahrung der weltweiten Widerstandsgeschichte ausgehen können.
In dieser globalen Entwicklung setzt der Kapitalismus auch in den Metropolen immer weniger auf die Möglichkeit, sich dort die weitgehende Ruhe mit »Sozialstaatssystemen« zu erkaufen. Statt dessen werden immer größere Teile der Gesellschaft ausgegrenzt, die im Produktionsprozeß nicht mehr benötigt werden. »Weltmacht« und »Sozialstaat« passen nicht mehr unter einen Hut. An die Stelle der alten »Sozialstaaten« wird beispielsweise in Europa unter der politischen und ökonomischen Hegemonie der BRD und mit der BRD als rassistischem Frontstaat ein ganzer Kontinent zum Polizeistaat gemacht.
Polizei und Militär gegen die dem Elend, Krieg und Unterdrückung Entfliehenden. Abschiebungen in Krieg und Folter. Eine Gesellschaft voller Knäste. Rausschmiß aus den Konsumzentren von Obdachlosen, Jugendlichen und allen, die der Biederkeit von Stammtisch und Bourgeoisie widersprechen, durch Polizei und Sicherheitsdienste. Die Wiedereinführung geschlossener Heime als Kinder-Knäste. Der Versuch der totalen Kontrolle von Flüchtlingen durch Chipcards in naher und anderer sozialer Gruppen in weiterer Zukunft. Knüppel und Gewehr gegen die abzusehenden Revolten der an den Rand Gedrängten. Ausgrenzung, Verfolgung und Vertreibung. Und selbst die totale Bemächtigung des Menschen durch seine gentechnologische Produktion kann nicht mehr ausgeschlossen werden.
Auch Ausgrenzung und Verfolgung durch die soziale Abstumpfung innerhalb der Gesellschaft ist hier und anderswo alltäglich. Rassismus von unten bedroht das Leben von Millionen, was in Deutschland die mörderische Markanz der historischen Kontinuität dieser Gesellschaft in sich trägt. Ausgrenzung von Behinderten von oben und Aggression gegen sie von unten zeigen eine Gesellschaft in ihrer alltäglichen Brutalität. Nur der Effizienz des ökonomischen Systems nicht widersprechende Menschen sind gewollt und alles, was kapitalisierbar ist. Etwas anderes, was jenseits der kapitalistischen Gesellschaft liegt, soll keinen Platz haben. Die vielen, die hier nicht mehr leben können und es nicht mehr wollen –

und es sind viele, die ihrem Leben selbst ein Ende setzen – sprechen Tag für Tag von der Sinnleere im System und der Härte in der Gesellschaft.
Die Vermarktung des Menschen und die Gewalt in den Wohnstuben der Gesellschaft, auf ihren Straßen, ist die Gewalt der Unterdrückung, ist die soziale Kälte gegen den Anderen, die Andere, es ist die Gewalt gegen Frauen – das alles ist Ausdruck patriarchaler und rassistischer Verhältnisse.
Die RAF stand immer im Widerspruch zu den Bewußtseinsmentalitäten eines Großteils dieser Gesellschaft. Das ist ein notwendiges Moment des Befreiungsprozesses, denn nicht nur die Verhältnisse sind reaktionär, sondern die Verhältnisse produzieren das Reaktionäre in den Menschen, das ihre Fähigkeit zur Befreiung immer wieder neu unterdrückt. Ohne Zweifel ist es existenziell, Rassismus und jeglicher Form von Unterdrückung entschieden entgegenzutreten und sie zu bekämpfen. Befreiungsentwürfe der Zukunft werden sich aber auch daran messen lassen müssen, einen Schlüssel zu dem reaktionär eingeschlossenen Bewußtsein zu finden und das Bedürfnis nach Emanzipation und Befreiung zu wecken.
Die Realität der Welt zeigt heute, daß es besser gewesen wäre, der weltweite Aufbruch, aus dem auch die RAF kam, wäre durchgekommen.
Der weltweite Aufbruch, aus dem auch die RAF kam, ist nicht durchgekommen, was bedeutet, daß die zerstörerische und ungerechte Entwicklung bis jetzt noch nicht umgedreht werden konnte.
Schwerer als Fehler, die wir gemacht haben, wiegt für uns, daß wir noch keine ausreichenden Antworten auf diese Entwicklung sehen. Die RAF kommt aus dem Aufbruch der letzten Jahrzehnte, der die Entwicklung des Systems zwar nicht genau hat vorhersagen können, doch die Bedrohung, die in ihr liegt, erahnt hat. Wir wußten, daß dieses System weltweit immer weniger Menschen eine Möglichkeit für ein Leben in Würde lassen wird. Und wir wußten, daß dieses System den totalen Zugriff auf die Menschen will, so daß diese sich den Werten des Systems selbst unterwerfen und sie zu den eigenen machen. Aus dieser Ahnung kam unsere Radikalität. Für uns gab es mit diesem System nichts zu verlieren.
Unser Kampf – die Gewalt, mit der wir uns gegen die Verhältnisse stellten – hat eine schwierige, eine schwerwiegende Seite. Auch der Befreiungskrieg hat seine Schatten. Menschen in ihrer Funktion für das System anzugreifen, ist für alle Revolutionäre auf der Welt ein Widerspruch zu ihrem Denken und Fühlen – zu ihrer Vorstellung von Befreiung. Auch wenn es im Befreiungsprozeß Phasen gibt, in denen das als etwas Notwendiges gesehen wird, weil es diejenigen gibt, die die Ungerechtigkeit und die Unterdrückung wollen und die Macht, die sie oder andere haben, verteidigen. Revolutionare sehnen sich nach einer Welt, in der niemand darüber entscheidet, wer ein Recht auf Leben hat und wer es nicht hat. Trotzdem hat die Aufregung über unsere Gewalt auch irrationale Züge. Denn der tatsächliche Terror besteht im Normalzustand des ökonomischen Systems.
Die RAF ist die Antwort für die Befreiung noch nicht gewesen – vielleicht ein Aspekt von ihr.

Auch wenn heute noch so viele Fragen offen sind, sind wir uns sicher, daß aus der Befreiungsidee der Zukunft nur dann der Kern freier Verhältnisse entstehen kann, wenn sie die tatsächliche Vielfalt in sich trägt, an denen die Verhältnisse umgeworfen werden müssen. »Die richtige Linie«, die Aspekte des Lebens außer acht läßt, weil sie dafür nicht effizient zu sein scheinen, ist ebenso unbrauchbar wie die Suche nach dem revolutionären Subjekt. Das Befreiungsprojekt der Zukunft kennt viele Subjekte und eine Vielfalt von Aspekten und Inhalten, was mit Beliebigkeit nichts zu tun haben muß. Wir brauchen eine neue Vorstellung, in der die vielleicht unterschiedlichsten einzelnen oder soziale Gruppen Subjekte sein können, und die sie trotzdem zusammenbringt. Insofern kann das Befreiungsprojekt der Zukunft in keinem der alten Konzepte der BRD-Linken seit '68 – weder in dem der RAF noch in anderen – gefunden werden. Die Freude, ein umfassendes, ein antiautoritäres und dennoch verbindlich organisiertes Projekt der Befreiung aufzubauen, liegt noch unverbraucht und vor allem noch wenig versucht vor uns.

Wir sehen, daß es auch in diesem Teil der Welt überall diejenigen gibt, die versuchen, Wege aus der Sackgasse zu finden.

Uns machen auch die Hoffnung, die überall bis in die abgelegensten Winkel dieses Landes – wo die kulturelle Hegemonie der faschistischen Rechten heute keine Seltenheit ist – den Mut haben, sich gegen Rassismus und Neonazis zusammenzutun, sich und andere zu verteidigen und kämpfen.

Es ist notwendig zu sehen, daß wir uns in einer Sackgasse befinden, um Wege aus ihr heraus zu finden. Da kann es auch völlig richtig sein, etwas, was man theoretisch auch weiterführen könnte, loszulassen.

Unsere Entscheidung etwas zu beenden, ist Ausdruck der Suche nach neuen Antworten. Wir wissen, daß uns diese Suche mit vielen auf der ganzen Welt verbindet. Es wird noch viele Diskussionen geben, bis alle Erfahrungen zusammen ein realistisches und reflektiertes Bild der Geschichte ergeben.

Wir wollen Teil der gemeinsamen Befreiung sein. Wir wollen an unseren eigenen Prozessen etwas wiedererkennbar machen und von anderen lernen.

Auch das schließt alte Konzeptionen von Avantgarden, die die Kämpfe führen, aus. Wenn auch »Avantgarde« seit vielen Jahren nichts mehr mit unserem Verständnis vom Kampf zu tun hatte, so läßt die alte Konzeption der RAF die tatsächliche Aufhebung davon nicht zu. Auch deswegen können wir dieses Konzept loslassen.

Die Guerillas der Metropolen haben den Krieg, den die imperialistischen Staaten außerhalb der Zentren der Macht führen, in das Herz der Bestie zurückgetragen.

Trotz allem, was wir besser anders gemacht hätten, ist es grundsätzlich richtig gewesen, sich gegen die Verhältnisse in der BRD zu stellen und zu versuchen, die Kontinuitäten der deutschen Geschichte mit Widerstand zu durchkreuzen. Wir wollten dem revolutionären Kampf auch in der Metropole eine Chance eröffnen.

Die RAF hat auf einem gesellschaftlichen Terrain den Kampf aufgenommen und mehr als zwei Jahrzehnte zu entwickeln versucht, das historisch von wenig Widerstand und dem Ausbleiben einer Bewegung gegen den Faschismus dafür umsomehr von einer zu Faschismus und Barbarei loyalen Bevölkerung

geprägt war. Die Befreiung vom Faschismus mußte anders als in anderen Ländern von außen kommen. Einen selbstbestimmten Bruch »von unten« mit dem Faschismus gab es hier nicht. Es sind in diesem Land wenige gewesen, die sich gegen den Faschismus stellten; zu wenige, die die Spur der Menschlichkeit legten. Sie, die im jüdischen, im kommunistischen und in welchem antifaschistischen Widerstand auch immer kämpften, sind uns wichtig gewesen. Und das werden sie immer sein. Sie waren die wenigen Lichtblicke in der Geschichte dieses Landes, seitdem der Faschismus '33 begonnen hatte, alles Soziale in dieser Gesellschaft abzutöten.
Im Gegensatz zu ihnen hat der Trend dieser Gesellschaft so gut wie immer akzeptiert, was die Mächtigen sagen; die Autorität bestimmt, was legitim ist. In der sozialen Zerstörung dieser Gesellschaft, die eine Voraussetzung für den Völkermord der Nazis war, ist bis heute die Gleichgültigkeit gegen den/die andere/n ein wesentliches Moment.
Die RAF hat nach dem Nazi-Faschismus mit diesen deutschen Traditionen gebrochen und ihnen jegliche Zustimmung entzogen. Sie kam aus dem Aufbruch dagegen. Sie hat nicht nur diese nationalen und gesellschaftlichen Kontinuitäten abgelehnt, sondern an die Stelle dieser Negation einen internationalistischen Kampf gesetzt, dessen Praxis den deutschen Staat und die Herrschaftsverhältnisse in der Bundesrepublik ebenso ablehnte und angriff wie auch Militärstrukturen ihrer Nato-Verbündeten. Überall auf der Welt versuchte dieses Bündnis, in dessen Hierarchie der US-Staat die treibende Kraft und die unangefochtene Führung war, die sozialen Rebellionen und die Befreiungsbewegungen mit Militärs und Krieg niederzuschlagen. Die Guerillas der Metropolen haben den Krieg, den sie außerhalb der Zentren der Macht führten, in das Herz der Bestie zurückgetragen.
Wir haben gewalttätige Verhältnisse mit der Gewalt der Revolte beantwortet.
Es ist uns nicht möglich, auf eine glatte und fehlerlose Geschichte zurückzublicken.
Aber wir haben etwas versucht und dabei viele von den Herrschenden gesetzte und von der bürgerlichen Gesellschaft verinnerlichten Grenzen überschritten.
Die RAF konnte keinen Weg zur Befreiung aufzeigen. Aber sie hat mehr als zwei Jahrzehnte dazu beigetragen, daß es den Gedanken an Befreiung heute gibt. Die Systemfrage zu stellen, war und ist legitim, solange es Herrschaft und Unterdrückung an Stelle von Freiheit, Emanzipation und Würde für alle auf der Welt gibt.
Aus dem Kampf der RAF sind immer noch neun frühere Militante im Gefängnis. Wenn auch der Kampf um Befreiung noch lange nicht vorbei ist, so ist diese Auseinandersetzung historisch geworden. Wir unterstützen alle Bemühungen, die dazu führen, daß die Gefangenen aus dieser Auseinandersetzung aufrecht aus dem Knast rauskommen.
Wir möchten in diesem Moment unserer Geschichte alle grüßen und ihnen danken, von denen wir auf dem Weg der letzten 28 Jahre Solidarität bekommen haben, die uns in verschiedenster Weise unterstützt haben, und die von ihrer Grundlage aus mit uns zusammen gekämpft haben. Die RAF hat ent-

schieden zum Kampf um Befreiung beitragen wollen. Diese revolutionäre Intervention in diesem Land und in dieser Geschichte hätte es nie geben können, wenn nicht viele, die sich nicht selbst in der RAF organisierten, etwas von sich in diesen Kampf gegeben hätten.
Hinter uns allen liegt ein gemeinsamer Weg. Wir wünschen uns, daß wir uns alle auf den unbekannten und verschlungenen Pfaden der Befreiung zusammen mit vielen anderen wiederfinden.
Wir denken an alle, die überall auf der Welt im Kampf gegen Herrschaft und für Befreiung gestorben sind. Die Ziele, für die sie sich einsetzten, sind die Ziele von heute und morgen – bis alle Verhältnisse umgeworfen sind, in denen der Mensch ein erniedrigtes, ein geknechtetes, ein verlassenes, ein verächtliches Wesen ist. Ihr Tod ist schmerzlich, aber niemals umsonst. Sie leben in den Kämpfen und der Befreiung der Zukunft weiter.
Wir werden die GenossInnen der palästinensischen Befreiungsfront PFLP nie vergessen, die im Herbst 1977 in internationaler Solidarität beim Versuch, die politischen Gefangenen zu befreien, ihr Leben ließen.*
Wir wollen heute besonders an alle erinnern, die sich hier dafür entschieden, im bewaffneten Kampf alles zu geben und in ihm gestorben sind.
Unsere Erinnerung und unsere ganze Achtung gilt denen, deren Namen wir nicht nennen können, weil wir sie nicht kennen, und
Petra Schelm, Georg von Rauch, Thomas Weißbecker, Holger Meins, Katharina Hammerschmidt,** Ulrich Wessel, Siegfried Hausner, Werner Sauber,*** Brigitte Kuhlmann, Wilfried Böse,**** Ulrike Meinhof, Jan-Carl Raspe, Gud-

* Gemeint sind die Mitglieder des Kommandos »Martyr Halimeh«, die am 13. Oktober 1977 eine Lufthansa-Maschine mit Mallorca-Urlaubern nach Mogadischu entführten. Die GSG 9 stürmte die Maschine, die Geiseln wurden befreit und drei der Flugzeugentführer erschossen.

** Katharina Hammerschmidt stellte sich am 29. Juni 1972 auf Anraten ihres Rechtsanwaltes Otto Schily der Polizei und wurde inhaftiert. Im Verlauf ihres Verfahrens entwickelte sich bei ihr ein bösartiger Hirntumor, den die Ärzte im Haftkrankenhaus trotz der Proteste der Verteidiger nicht eingehend behandeln. 1974 wird Katharina Hammerschmidt endlich wegen ihrer Krebserkrankung entlassen, die nun allerdings weit fortgeschritten war. Zweieinhalb Jahre später starb sie in einem Berliner Krankenhaus.

*** Werner Sauber wurde wegen der Entführung des CDU Politikers Peter Lorenz durch die Bewegung 2. Juni gesucht und arbeitete unter falschem Namen bei Klöckner-Humboldt-Deutz; er wurde am 9. Mai 1975 auf einem Parkplatz in Köln bei einem Schußwechsel mit der Polizei getötet.

**** Kuhlmann und Böse stammten aus der Frankfurter Sponti-Szene und waren RZ-Mitglieder; sie waren beteiligt an der Entführung einer Passagiermaschine der Air France nach Entebbe. Die Flugzeugentführung hatte zum Ziel, 53 Gefangene aus Gefängnissen in Israel, der BRD, der Schweiz und Frankreich zu erzwingen. Ob die Passagiere nach Pässen oder nach dem Kriterium »Jude« selektiert wurden ist bis heute umstritten. Jedenfalls wurden die israelischen

run Ensslin, Andreas Baader, Ingrid Schubert,***** Willi-Peter Stoll,****** Michael Knoll,******* Elisabeth van Dyck,******** Juliane Plambeck, Wolfgang Beer, Sigurd Debus, Johannes Timme,********* Jürg Peemöller, Ina Siepmann,********** Gerd Albartus,*********** Wolfgang Grams
Die Revolution sagt: ich war ich bin ich werde sein
Rote Armee Fraktion

Staatsbürger von den anderen, die freigelassen wurden, getrennt. Am 4. Mai 1976 wurde die Maschine durch ein israelisches Kommando erstürmt, die Geiseln wurden befreit, Böse und Kuhlmann dabei erschossen. Brigitte Kuhlmanns palästinensischer Name war »Halimeh«, nach ihr nannte sich ein Jahr später das palästinensische Kommando »Martyr Halimeh«, das die Lufthansa Maschine mit Mallorca-Urlaubern entführte.

***** Ingrid Schubert gehörte zur ersten Gruppe der RAF. Sie wurde im Oktober 1970 verhaftet und u.a. wegen Beteiligung an der Baaader-Befreiung angeklagt. Am 12. November wurde sie in ihrer Zelle in München-Stadelheim erhängt aufgefunden. Die offizielle Version, gegen die sich allerdings viele Zweifel richteten, lautete Selbstmord.

****** Das RAF-Mitglied Willy Peter Stoll wurde am 6. September 1978 bei einer Personenkontrolle in einem Düsseldorfer Lokal von der Polizei gezielt erschossen.

******* Michael Knoll war in der RAF. Bei seiner Festnahme in Dortmund kam es zu einer Schießerei, bei der er so schwere Verletzungen erlitt, daß er zwei Wochen später starb. Auch der Polizist Hans-Wilhelm Hansen wurde tödlich verletzt.

******** Elisabeth van Dyck war Mitglied im SPK. Sie schloß sich 1977 der RAF an. Am 4. Mai 1979 wurde sie beim Betreten ihrer Wohnung von drei Polizisten erschossen, nachdem diesen ihr Kommen von einem Observationskommando mitgeteilt worden war.

********* Johannes Thimme wurde von einer Bombe, die er am 20. Januar 1985 in einem Stuttgarter Rechenzentrum deponieren wollte, getötet. Durch die Bombe wurde Claudia Wannersdorfer schwer verletzt.

********** Ina Siepmann gehörte zur Bewegung 2. Juni. Sie wurde im Zuge der Lorenz-Enmtführung 1975 befreit und ist dann 1982 im Libanon »verschollen«.

*********** Gerd Albartus war in den RZ aktiv und wurde wegen Brandanschlägen auf Kinos, die den »Entebbe«-Film zeigten, zu 4 Jahren und 9 Monaten Haft verurteilt. Nach seiner Entlassung war er öfter im Nahen Osten und soll dort, nach Angaben von RZ-Mitgliedern in dem Papier »Gerd Albartus ist tot«, erschossen worden sein, und zwar sei er von einer Gruppierung, für die er gearbeitet habe und die sich dem palästinensischen Widerstand zurechnet habe, zum Tode verurteilt worden.

Wichtige Veröffentlichungen zur Geschichte der RAF

Aufruhr – Widerstand gegen Repression und 129a, Berlin 1991 (Ein Sammelband mit Aufsätzen zur Repression, der die Breite der linken Diskussion wiedergibt).

Bakker Schut, Piet, Stammheim – Die notwendige Korrektur der herrschenden Meinung, Kiel 1986 (Das Standardwerk zu den ersten RAF-Verfahren. Juristischer Fachtext, deswegen schwer zu lesen, sehr präzise und äußerst materialreich).

Bakker Schut, Piet, Todesschüsse, Isolationshaft, Eingriffe ins Verteidigungsrecht, Berlin 1995 (Sammlung von Texten und Dokumenten). Bakker Schut, Piet, das info – Briefe von Gefangenen aus der RAF aus der Diskussion 1973-1977, Kiel 1987 (Dokumentation, die einen Einblick in die Diskussion der RAF gibt, aber schwer zu lesen und nachzuvollziehen ist).

Brückner, Peter, Über die Gewalt, West-Berlin 1979 (Eines der wenigen Bücher, die eine linke und spannende solidarische Kritik mit militanter Politik liefern, sehr lesenswert).

Brückner, Peter, Ulrike Meinhof und die deutschen Verhältnisse, West-Berlin 1976 (biographischer Text zu Ulrike Meinhof).

Die alte Straßenverkehrsordnung, West-Berlin 1986 (Texte der RAF und Auseinandersetzungen damit. Interessant ist vor allem Roths Aufsatz).

Ensslin, Gudrun, »Zieht den Trennungsstrich, jede Minute«. Briefe an ihre Schwester Christiane und ihren Bruder Gottfried aus dem Gefängnis 1972-1973, herausgegeben von Christiane Ensslin und Gottfried Ensslin, Hamburg 2005 (Die Originaldokumente werden durch Erläuterungen der Herausgeber und einen Bildteil ergänzt.)

Geissler, Christian, Kamalatta, West-Berlin 1989 (Eigenwilliger Roman über einen Anschlag. 1989 eine Art Kultbuch der antiimperialistischen Szene, tatsächlich aber vielschichtiger).

Hogefeld, Birgit, Ein ganz normales Verfahren, Berlin 1996 (Sammlung von Texten).

ID-Archiv (Hg.), Bad Kleinen und die Erschießung von Wolfgang Grams, Berlin 1994 (Detaillierte Analyse und Rekonstruktion der Vorgänge in Bad Kleinen. Sehr lesenswert).

ID-Archiv (Hg.), Wir haben mehr Fragen als Antworten – RAF Diskussionen 19992-1994, Berlin 1995 (Sammlung von Texten von RAF-Gefangenen aus unterschiedlichen Spektren. Mühselig zu lesen, gibt aber einen Eindruck von den Diskussionen und Positionen aus der Zelt der Spaltung).

ID-Archiv, Rote Armee Fraktion – Texte und Materialien zur Geschichte der RAF, Berlin 1997, (RAF pur. Umfassende Textsammlung. Die Anmerkungen hätten etwas zahlreicher sein und sorgfältiger gemacht werden können. Trotzdem: für Spezialisten und besonders Interessierte ein sehr hilfreiches Buch).

Meinhof, Ulrike, Die Würde des Menschen ist antastbar, West-Berlin 1980.

Meinhof, Ulrike, Deutschland, Deutschland, unter anderm, Berlin 1995.

Proll, Astrid, Hans und Grete, Die RAF 1967–1977, Steidl Verlag, Göttingen 1998. (Unbedingt empfehlenswert wegen der großartigen Fotos, die mehr über die RAF und das Klima dieser Jahre sagen als die meistens Texte).

Roth, Karl Heinz/Teufel, Fritz, Klaut sie!, Tübingen 1980 (Ein lesenswertes Buch, das Spaßguerilla-Ansätze mit ernsthafter Auseinandersetzung über bewaffnete Politik verbindet).

Schiller, Margrit, »Es war ein harter Kampf um meine Erinnerung«. Ein Lebensbericht aus der RAF. Herausgegeben von Jens Mecklenburg, Hamburg 1999.

Tolmein, Oliver, Stammheim vergessen – Deutschlands Aufbruch und die RAF, (2. Aufl.) Hamburg 1997 (Dokumentation der RAF-Texte aus den 80er Jahren und Auseinandersetzung mit dem Deutschlandbild und der NS-Analyse der RAF, sowie der Kinkel-Initiative und ihrer Entwicklung).

Tolmein, Oliver/zum Winkel, Detlef, nix gerafft – 10 Jahre Deutscher Herbst und der Konservativismus der Linken, Hamburg 1987.

Tolmein, Oliver, Vom Deutschen Herbst zum 11. September, Die RAF, der Terrorismus und der Staat, Hamburg 2002

Weidenhammer, Karl-Heinz, Selbstmord oder Mord? Todesermittlungsverfahren Baader, Ensslin, Raspe, Kiel 1988 (Materialreichste Auseinandersetzung mit dem Tod der Gefangenen in Stammheim).

Außerdem:

Balsen, Werner/Rössel, Karl, Hoch die internationale Solidarität – Zur Geschichte der Dritte-Welt-Bewegung in der Bundesrepublik, Köln 1986 (Das Buch bietet einen hervorragenden und kritischen Überblick über die internationalistische Politik der bundesdeutschen Linken).

Personenregister des Gesprächs